COURIR
MIEUX

Édition : Élizabeth Paré
Design graphique : François Daxhelet
Infographie : Chantal Landry
Traitement des images : Mélanie Sabourin, Johanne Lemay
Révision et correction : Élyse-Andrée Héroux

Illustrations : Chantale Boulianne

Crédits photographiques :
© Mathieu Dupuis : p. 8, 10, 14, 18-19, 28-29,
40-41, 50, 61, 67, 70, 78, 84, 93, 96, 98, 101,
106, 107, 108, 109, 110d, 110g, 111, 112-113,
132-133, 146-147, 186-187, 268-269, 305,
308-309
©Jean-François Harvey : p. 33, 34, 310
©Tango : toutes les autres photos

Les vêtements portés par les modèles ont été prêtés
par Boutique Courir pour les photos extérieures et
par Maison de la course pour les photos en studio.

Catalogage avant publication de Bibliothèque et Archives nationales
du Québec et Bibliothèque et Archives Canada

Harvey, Jean-François

   Courir mieux : technique de course, 90 exercices adaptés, programmes
d'entraînement, guide des blessures

   Comprend des réf. bibliogr.

   ISBN 978-2-7619-3676-7

   1. Course à pied. 2. Course à pied - Entraînement. 3. Course à pied -
Accidents et blessures. I. Titre.

GV1061.H37 2013   796.42   C2013-940338-8

DISTRIBUTEURS EXCLUSIFS :

Pour le Canada et les États-Unis :
MESSAGERIES ADP*
2315, rue de la Province
Longueuil, Québec J4G 1G4
Téléphone : 450-640-1237
Télécopieur : 450-674-6237
Internet : www.messageries-adp.com
* filiale du Groupe Sogides inc.,
   filiale de Québecor Média inc.

Pour la France et les autres pays :
INTERFORUM editis
Immeuble Paryseine, 3, Allée de la Seine
94854 Ivry CEDEX
Téléphone : 33 (0) 1 49 59 11 56/91
Télécopieur : 33 (0) 1 49 59 11 33
Service commandes France Métropolitaine
Téléphone : 33 (0) 2 38 32 71 00
Télécopieur : 33 (0) 2 38 32 71 28
Internet : www.interforum.fr
Service commandes Export – DOM-TOM
Télécopieur : 33 (0) 2 38 32 78 86
Internet : www.interforum.fr
Courriel : cdes-export@interforum.fr

Pour la Suisse :
INTERFORUM editis SUISSE
Case postale 69 – CH 1701 Fribourg – Suisse
Téléphone : 41 (0) 26 460 80 60
Télécopieur : 41 (0) 26 460 80 68
Internet : www.interforumsuisse.ch
Courriel : office@interforumsuisse.ch
Distributeur : OLF S.A.
ZI. 3, Corminboeuf
Case postale 1061 – CH 1701 Fribourg – Suisse
Commandes :
Téléphone : 41 (0) 26 467 53 33
Télécopieur : 41 (0) 26 467 54 66
Internet : www.olf.ch
Courriel : information@olf.ch

Pour la Belgique et le Luxembourg :
INTERFORUM BENELUX S.A.
Fond Jean-Pâques, 6
B-1348 Louvain-La-Neuve
Téléphone : 32 (0) 10 42 03 20
Télécopieur : 32 (0) 10 41 20 24
Internet : www.interforum.be
Courriel : info@interforum.be

04-14

Dépôt légal : 2013
Bibliothèque et Archives nationales du Québec

ISBN 978-2-7619-3676-7

Gouvernement du Québec – Programme de crédit d'impôt pour l'édition
de livres – Gestion SODEC – www.sodec.gouv.qc.ca

L'Éditeur bénéficie du soutien de la Société de développement des entreprises
culturelles du Québec pour son programme d'édition.

Conseil des Arts   Canada Council
du Canada   for the Arts

Nous remercions le Conseil des Arts du Canada de l'aide accordée
à notre programme de publication.

Nous reconnaissons l'aide financière du gouvernement du Canada par l'entremise du Fonds du livre du Canada pour nos activités d'édition.

Jean-François Harvey

Préface de Pierre Lavoie

COURIR MIEUX

Technique de course • 90 exercices adaptés
Programmes d'entraînement • Guide des blessures

LES ÉDITIONS DE
L'HOMME
Une société de Québecor Média

TABLE DES MATIÈRES

PRÉFACE

Ma première rencontre avec Jean-François a eu lieu au départ d'une course de vélo de montagne. Je lui avais conseillé de ne pas partir trop vite, car ça donnait rarement de bons résultats… Eh bien, après une minute, il avait disparu de mon champ de vision ! J'avais réellement sous-estimé ses capacités physiques exceptionnelles.

Depuis, j'ai toujours suivi son parcours avec attention, et aujourd'hui, il nous arrive avec un livre remarquable qui répond à un besoin criant : celui de conseiller les adeptes de la course à pied, qui se comptent par milliers et sont de plus en plus nombreux.

Pour un coureur, le plus grand défi est de pratiquer son sport de façon régulière tout en évitant de se blesser. Après les Olympiques de 1976, une croissance fulgurante de la pratique de la course à pied avait été stoppée par une série de blessures qui allaient donner une perception extrêmement négative de ce sport : « La course, ça blesse. » Ne refaisons pas les erreurs d'hier. Avec les connaissances disponibles aujourd'hui, tout un chacun peut partir du bon pied et courir vers une meilleure santé. En ce sens, ce livre est un grand cru ! Il saura guider tant les débutants que les coureurs aguerris.

Félicitations, Jean-François. Comme à notre première course, tu continues de m'impressionner !

PIERRE LAVOIE
triathlonien
30 compétitions Ironman en carrière

PRÉAMBULE

Courir est un art qui se développe et se cultive, une merveilleuse façon naturelle de mettre son corps en mouvement. Malheureusement, trop de coureurs se retrouvent face à des inconforts ou blessures qui les empêchent de bien profiter de leur activité. L'objectif de ce livre : mieux faire comprendre ce qu'est courir avec une bonne technique, et vous indiquer quoi faire pour en profiter au maximum, sans vous blesser, afin d'amener votre course à pied à un autre niveau.

Je cours depuis maintenant trente ans, avec des séquences à visée compétitive, quelques détours vers d'autres sports et une dernière décennie orientée vers une recherche d'équilibre et de santé, en même temps que de nouveaux défis. À l'âge de 11 ans, j'avais la chance de m'entraîner avec les athlètes de l'équipe de cross-country du Collège de Chicoutimi, dont mon père était alors l'entraîneur. Courant dans la boue et escaladant des dunes de sable avec des athlètes que j'admirais, je mangeais de la course à pied. Je dévorais les revues *Runner's World,* et digérais en pensant à mon idole de l'époque, Carlos Lopes, alors champion mondial de cross-country et vainqueur du marathon des Jeux olympiques de Los Angeles. Je rêvais à longueur d'année au championnat de cross-country, qui avait lieu début octobre. Pour moi la plus belle période de l'année pour courir, encore aujourd'hui. À 18 ans, j'étais entraîneur d'athlétisme et j'enseignais aux jeunes athlètes comment s'échauffer en courant pieds nus dans l'herbe, ayant lu que plusieurs athlètes élites faisaient de même avec de très bons résultats, signe avant-coureur de cette révolution qui allait toucher le monde de la course vingt ans plus tard.

J'ai ensuite fait des études en kinésiologie et expérimenté les multiples façons de s'entraîner, tandis que je cherchais à mieux comprendre la science de la physiologie de l'effort. J'ai décortiqué les effets spécifiques, sur la performance, des entraînements par intervalles, des différents temps de récupération ou des exercices de renforcement. Après mes études en ostéopathie, mon intervention s'est peu à peu transformée, avec une vision axée davantage sur la biomécanique (l'étude du mouvement du corps). Je suis aujourd'hui thérapeute et professeur, et ma pratique est résolument construite autour de la recherche du mouvement. Lorsqu'un coureur me consulte, je l'évalue de la tête aux pieds, afin de trouver la source de ses maux (et d'être en mesure de déterminer, par la suite, ce qui pourra améliorer sa course). La cause est souvent une combinaison de mauvaise posture, de biomécanique déséquilibrée et de technique de course déficiente. Fascinant de constater qu'un petit ajustement dans la technique et quelques exercices adaptés peuvent faire une énorme différence. Avec cela vient habituellement un plus grand plaisir à courir, ce qui n'est pas rien.

Avec les années, j'ai développé des ateliers de technique de course et d'exercices de prévention des blessures liées à la course. La grande majorité des coureurs ne savent pas comment s'occuper d'eux-mêmes, ni comment courir d'une façon naturelle et efficace. Mes observations m'amènent à croire que les coureurs sont maintenant prêts à passer à un autre niveau. Ils sont fatigués de faire le même étirement de mollet qu'il y a trente ans, et ils s'intéressent aux avancées de la science du mouvement appliquées à la course.

Depuis le milieu des années 2000, le monde de la course est en effervescence. Des scientifiques réfutent les théories véhiculées depuis le premier boom de la course dans les années 1970, et on assiste à une grande émergence d'idées qui vont dans tous les sens. Le monde de la chaussure est en transformation accélérée ; ces dernières années

ont vu l'apparition des chaussures minimalistes. De plus en plus de coureurs se posent plein de questions à ce sujet, mais aussi sur les nouvelles techniques d'entraînement et les différentes façons de courir.

Ce livre, qui constitue ma tentative pour offrir une meilleure compréhension de la course à pied, propose une vision axée davantage sur la qualité de mouvement que sur la quantité. Il existe un nombre élevé de livres traitant de programmes d'entraînement. Des entraîneurs sont passés maîtres dans l'art de concocter des programmes adaptés à chaque personne. L'aspect qualitatif, lui, est bien souvent laissé de côté. Il est temps que cela change. Il est temps de courir mieux.

Les principes de base de ce livre suivent la même ligne de pensée que ceux que j'ai présentés dans mon premier ouvrage, *L'entraînement spinal*, qui approfondit le sujet de la colonne vertébrale. Pas surprenant, car une bonne posture et un bon centre sont la base à maîtriser pour tout coureur. Ce livre tire son contenu de la lecture de plusieurs centaines d'articles scientifiques, de mon expérience issue du traitement de nombre de coureurs, du développement de formations et d'exercices pour coureurs, de milliers d'heures d'entraînement et d'expérimentations, d'échanges avec de nombreux entraîneurs et athlètes, ainsi que d'évaluations et observations de certains des meilleurs coureurs au monde. Les pages qui suivent traitent de ma première passion, et je souhaite vivement qu'elles puissent vous aider à alimenter la vôtre.

INTRODUCTION

Chaque coureur a sa façon de courir, de s'entraîner et de soigner ses petits bobos. En même temps, le coureur type présente des caractéristiques qui font de lui un drôle de numéro. Pas surprenant qu'il soit souvent incompris des personnes qui ne s'adonnent pas à cette activité. Le coureur est de nature déterminée et persévérante. Il est habituellement passionné, au point de se lever aux petites heures du matin quasi quotidiennement pour aller courir. Chaque année, il a pour objectif de battre ses records personnels ou de passer à une distance supérieure. Le coureur est endurant, sur la route comme face à la douleur. Il endure, endure et endure encore, jusqu'au point où il ne peut plus courir. Un arrêt forcé est vécu de manière brutale et douloureuse. Le coureur mis au repos se voit soudainement privé d'une bonne dose d'endorphines et de dopamine (hormones dites « du bien-être »), en plus de perdre son meilleur moyen d'évacuer le stress. Il affiche alors le plus souvent un air abattu, une semaine sans courir étant la pire des épreuves. Il ne se laisse pas abattre pour autant et cherche des solutions un peu partout. Revues de course à pied, sites Internet, partenaires de course, entraîneurs, professionnels de la santé, toutes les ressources sont bonnes, quoique, bien souvent, les informations qu'elles présentent peuvent s'avérer contradictoires. Retrouver la capacité à courir sans douleur, telle est la quête du coureur blessé. Une fois remis sur pied, il recommence à courir de plus belle, afin de rattraper le temps perdu. Le demi-marathon approche à grands pas. Au bout de quelques années, il aura complété plusieurs fois le cycle habituel :

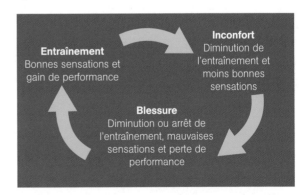

Entraînement
Bonnes sensations et gain de performance

Inconfort
Diminution de l'entraînement et moins bonnes sensations

Blessure
Diminution ou arrêt de l'entraînement, mauvaises sensations et perte de performance

La majorité des coureurs traversent malheureusement ce cycle, avec comme résultat qu'ils ne peuvent profiter à fond de la course à pied, perdent beaucoup d'énergie et de temps, en plus de vivre des périodes de déception et de frustration. Je ne compte plus les personnes qui m'ont dit : « Ah oui, la course. J'ai essayé à quelques occasions de commencer, mais après un mois, mon corps tombait en morceaux. » Il est vrai que la course à pied ne convient pas à tout le monde. Mais si on s'y adonne avec la bonne technique et si on maintient notre corps en bonne condition, en plus de se livrer à un entraînement bien dosé, cette activité naturelle peut convenir à la majorité des gens.

De nos jours, on peut lire une multitude d'articles portant sur des nouveautés faisant leur apparition dans le vaste univers de la course à pied. De la supériorité de tel type d'entraînement par intervalles courts, des bienfaits des bas de contention, bains glacés ou chaussures minimalistes, en passant par les effets quasi miraculeux du jus de betterave. On oublie toutefois, la plupart du temps, de considérer l'influence de ces découvertes une fois placées dans un portrait global. Ainsi, porter des chaussures minimalistes peut avoir un impact positif comme négatif selon la façon de courir et, surtout, selon le corps et les pieds qui les portent. Entraîner vos muscles profonds des abdominaux est une bonne idée, mais aura l'effet d'un coup d'épée dans l'eau si vous n'avez pas une bonne posture, ou encore si votre colonne est raide comme une tige de métal. L'entraînement par intervalles, très efficace selon plusieurs études, n'aura que peu d'effet si vous n'arrivez pas à récupérer suffisamment ou si votre mécanique ne peut supporter cet entraînement.

Plusieurs facteurs sont interreliés et doivent être pris en considération lorsqu'on désire courir mieux. Mon souhait est que la lecture de ce livre vous aide à devenir un coureur futé capable de maximiser son plaisir, grâce à un coffre d'outils bien garni et une nouvelle vision, plus globale.

COMMENT UTILISER CE LIVRE

Ce livre se divise en trois parties. Dans la première partie, je tenterai de répondre aux questions fondamentales suivantes : Qu'est-ce que courir, et comment bien et mieux courir ? Vous y trouverez une foule d'informations utiles afin d'améliorer graduellement votre façon de courir. Un chapitre portant sur le principal équipement du coureur, les chaussures, vient compléter ce volet plus technique.

La deuxième partie s'intéresse à l'entraînement du coureur, au-delà du cadre habituel des programmes d'entraînement. Vous y trouverez des informations sur la récupération et l'entraînement, ainsi que pas moins de 90 exercices (dont plusieurs novateurs) conçus afin de faire de vous un coureur plus complet. Vous verrez comment vous étirer, vous renforcer, améliorer votre posture, votre respiration et votre mobilité articulaire, tout cela afin de parfaire votre condition physique et, à la fois, de prévenir des blessures.

Dans la troisième partie, nous approfondirons le sujet des blessures du coureur. Un guide portant sur les blessures chez le coureur les plus fréquentes (42 en tout) vous est présenté. Je ne vous conseille pas de lire ce guide dans son intégralité. Dans un monde idéal, vous ne devriez même pas avoir à consulter cette section. Dans la réalité, si vous êtes comme la majorité des coureurs, elle vous sera utile un jour, ne serait-ce que comme outil de prévention.

Enfin, cet ouvrage se conclut par un épilogue traitant du plaisir de courir. Car, en bout de ligne, n'est-ce pas précisément ce que nous recherchons tous ?

DANS LES PAGES QUI SUIVENT, VOUS APPRENDREZ ENTRE AUTRES POURQUOI...

- la majorité des coureurs se blessent ;
- les coureurs kalenjins sont dans une classe à part ;
- la majorité des coureurs ont une technique de course déficiente ;
- courir avec un appui mi-pied peut vous blesser autant qu'avec un appui sur le talon ;
- les chaussures sont rarement la solution à un problème ;
- les étirements peuvent dans certains cas augmenter le risque de blessure ;
- une mauvaise posture peut augmenter le risque de blessure ;
- l'entraînement croisé peut être plus utile que l'on pense.

VOUS APPRENDREZ AUSSI COMMENT...

- trouver la meilleure façon de courir pour vous ;
- avoir une bonne posture de course ;
- profiter d'une source d'énergie gratuite ;
- être plus économe et efficace en courant ;
- avoir des muscles de l'unité centrale optimaux ;
- éviter ou soulager les blessures liées à la course ;
- recommencer l'entraînement après une blessure ;
- arriver à être à la fois détendu et rapide en courant ;
- améliorer votre capacité de récupération ;
- bien vous échauffer ;
- bien vous étirer et vous renforcer ;
- bien ajuster vos programmes d'entraînement ;
- mieux courir.

1

L'HOMME
ET LA
COURSE

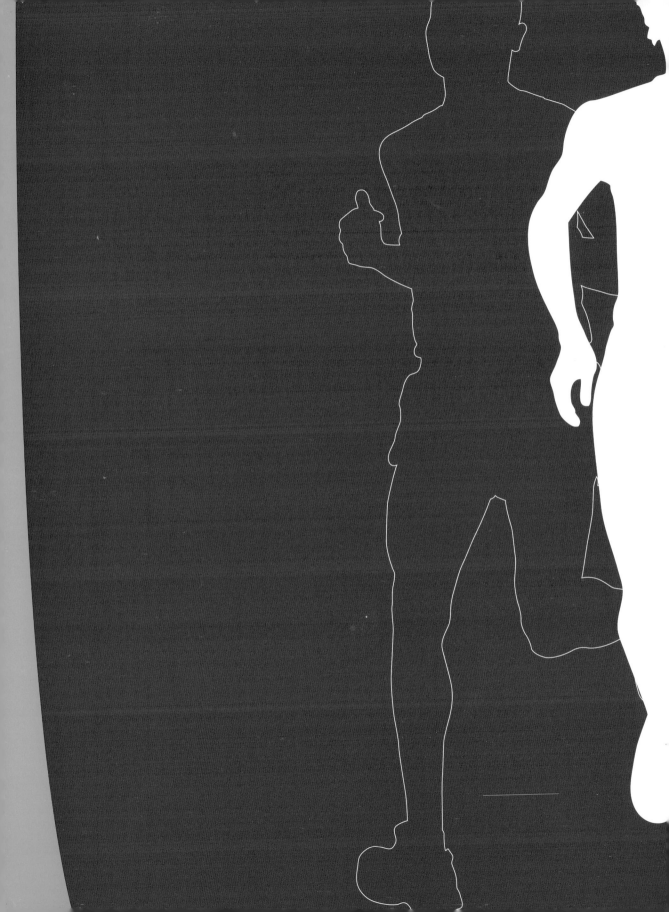

LA COURSE ET L'ÉVOLUTION

L'homme, en tant qu'espèce, entretient une relation particulière avec la course à pied. Cette relation dure depuis deux millions d'années. En comparaison, l'ère moderne, marquée par les chaussures de course, a débuté il y a une quarantaine d'années. Cela représente un grain de sable dans le désert (0,00002 % de la durée de ladite relation). Les travaux de chercheurs, avec en tête Daniel Lieberman, professeur à Harvard en biologie de l'évolution, nous aident à comprendre comment l'*Homo sapiens* est devenu ce qu'il est aujourd'hui. Et il semble très probable que la course à pied fut partie intégrante de notre évolution. Selon la théorie du *persistence hunting* (chasse à l'épuisement), l'*Homo erectus,* il y a environ deux millions d'années, a dû évoluer afin de survivre dans l'Afrique orientale, devenue plus chaude et moins fournie en arbres. Dans la savane, notre ancêtre a développé un système de thermorégulation (contrôle de la température corporelle) plus efficace que ses voisins le lion, l'antilope, le buffle et autres bêtes coriaces. Cet avantage, combiné à sa nouvelle capacité à courir longtemps (bien que pas

très vite), lui a permis d'épuiser ses proies, lesquelles, après un certain temps, devaient s'arrêter afin de refroidir leur organisme en surchauffe. Cela a permis à l'*Homo erectus* d'arriver à survivre bien avant d'avoir appris à fabriquer des armes (lances, flèches) facilitant la chasse.

Aujourd'hui, même s'il est peu utile d'être en mesure de courir pour fuir un lion pendant une période prolongée, il n'en demeure pas moins que notre corps est toujours adapté et conçu pour courir. Nous portons en nous l'histoire de l'évolution des espèces. Dans nos os, nos muscles, nos ligaments, nous pouvons décoder notre passé de coureur. Les travaux d'anatomistes permettent de constater que notre corps a été façonné par de multiples stimuli, dont la course. Il est une véritable machine de course ! Les tibias et fémurs sont en forme d'arcs, prêts à être tendus et relâchés, ce qui favorise la propulsion du corps vers l'avant durant la course (l'os est vivant et déformable selon les forces qu'il subit !). Les tendons d'Achille sont longs et solides, et élastiques à la fois, permettant ainsi l'accumulation de l'énergie et sa restitution en énergie de propulsion, rendant chaque foulée plus efficace. Grâce à notre posture droite, nous pouvons supporter la course prolongée, ce qui nous procure un avantage énorme par rapport aux primates. Nos pieds ont évolué à partir de pieds grimpeurs, puis de pieds marcheurs pour finalement devenir de formidables pieds coureurs. Eh oui! Sans même avoir besoin de chaussures absorbantes (nous en reparlerons plus tard). Nos grands fessiers (les muscles qui donnent la rondeur des fesses) se sont développés de façon à améliorer notre propulsion vers l'avant. Nos jambes se sont allongées, notre taille s'est affinée, nos épaules se sont abaissées et le ligament nuchal, qui relie la nuque à l'arrière de la tête, s'est solidifié. Tous ces éléments ne s'expliquent que par le fait que nous avons poussé plus loin la capacité de marcher. Plusieurs aspects de notre anatomie sont comme ils sont parce que nous avons couru, et couru, et couru.

Même bien assis dans notre sofa à naviguer sur notre tablette numérique, nous ne sommes pas très différents de l'*Homo erectus*. L'*Homo sapiens* actuel, mis à part son corps plus souvent qu'autrement déconditionné (à cause du taux de sédentarité alarmant dans les pays industrialisés), a simplement une plus grande boîte crânienne et un plus grand cerveau. Pour le reste, notre ADN porte encore les traces de notre évolution, et notre potentiel athlétique n'a pas beaucoup changé. Pour ce qui est de ce que l'on en fait, c'est une autre question. Certains peinent à courir pendant quelques minutes. D'autres développent cette capacité au point de faire un marathon. Plus d'un million cinq cent mille coureurs ont pu s'enorgueillir de ce titre durant l'année 2011 (comparativement à 275 000 en 1991 et moins de 10 000 en 1971). On peut parler d'une progression fulgurante!

Certains vont plus loin, comme le Flamand Stefaan Engels qui, en 2010, a couru un marathon par jour pendant une année entière. Le Spartathlon, couru entre Athènes et Sparte, retrace le parcours de Phidippidès, un messager athénien envoyé à la course à Sparte en l'an −490 pour demander de l'aide en prévision de la bataille de Marathon. Le record pour cette course de 246 kilomètres: 20 heures 25 minutes! On pourrait aussi parler des Indiens Tarahumara, peuple du nord-ouest mexicain dans l'État de Chihuahua, lesquels parcourent des distances impressionnantes (jusqu'à 300 kilomètres sans arrêt) dans leur terrain de jeu accidenté, chaussés de simples sandales. Ou encore des moines marathoniens japonais du mont Hiei, près de Kyoto. Ceux-ci, afin d'atteindre l'illumination, réalisent le Kaihogyo, un pèlerinage d'une durée de sept ans. Ils doivent parcourir l'équivalent d'un à deux marathons par jour pendant mille jours, pour une distance totalisant plus de 45 000 kilomètres (plus longue que la circonférence de la terre). Tout ça chaussés de chaussures rudimentaires, et portant un chapeau long de près d'un mètre d'avant en arrière!

À la lumière de ces réalisations, il ressort que les capacités de l'homme quant à la course sont surprenantes, et force est d'admettre que nos limites sont bien plus loin que l'on pourrait le croire.

QU'EST-CE QUE COURIR?
LE SAVEZ-VOUS VRAIMENT?

Si la question est simple, la réponse l'est un peu moins. Tout le monde a l'impression de savoir comment courir, alors que cet art a été en quelque sorte perdu. Tout d'abord, la course, ce n'est pas de la marche rapide. Trop de gens appliquent la biomécanique (mouvement du corps) de la marche lorsqu'ils tentent de courir. La marche et la course impliquent un déplacement rythmique du corps vers l'avant, en avançant un pied après l'autre. La similarité s'arrête là. L'action de courir implique beaucoup plus d'effort de stabilisation, puisque nous passons beaucoup de temps sur un pied seulement, sans compter le temps passé dans les airs, sans aucun contact avec le sol. Contrairement à ce qui se produit durant la marche, il est impossible, dans la course, d'observer un appui sur les deux pieds en même temps. Se déplacer horizontalement dans les airs, en bondissant sur un pied à la fois, telle est la base de la course. La marche ne nous propulse pas dans les airs, ni ne nous demande de nous équilibrer sur un pied en absorbant plus de deux fois l'équivalent de notre poids. La course, oui. On pourrait penser que la course est donc plus exigeante en termes d'énergie. Mais en réalité, la course est de loin plus efficace que la marche en ce qui concerne la dépense d'énergie pour un déplacement donné. C'est l'une des beautés de l'acte de courir. Mais comment cela est-il possible ?

LE COUREUR ÉLASTIQUE

Marcher demande peu de ressort. Pédaler n'en demande aucun. Mais quand vient le temps de courir, il est plus que nécessaire d'avoir du ressort ! Et on ne parle pas ici de ressorts intégrés dans des chaussures (oui, ça existe vraiment !). On parle plutôt des mécanismes naturels de ressort, dont le corps est richement pourvu. À condition bien sûr qu'on les développe à l'aide de mouvements appropriés et que l'on sache comment les utiliser en courant.

Un bon ressort demande simplement la bonne dose d'élasticité. Si l'élasticité est trop grande, le ressort est amoindri. Même chose si l'élasticité est

trop faible. Des études ont démontré qu'une grande flexibilité pouvait diminuer la performance. Cela ne veut pas dire pour autant qu'il soit inutile de s'étirer. L'idéal est d'avoir le meilleur compromis entre flexibilité et force musculaire.

Nos muscles, ligaments et fascias (enveloppes des muscles) sont pourvus d'une certaine élasticité. Ils ont la capacité de s'allonger et de se raccourcir en fonction des forces qu'ils subissent. Avez-vous déjà vu des coureurs kényans en action ? Ce spectacle représente la meilleure démonstration de l'existence de nos mécanismes naturels de ressort et d'élastique. Les coureurs kényans semblent rebondir sans effort sur le bitume, comme s'ils étaient pourvus de jambes à la fois élastiques et solides. Un vrai délice aux yeux d'un amateur de mouvement.

Le ressort et l'élasticité sont associés à la capacité du corps à absorber des forces (donc absorption d'énergie), puis de transformer ces forces de façon à amener un mouvement. Dans le cas de la course, on parle d'énergie emmagasinée transformée en énergie de propulsion. Un ressort, lorsque compressé, emmagasine de l'énergie. Lorsqu'on le relâche, il s'allonge plus que sa longueur initiale en restituant son énergie. Un élastique, lorsque étiré, emmagasine aussi de l'énergie ; quand on le relâche, il revient à sa longueur initiale en restituant son énergie. Ce sont exactement les mêmes forces qui sont en action pendant la course.

UNE SOURCE D'ÉNERGIE GRATUITE : PROFITEZ-EN !

Cette transformation d'énergie représente un avantage considérable pour le coureur qui sait utiliser ces mécanismes à son avantage. Ainsi, en plus de l'énergie provenant de la consommation d'oxygène et de la transformation de nos ressources énergétiques (glycogène et graisses), on peut additionner l'énergie élastique jusqu'à augmenter de 50 % l'énergie disponible. Cela représente une différence énorme ! La majorité des coureurs ne profitent que peu de cette source d'énergie. Courir en atterrissant fort sur le talon, avec la jambe avant en extension complète, ne permet pas (ou très peu) de profiter de cette énergie. Une bonne technique de course fait toute la différence lorsque vient le temps d'utiliser l'énergie dite élastique, avec comme résultat une course plus efficace, facile et agréable. Une course qui aide à rendre le corps encore plus fort et dynamique.

Vous êtes muni d'élastiques qui vous permettent à chaque foulée de vous déplacer avec un minimum d'effort. Activer ces mécanismes peut être réellement grisant. Avoir pour la première fois l'impression de bouger les jambes sans effort est une sensation qui bien souvent reste marquante dans les souvenirs d'un coureur. Vous verrez dans les pages suivantes comment y parvenir de manière toute naturelle.

LES QUATRE PRINCIPAUX MÉCANISMES ÉLASTIQUES DU COUREUR

Lorsque la course est bien maîtrisée, les structures suivantes (voir le tableau ci-contre) sont rapidement étirées (accumulation d'énergie), puis raccourcies (restitution d'énergie). Elles le sont pour deux raisons. Premièrement, l'étirement rapide du muscle ou tendon entraîne un réflexe d'étirement, qui fait en sorte que le muscle se contracte ensuite involontairement. Deuxièmement, la structure étirée (même lentement) a tendance à revenir naturellement à sa longueur initiale.

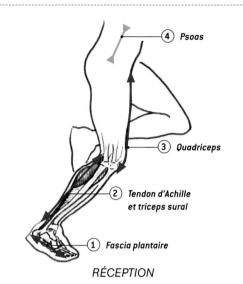

④ Psoas
③ Quadriceps
② Tendon d'Achille et triceps sural
① Fascia plantaire

RÉCEPTION

Durant la réception au sol, le fascia plantaire (1), le tendon d'Achille et le triceps sural (muscles jumeaux et soléaire) (2), ainsi que le quadriceps (3) s'allongent rapidement et accumulent de l'énergie. Le psoas (4) se raccourcit et restitue son énergie.

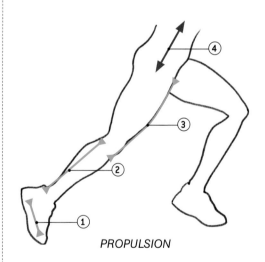

PROPULSION

Durant la propulsion, l'énergie accumulée par le fascia plantaire, le tendon d'Achille, le triceps sural et le quadriceps est restituée en énergie de propulsion. Pendant ce temps, le psoas s'allonge et accumule de l'énergie.

 Allongement de l'élastique : accumulation d'énergie

Raccourcissement de l'élastique : restitution d'énergie

LE COUREUR ÉCONOME

Certains coureurs sont plus économes que d'autres, et on ne parle pas ici de leur propension à courir les soldes de chaussures de course. Le roi de l'économie de course est à ce jour l'Érythréen Zersenay Tadese, plusieurs fois champion du monde du demi-marathon. On a mesuré chez lui une incroyable capacité à maintenir une vitesse donnée en consommant beaucoup moins d'oxygène que la majorité des coureurs. Comparé à un groupe de coureurs élites caucasiens, son avantage se situe à près de 30 %, une différence énorme. Il a aussi été démontré que les coureurs est-africains sont plus économes que les coureurs caucasiens, ce qui explique probablement en partie leurs succès. Ce cher VO_2max (capacité de consommation maximale d'oxygène pour en faire de l'énergie), à qui l'on a accordé beaucoup d'attention dans le passé puisqu'il indique en gros la puissance de notre moteur, a perdu ces dernières années de son importance. Il n'explique pas tout. La technique de course, l'entraînement, la morphologie, la flexibilité et la stabilité modifient l'économie de course et, ainsi, la performance.

LE COUREUR ÉQUILIBRISTE

Chaque fois que vous atterrissez sur un pied, votre corps doit s'équilibrer et trouver la façon optimale d'orienter ce mouvement vers l'avant. Plusieurs muscles doivent alors vous stabiliser pour vous empêcher de tomber vers l'avant et pour garder votre corps en bonne posture. Ces muscles stabilisateurs (muscles des pieds et chevilles, fessiers et abdominaux profonds, entre autres) sont d'une importance capitale, car ils maintiennent le bon alignement de votre corps. Bien aligné, votre corps peut utiliser de façon plus efficace ses mécanismes de ressort et d'élastique. Comprimez un ressort selon un mauvais alignement, et vous constaterez qu'il ne se comprime pas bien et qu'il ne revient pas aisément à sa position initiale. Un corps bien aligné, en plus d'être plus efficace, amène moins de contraintes sur les articulations, tendons et muscles. Résultat : moins de blessures. Les muscles stabilisateurs doivent donc être entraînés à l'aide d'exercices spécifiques, et activés selon une bonne technique de course. Faire de la musculation des cuisses sur des appareils dans un gym n'est d'aucune utilité pour développer ces muscles. Des exercices conçus à cet effet vous sont présentés plus loin.

LE COUREUR EN BONNE POSTURE

Afin de bien mettre en action les mécanismes mentionnés plus haut, il est essentiel d'avoir une bonne posture. Les meilleurs coureurs ont en commun une posture droite et allongée. Pour avoir une bonne posture de course et être capable de la maintenir avec un minimum d'effort, encore faut-il avoir une bonne posture dans la vie de tous les jours. Et c'est là que ça se gâte. Dans notre société industrialisée, les postures déficientes sont un fléau. Dans ma pratique, il est rare que je voie un patient qui présente une posture équilibrée. Quand cela arrive, je suis heureux de le lui mentionner !

Prenons par exemple une personne qui passe la majorité de son temps assise avec le dos voûté, ce qui n'est pas rare, vous en conviendrez. Cette personne décide de commencer à courir. Elle adoptera donc, au moment de courir, une posture qui, selon elle, est adéquate. Ce ne sera pas le cas, bien souvent. Cette mauvaise posture, en plus d'être risquée, sera par ailleurs très peu économique. Juste le fait de devoir garder le dos droit en courant demande une énergie importante, laquelle s'ajoute à celle que requièrent les autres actions associées à la course. Perte d'efficacité et inconforts seront donc au rendez-vous.

LE COUREUR GOUVERNEUR

L'auteur Timothy Noakes, dans son livre *Lore of Running,* parle de la théorie du «gouverneur central», en faisant allusion au système nerveux. Cette théorie veut que la fatigue soit déterminée principalement par ce dernier, plus que par un épuisement des réserves énergétiques ou une fatigue musculaire, comme le croient encore aujourd'hui la majorité des gens. Le système nerveux agirait ainsi afin de protéger les fonctions vitales de l'organisme. Mais il a un impact bien plus grand encore. Il est responsable tant des actions motrices (contractions des muscles) que des sensations perçues (les douleurs, entre autres). Pour que le coureur profite d'un bon ressort, il doit fonctionner correctement. Pour que nous puissions compter sur nos muscles stabilisateurs, il faut que notre système nerveux réponde rapidement aux informations reçues et envoie les bons signaux en retour. Si on souhaite obtenir une bonne posture, l'action d'une foule de muscles doit être coordonnée, dont de tous petits muscles profonds contrôlés par le système nerveux autonome, qui ne répond même pas à notre volonté. Et si nous voulons avoir

de l'énergie pour courir, le système nerveux doit être reposé et disposé à l'effort. Rien que ça! Il n'est donc pas surprenant qu'une personne dont le système nerveux est surtaxé par le stress et la fatigue, surnageant grâce à la caféine et autres stimulants, se retrouve sans ressort, ni énergie, ni élasticité, ni stabilité quand elle essaie de courir. Il est crucial de s'occuper de son système nerveux. Nous verrons plus loin comment.

LE COUREUR ADAPTABLE

On entend encore souvent de nos jours que la course à pied est dure pour les genoux et pour le corps en général. Effectivement, la course est exigeante. Mais cette exigence est une bonne chose. L'organisme a besoin de mouvement pour bien fonctionner. Et la course, plutôt que d'user nos articulations, les rend encore plus efficaces. Il est vrai que les cartilages du genou subissent une compression de près de 5 mm après une course de 45 minutes. Cette compression amène un stress pour le corps, lequel réagit en reconstruisant le cartilage. Résultat : un cartilage encore plus résistant et sain. Le coureur s'adapte à de multiples stimuli et améliore ainsi son système cardiovasculaire, sa circulation sanguine et lymphatique, sa musculature, ses systèmes nerveux, hormonal et immunitaire, et la vascularisation de son cerveau, pour ne nommer que ces éléments. On ne devrait pas dire que la course est mauvaise pour le corps, mais plutôt que le corps de certaines personnes est en trop mauvais état pour pouvoir profiter de ses bienfaits.

EN RÉSUMÉ

✳ COURIR EST UNE ACTIVITÉ NATURELLE QUI EST PRATIQUÉE DEPUIS DEUX MILLIONS D'ANNÉES. ELLE A CONTRIBUÉ À MUNIR NOTRE CORPS DE NOMBREUX MÉCANISMES ADAPTÉS SPÉCIFIQUEMENT À LA COURSE.

✳ UNE BONNE TECHNIQUE DE COURSE PERMET D'UTILISER CES MÉCANISMES À LEUR PLEIN POTENTIEL ET DEMANDE UN APPRENTISSAGE AINSI QUE DE L'ENTRAÎNEMENT.

✳ POUR COURIR EFFICACEMENT, UN ENSEMBLE DE CONDITIONS DOIVENT ÊTRE RÉUNIES. UN JUSTE ÉQUILIBRE DE BONNE POSTURE, DE STABILITÉ, D'ÉLASTICITÉ ET DE RESSORT SONT NÉCESSAIRES.

✳ CES CONDITIONS SE DÉVELOPPENT GRÂCE À LA COURSE À PIED AINSI QU'À UN ENTRAÎNEMENT DU CORPS HORS COURSE.

✳ LE SYSTÈME NERVEUX JOUE UN RÔLE PRIMORDIAL POUR TOUT COUREUR.

✳ LE CORPS A LA CAPACITÉ DE S'ADAPTER AU MOUVEMENT, ET LA COURSE EST UNE DES ACTIVITÉS QUI ENTRAÎNENT LES ADAPTATIONS LES PLUS SIGNIFICATIVES.

2

VOYAGE CHEZ LES MEILLEURS COUREURS DE LA PLANÈTE

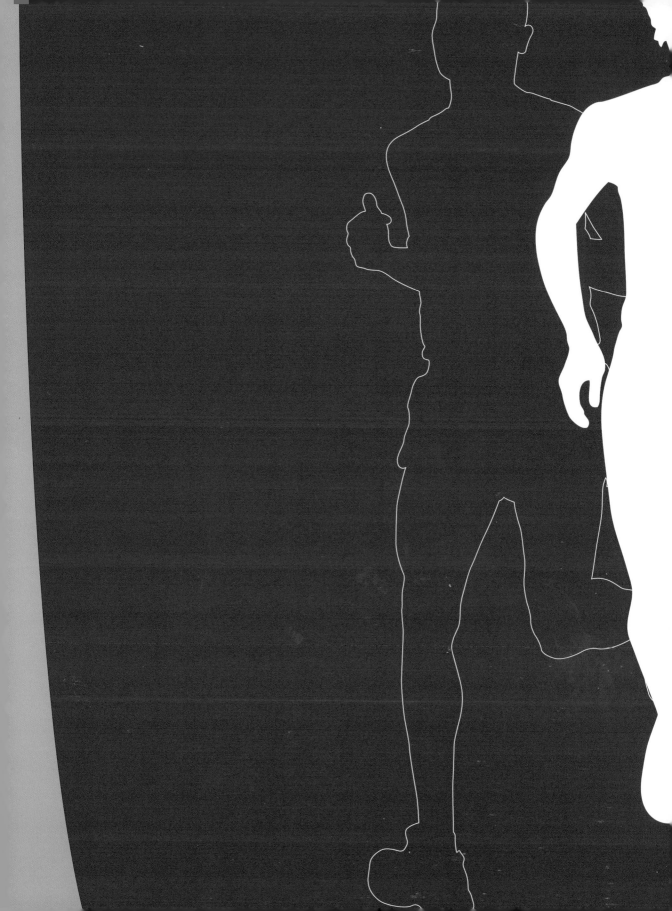

LES COUREURS
KALENJINS

Les Kalenjins sont les membres d'une tribu vivant principalement au Kenya et dans le Parc du mont Elgon en Ouganda, tout près de la frontière séparant ces deux pays. Depuis plus de vingt ans, ils monopolisent les premières positions des compétitions de course à pied de demi-fond et de fond. Le Kenya est la super-puissance de la course, suivi de près par l'Éthiopie. Au marathon des Jeux olympiques de Londres en 2012, les deux favoris kényans, des Kalenjins, ont été battus par un Ougandais, Stephen Kiprotich, lui aussi Kalenjin. L'histoire nous dit que les ancêtres des Kalenjins, qu'on appelait les Sabiny, sont ceux que l'on retrouve au mont Elgon. En fouillant plus loin, on s'aperçoit que cette tribu trouve son origine en Éthiopie. Elle s'est ensuite étendue au Kenya dans la région de la vallée du Rift, berceau de l'humanité, puis dans quelques pays environnants. Les meilleurs coureurs sont en grande partie des Kalenjins nés dans les montagnes, en altitude.

Afin de mieux comprendre la course à pied, il est fortement souhaitable de rencontrer les Kalenjins. À l'automne 2012, j'ai eu la chance d'aller voir ces coureurs élites chez eux. Ces dernières années, quelques livres et articles ont été écrits sur les coureurs kényans. Ne trouvant pas dans ces documents la réponse à toutes mes questions, j'avais besoin de les observer sur place, si possible de courir avec eux, et idéalement de pouvoir palper leur corps et le démystifier. Grâce à la collaboration de la Fédération d'athlétisme d'Ouganda, j'ai pu faire tout ça et encore plus.

Les Ougandais, moins connus que leurs voisins, sont une puissance de la course de plus en plus crainte par ses rivaux. Ces dernières années, ils terminent tout près des Kényans et des Éthiopiens, et les battent parfois. J'ai pu réaliser une évaluation complète sur plusieurs plans : biomécanique, technique de course, flexibilité, force, posture et morphologie, sur 19 coureurs de calibre national et international. De plus, j'ai pu m'entraîner, vivre et manger avec eux, tout ça dans leur environnement unique. Un des meilleurs coureurs de 3000 mètres *steeplechase*, Simon Ayeko, m'a gentiment accompagné durant mon séjour au Kenya. Il connaît la célèbre ville d'Iten comme le fond de sa poche, s'y entraînant régulièrement. J'ai pu ainsi rencontrer une foule d'athlètes kényans et faire d'autres évaluations. Voici le résultat de mes observations.

PARCOURS

Au cours de ce voyage, j'ai eu la chance de séjourner dans cinq endroits de rêve. Tout d'abord, Kapchorwa (ville de Kiprotich), Kween, et Bukwo, dans le mont Elgon, puis Eldoret et Iten, au Kenya. Iten est considérée, dans le monde de la course, comme la capitale mondiale des coureurs d'endurance. Dès le moment où on met les pieds dans cette ville, on comprend pourquoi. On croise des

coureurs de classe mondiale à tous les coins de rue. Des centaines de coureurs circulent sur des chemins de terre rouge, dans toutes les directions. La piste de course (toujours en terre rouge) est un endroit unique au monde. Voir passer un groupe de 35 coureurs à une vitesse folle, suivi d'un autre de 15, puis d'un autre de 20, et ainsi de suite, est tout simplement irréel. Les routes reliant ces villes ou villages sont extrêmement accidentées et hasardeuses. Il suffit d'une averse pour rendre ces chaussées plus glissantes que de la glace. Faire un trajet de 40 kilomètres tassé dans la boîte d'un camion avec 50 personnes est une expérience particulière. Rouler dans des crevasses d'une profondeur insondable sur un bodaboda (petite motocyclette très commune en Afrique), sans casque, élève l'excitation d'un cran. Devoir pousser un matatu (minivan) avec le reste des passagers, les pieds dans 30 centimètres de boue, est irréel. Mais avoir la chance de courir au lever du soleil avec ces athlètes hors pair est sans aucun doute ce qu'il y a de plus intense.

ANATOMIE D'UN COUREUR KALENJIN

Ému je fus lorsque mes mains touchèrent pour la première fois un Kalenjin. En tant qu'ostéopathe, avoir la possibilité de palper ces corps est un privilège énorme. Je me sentais un peu comme le premier archéologue qui a pu fouiller en profondeur la vallée du Rift. Combien de fois me suis-je demandé comment bougeait un pied ou une cheville de Kalenjin? Était-ce si différent? Et la réponse est oui. C'est complètement différent. En observant et en palpant les pieds et jambes des Kalenjins, on ne peut que constater qu'ils sont taillés sur mesure pour la course. Leurs pieds sont à la fois souples et

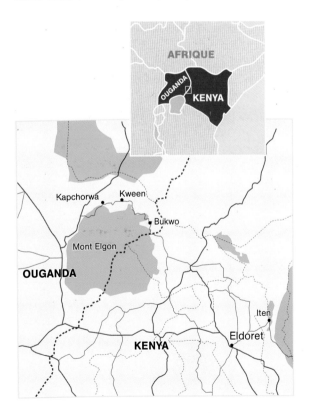

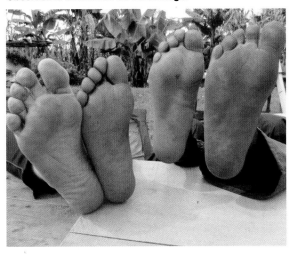

Pied caucasien (à gauche) comparé à trois pieds kalenjins. Observez la différence de coussinage.

solides, en plus d'être très coussinés sous la plante. Plusieurs coureurs occidentaux paieraient cher pour avoir des pieds comme ceux-là. Malheureusement, ils ne peuvent que s'offrir des chaussures. On doit appuyer fort sous le pied d'un Kalenjin pour arriver à contacter les os. Chez un Occidental, un appui léger suffit. Les Kalenjins sont dotés d'un véritable système vivant intégré d'amortissement, qui se reconstruit plus fort après chaque course. Leurs chevilles sont très mobiles, et leurs tendons d'Achille, très souples. On mesure ici encore une grande différence avec les coureurs occidentaux. Leurs genoux sont bien mobiles, mais leurs hanches sont étonnamment tendues. Les tibias et fémurs possèdent une impressionnante capacité de rebond. Cela représente aussi un avantage majeur pour la course. Leur colonne vertébrale est très mobile, principalement le cou. Je vois rarement de pareils cous dans mon cabinet. Leur posture est relativement équilibrée, même si projetée vers l'avant, ce qui est typique des coureurs. Un élément qui m'a particuliè-

rement étonné est la grande mobilité de leur cage thoracique, incomparable avec celle des Occidentaux, ce qui favorise un bon mouvement du diaphragme thoracique (muscle de la respiration) et permet une respiration libre et ample. Leurs organes bougent aussi beaucoup mieux que ceux de la majorité des Occidentaux.

Ils souffrent peu de tensions musculaires, à part dans les muscles spinaux lombaires (bas du dos) et cervicaux (cou). Cela explique selon moi leur positionnement de tête typique (avec une courbure exagérée), comparativement aux coureurs éthiopiens qui ont le cou bien allongé. En évaluant leurs muscles de l'unité centrale, on mesure une bonne force, mais un contrôle moyen. Enfin, leur corps est très fin et léger. Comparativement à un coureur occidental longiligne, moi par exemple (1,88 mètre pour 76 kg et 9 % de graisse corporelle), un coureur kalenjin de la même grandeur pèse 60 kg. Cela fait 16 kg de moins ! En période de compétition, j'ai déjà été plus léger de 5 kg, et je sentais une énorme différence. Imaginez 16 kg ! Il y a bien quelques coureurs occidentaux qui présentent le même rapport entre poids et taille, mais ils sont rares. Dans les montagnes des Kalenjins, le boucher comme le restaurateur ont cette physionomie. Leurs jambes sont extrêmement fines, en même temps que puissantes et endurantes. Constatez, dans la photo de la page suivante, la différence de circonférence des mollets. Étonnant.

Une étude danoise s'intéressant à la raison des succès des coureurs kalenjins a fait ressortir que la seule différence de gabarit des mollets pouvait procurer un avantage biomécanique de l'ordre de 8 %. Cela signifie que si vous devez perdre du poids au centre de votre corps ou aux extrémités, le second choix s'impose si vous souhaitez courir plus vite. Cette différence

Jambe de caucasien (à droite) comparée à une jambe de Kalenjin (à gauche). Observez la différence de gabarit des mollets.

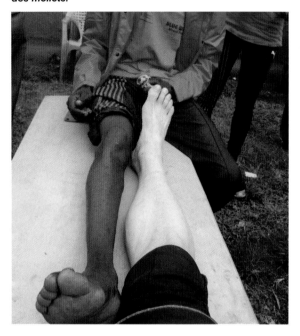

est-elle reliée à la course, ou bien est-elle d'origine génétique ? À la suite de mes observations des Kalenjins qui ne courent pas, des enfants et même de bébés, je suis d'avis que cette différence est en partie génétique. Bien sûr, cette conclusion ne repose pas sur une recherche scientifique décodant l'ADN. Mais comment expliquer que, sur 19 coureurs, aucun ne soit capable de convergence oculaire (test postural ciblant les muscles des yeux, lesquels devraient être capables de loucher) ou de faire une rotation externe des hanches de plus de 60° (les coureurs occidentaux ne présentent pas cette particularité) ? Leur génétique peut se potentialiser au maximum lorsqu'ils courent, ce qui les rend si différents. Peu d'études ont été faites sur les différences génétiques des coureurs est-africains. À mon avis, il ne fait aucun doute que des différences sont présentes.

ENTRAÎNEMENT

Les coureurs kalenjins courent sérieusement ou ils ne courent pas. Ceux qui décident de courir le font à partir de l'âge de 14 ans environ, et dès ce moment, l'objectif est de performer et d'arriver à gagner leur vie grâce à la course. Il faut dire qu'à cet âge, ils ont déjà un bagage remarquable de marche et de course pieds nus, vu leur mode de vie. Ils ne partent donc pas de zéro (comme la majorité des jeunes Occidentaux), et ils progressent en général très rapidement. Ils s'entraînent deux à trois (parfois même quatre) fois par jour. Le dimanche est jour de repos et du Seigneur. Ils sont pour la plupart très pratiquants.

Leur entraînement est composé presque uniquement de course. Ils n'ont pas accès à des équipements sportifs et détiennent peu de connaissances quant à l'entraînement. Ils procèdent surtout par mimétisme, suivant les plus grands. Les meilleurs sont encadrés par des entraîneurs provenant surtout d'Italie, et leur carrière est gérée principalement par des Européens, surtout des Néerlandais. Il faut comprendre que l'objectif, pour eux, est d'avoir un gérant qui paiera leurs dépenses, ce qui leur permettra d'aller participer à des courses (en Europe surtout) et de remporter des bourses. Des commanditaires s'occuperont alors de les habiller et de leur fournir des chaussures. Mais la majorité des coureurs ont peu d'argent, portent des chaussures usées ou usagées, mangent peu et s'entraînent fort. Lorsqu'ils sont blessés, ils continuent de courir, car la compétition est féroce et ils ont peur de perdre la forme. Ils n'ont pratiquement pas accès à des thérapeutes. Il y a peu de ressources humaines et financières à cet égard. Les coureurs courent jusqu'au jour où ils ne sont plus capables de marcher. Les

Kényans, particulièrement réputés pour leur intensité d'entraînement exceptionnelle, finissent pour la plupart blessés. Mais ils sont si nombreux que du lot émergent des champions. Ceux-ci, une fois remarqués, sont supervisés avec plus d'attention par des entraîneurs renommés. Ils ont accès à des équipements plus modernes, comme une salle de conditionnement physique. Toutefois, peu de ces coureurs parviennent à faire de longues carrières, et plusieurs traversent le top mondial comme des étoiles filantes, pour être remplacés prestement par de nouveaux champions.

En discutant avec quelques entraîneurs travaillant avec des Kalenjins, force est de constater que la priorité, c'est la survie. Parvenir à s'alimenter sainement est pour plusieurs un gage d'amélioration important. Ils partent vraiment de loin, et beaucoup reste à faire. Cela peut étonner, vu de l'extérieur. Imaginez, ils pourraient être encore plus forts ! Et seule une minorité d'entre eux se retrouve dans les compétitions internationales… On dit qu'ils ne font que courir et récupérer, mais c'est le cas uniquement des meilleurs. La majorité des coureurs (qui pourraient souvent être champions nationaux dans la plupart des pays) doivent travailler afin de survivre.

J'ai eu la chance de m'entraîner pendant une semaine avec ces coureurs. À 6 h du matin, juste avant le lever du soleil, nous partions pour un entraînement qu'eux considéraient comme facile. Pour moi, qui ne suis pas du même niveau et n'étais pas encore acclimaté à l'altitude, l'intensité était plutôt de moyenne à très difficile. Ils commencent toujours leur entraînement très lentement (plus lentement que la majorité des coureurs récréatifs occidentaux), ce qui donne une fausse impression de « je me sens bien, je suis dans une bonne journée ». Puis,

une première côte arrive (des côtes, il y en a partout) et ils ne ralentissent pas. Ils continuent à accélérer très progressivement, sans jamais ralentir dans les côtes (manquant me décrocher chaque fois !) et finissent toujours à une vitesse déraisonnable (du point de vue d'un Occidental). Pour moi, la journée d'entraînement était alors terminée, et j'en éprouvais une grande fierté. Pour eux, ce n'était que le début.

S'entraîner avec ces gens est une expérience très particulière. Personne ne parle ni n'écoute de la musique. Les Kalenjins ne boivent pas d'eau en courant, ni ne consomment de gels ou de boissons énergétiques. Et ils ne regardent pas toutes les 30 secondes leur montre GPS. Ils savent où ils sont et à quelle vitesse ils vont. Courir est une chose sérieuse pour eux. Ils sont totalement focalisés sur la tâche. J'ai fini par apprécier cette façon de faire, qui requiert une présence totale dans l'action.

MODE DE VIE

Les Kalenjins travaillent fort pour vivre, et vivent avec peu d'argent. Ils sont pour la plupart agriculteurs, élevant poules et vaches ou cultivant maïs, bananes ou canne à sucre. Ils moulent le maïs pour en faire l'ugali (posho, en Ouganda), une sorte de mixture blanchâtre au goût peu relevé. L'ugali est la base de leur alimentation et ils en mangent en grande quantité. Pourtant bonne fourchette, j'arrivais rarement à terminer ma ration. Ils se nourrissent aussi de sukuma wiki (feuilles vertes de la famille des crucifères, délicieuses), de chou, de chapatis et de riz. Ils préparent des ragoûts ou caris de bœuf et de poulet (minuscule, à la chair ferme et maigre qui ne se coupe même pas au couteau). Ils ne consomment pas de produits transformés ni de sucre raffiné, mis à part celui qu'ils mettent (à fortes doses) dans leur thé, dont ils boivent abondamment afin de se réchauffer. L'eau, par contre, très peu. Parfois, ils se permettent de boire un soda (on voit des publicités de Coca-Cola partout). Cette alimentation simple et peu variée serait considérée en Occident comme pratiquement biologique. Des coureurs occidentaux avec qui je me suis entretenu, qui se trouvaient en camp d'entraînement à Iten depuis plusieurs semaines, m'ont confié que cette nourriture les énergise. De plus, plusieurs disent avoir perdu du poids.

Chez les Kalenjins, un peuple très pauvre, les enfants aident aux tâches ménagères et d'agriculture. Il n'est pas rare de voir un enfant de 9 ans porter un contenant de 15 litres d'eau sur sa tête sur des kilomètres. Les chaussures sont un luxe, et les enfants marchent ou courent pieds nus pour aller à l'école, sur la terre rouge, la plupart du temps sur de longues distances. Un coureur kényan me disait qu'à l'époque où il fréquentait l'école primaire, il faisait 10 kilomètres en courant le matin, car il devait aider sa mère et était toujours en retard. Le midi, il revenait à la maison pour manger, puis il réalisait un autre aller-retour en après-midi. Quarante kilomètres en tout, la moitié à la marche, l'autre à la course! Presque un marathon, cinq fois par semaine. Disons que ce mode de vie prépare bien pour une future carrière de coureur.

J'ai eu l'occasion de voir ces jeunes courir de près. En compagnie d'une douzaine de membres de l'équipe nationale d'Ouganda, je suis allé courir à l'heure de la fin des classes. Une centaine de jeunes âgés de 7 à 12 ans nous ont alors suivis spontanément, sac à l'épaule et pieds nus. Un jeune âgé de 10 ans a maintenu le rythme, même lorsque la vitesse commençait à être plus élevée.

Après quinze minutes, il nous a quittés en nous saluant... Il était arrivé chez lui.

Les enfants font partie de la communauté, et aucun parent n'est inquiété de les voir se promener seuls. Personne ne va les reconduire à l'école en auto. Les moyens de transport sont très limités. J'ai vu une jeune fille d'une douzaine d'années retourner chez elle à une allure d'environ 3 minutes 30 secondes au kilomètre (17 km/h), avec une magnifique foulée. Une foulée à faire rougir les meilleurs athlètes de plusieurs pays. La vue de ces jeunes m'a ému au plus haut point. Certains sont les champions de demain. Mais la plupart, pour des raisons économiques, ne pourront jamais développer leur plein potentiel.

Ces images m'ont aussi amené à réfléchir sur le piètre niveau d'activité physique des enfants occidentaux, lequel est démontré par de multiples études. Le mode de vie des Kalenjins leur permet de se développer physiquement dans des conditions difficiles. Ils s'adaptent et deviennent de formidables athlètes d'endurance. En Occident, le niveau de performance à la course à pied a fortement diminué depuis vingt ans. À mon avis, une bonne partie de la réponse est là. Comment performer une fois adultes quand, enfants, nous ne bougeons pas?

TECHNIQUE DE COURSE

En courant avec les Kalenjins, on constate en premier lieu leur formidable foulée. Légère, dynamique, puissante, avec un appui sur le mi-pied ou parfois l'avant-pied, jamais sur le talon (en réalité, j'ai vu un seul coureur atterrissant sur le talon). Puis, des défauts évidents apparaissent. Et on se demande pourquoi. Comment se fait-il qu'ils bougent les bras de telle façon ou adoptent telle posture ? En posant des questions, on réalise qu'aucun de ces coureurs n'a appris à courir. Ils procèdent tous par mimétisme et courent naturellement.

Les champions coureurs, ceux qui ont accès aux meilleurs entraîneurs, ont droit à des conseils et raffinent leur technique de course, pour s'améliorer encore plus. Une de mes missions avec l'équipe d'Ouganda était d'analyser cette technique et de leur donner des recommandations. Il s'avère qu'avec certains, en quelques petits ajustements, on voyait une amélioration flagrante. Un coureur qui déposait toujours son pied droit vers l'intérieur avait une douleur à la hanche droite. Après correction, la douleur était partie. Les résultats au niveau de la performance restent à démontrer dans leur cas, mais je suis d'avis que ces coureurs ont un potentiel d'amélioration important. Un élément dominant de leur technique de course : la cadence. J'ai mesuré la cadence (nombre de pas par minute) chez près de 200 coureurs, à des vitesses différentes. Alors, couraient-ils selon le fameux 180 pas par minute dont on parle tant en Occident ? Je reparlerai de cet élément dans le prochain chapitre. Laissons planer le suspense…

ENVIRONNEMENT

Les meilleurs coureurs kalenjins vivent pour la plupart dans les montagnes, à une altitude allant de 1800 mètres (Kapchorwa) à 2400 mètres (Iten). La température y est fraîche, allant de 10 °C à la première course de 6 heures du matin, à 22 °C en après-midi lorsqu'il fait plein soleil. Une multitude de sentiers en terre rouge, quelques passages en forêt ou sur l'herbe (comme dans la féerique forêt d'Iten), des surfaces toujours irrégulières et beaucoup de montées et descentes, tel est le terrain de jeu de ces coureurs. Même quand des routes asphaltées sont disponibles, ils les fuient comme la peste. Un coureur de niveau international m'a révélé que lorsqu'il faisait des compétitions sur l'asphalte, il avait mal aux jambes le lendemain.

La qualité de l'air est remarquable, si l'on omet les émanations de diesel des quelques véhicules des environs.

Cet environnement regroupe les conditions idéales pour la course d'endurance. On imagine que les coureurs africains sont adaptés aux grandes chaleurs. Toutefois, en réalité, ils recherchent plutôt des compétitions dans des climats frais (comme les marathons de Berlin, de New York, etc.).

QU'AVONS-NOUS À APPRENDRE DES KALENJINS ?

Comprendre nos différences

Les Kalenjins ont une morphologie très différente de celle des Occidentaux. Ils ont aussi un mode de vie très particulier. Cela explique en bonne partie leurs succès en course. Il est inutile de nous comparer ou d'essayer de copier leur façon de courir ou de s'entraîner.

L'importance du pied nu

La marche et surtout la course pieds nus permet de développer pieds, chevilles et jambes d'une façon remarquable. Toutefois, ce développement se fait principalement durant l'enfance. Après des années à porter des chaussures, il se fait au ralenti. Si vous avez des enfants, il est tout à fait logique de favoriser les activités pieds nus ou avec des chaussures minimalistes, en autant que la surface soit sûre.

Pour les adultes, on doit y aller très doucement et graduellement, et puis, il faut se résigner : un retour en arrière complet n'est pas possible.

Courir sur des surfaces irrégulières

Toujours courir sur l'asphalte n'est conseillé à personne. Même si vous n'avez pas la chance de courir sur cette fameuse terre rouge gorgée de fer, vous pouvez vous entraîner sur différentes surfaces, moins denses que l'asphalte.

S'entraîner selon sa condition

Certains coureurs croient qu'à l'exemple des Kalenjins, ils s'amélioreront plus rapidement en s'entraînant deux fois par jour. Comme je l'ai décrit plus haut, la réalité de ces coureurs est très différente. Courir plus ne donne pas nécessairement de meilleurs résultats. Les Kalenjins s'entraînent fort, oui. Mais leur corps est adapté au travail intense depuis un tout jeune âge. Et malgré cela, plusieurs se blessent quand même. Respectez votre corps, et tenez compte de votre réalité et de votre mode de vie.

Manger de vrais aliments remplis de nutriments

Poudre pour favoriser la performance ou la récupération, boissons énergétiques, spiruline, ginseng, smoothies protéinés, caféine, jus d'herbe de blé ou de betterave, il y a toujours de nouveaux produits sur le marché pour les gens qui veulent être beaux, forts et endurants. Les Kalenjins, de leur côté, sont très près de leur nourriture et reconnaissent sa valeur. Ils peuvent élever un poulet pendant cinq ans avant de le manger, avec l'ugali qu'ils ont préparé eux-mêmes. Se pourrait-il qu'une partie de la solution se trouve dans notre relation avec la nourriture que nous ingérons ?

Les chaussures ne font pas les champions

Les coureurs kalenjins ne deviennent pas subitement meilleurs parce qu'ils changent de chaussures. En fait, la majorité portent des chaussures que ne considéreraient même pas les Occidentaux. Et sur des centaines de coureurs, j'ai vu un seul coureur porter des chaussures dites minimalistes. Et il ne les aurait certainement pas décrites en ces termes. Cessez de chercher une solution miracle du côté des chaussures. L'important, c'est ce qu'il y a à l'intérieur et au-dessus des chaussures.

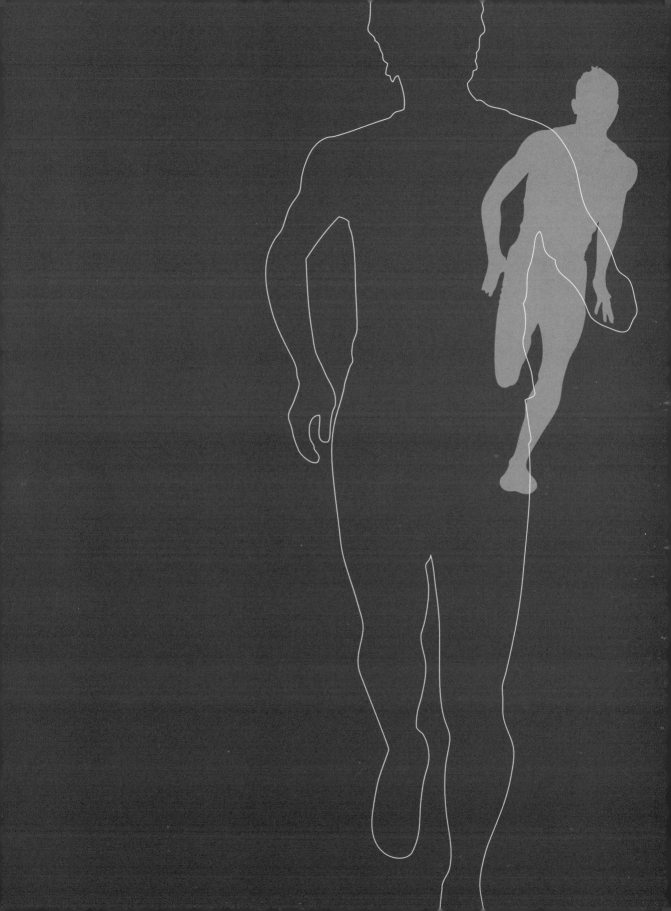

3

COMMENT MIEUX COURIR

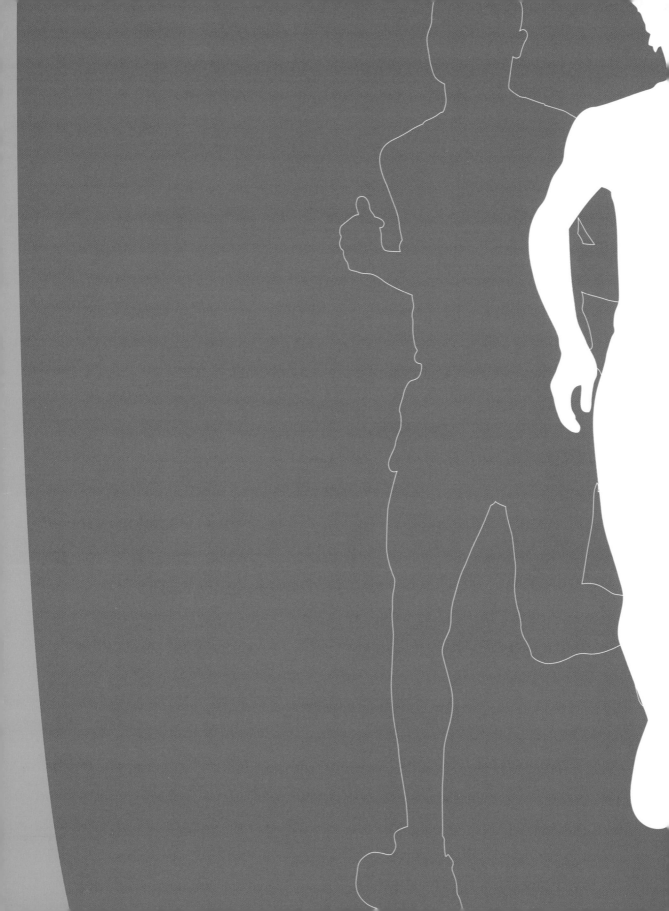

TOUT LE MONDE PEUT MIEUX COURIR

C ourir est un art qui se perfectionne avec de l'entraînement. Par ailleurs, de simples changements peuvent faire une énorme différence en peu de temps. Plusieurs des meilleurs coureurs ont compris qu'au même titre que n'importe quel sport, courir comporte une composante technique qui demande que l'on s'y exerce beaucoup avant de bien la maîtriser. Les joueurs de tennis passent des années à travailler leurs déplacements et leurs coups. Les danseurs passent des heures à améliorer leur posture et leurs mouvements. Les nageurs améliorent leur performance en changeant leur façon d'appuyer leurs bras dans l'eau ou de battre des jambes. Même les cyclistes peuvent devenir plus efficaces et performants en améliorant leur coup de pédale.

Malgré les avancées de la science du mouvement appliquée à la course, certaines personnes sont encore d'avis que développer sa technique de course est inutile, voire augmente le risque de blessure. La prémisse est alors, selon ces personnes, que tous savent courir. Courir est une activité naturelle que nous avons tous pratiquée durant l'enfance.

Nous n'aurions donc rien à faire pour améliorer notre technique.

D'autres sont plutôt d'avis que nous courons de la mauvaise façon par la faute des chaussures dites modernes. Ces dernières années, des études ont en effet démontré que l'appui sur le pied est fort différent selon le type de chaussures utilisées. Un retour à une course dite plus «naturelle» est alors prôné, les chaussures minimalistes représentant, dans cet esprit, une solution à considérer.

Je suis d'avis que tout coureur peut courir mieux. Avec plus d'aisance, de plaisir, de vitesse, de contrôle, avec une meilleure économie d'énergie et, appelons-le ainsi, avec un mouvement plus naturel. Cela est rendu possible principalement par l'amélioration de la technique de course. Chaque coureur a un potentiel d'amélioration considérable, lequel touche autant sa façon de courir que son entraînement ou sa biomécanique (étude, selon les principes de la mécanique, des structures et des fonctions physiologiques des êtres vivants). Considérer qu'il est inutile de profiter de ce potentiel est à mon avis fataliste, ou reflète tout bonnement un manque de connaissances.

QU'EST-CE QUI CAUSE LES DÉFAUTS DE TECHNIQUE DE COURSE ?

La réponse à cette question est complexe. On pourrait à la limite remettre en cause la notion même de défaut, puisque certains coureurs ayant développé des styles de courses peu conventionnels semblent néanmoins capables de performer à un haut niveau. L'exemple le plus probant en est Paula Radcliffe, détentrice du record féminin du marathon, en 2 heures 15 minutes 25 secondes, une performance jugée par certains comme l'une des plus grandes de tous les temps. Selon l'avis de plusieurs spécialistes, sa technique de course serait à améliorer grandement. On ne peut que se demander ce qu'elle arriverait à réaliser avec une meilleure technique. Pourrait-elle aller encore plus vite ? Les avis divergent. Pourrait-elle diminuer ses blessures (elle a fréquemment été blessée, au point de devoir rater les Jeux olympiques de 2012, devant les siens) ? La réponse à cette question semble évidente, mais nous ne pouvons que supposer. Certains coureurs, comme le légendaire Emile Zatopek, ont présenté une technique défiant toute logique. Mais en bout de ligne, il reste que la majorité des coureurs de haut niveau sont des exemples de bonne technique.

Pour la majorité des gens, les défauts de technique sont nombreux et associés à trois points principaux : l'acquisition, le corps et l'équipement.

1 - L'acquisition

MIMÉTISME

Tout d'abord, contrairement à ce que l'on peut penser, nous n'avons pas en nous un programme complet qui nous dicte comment courir parfaitement.

Comme toute activité, la course s'acquiert en partie par essais et erreurs, ainsi que par mimétisme. Or, à moins d'évoluer dans un environnement où les personnes courent avec une bonne technique, ou de passer nos temps libres à visionner des vidéos de coureurs aux styles les plus efficaces, on tentera d'imiter ce qui nous est accessible. La différence frappante entre les coureurs kényans et éthiopiens le confirme : on peut facilement déterminer la provenance du coureur en regardant sa technique. Les Éthiopiens courent avec le dos bien droit, tandis que les Kényans présentent une courbure cervicale exagérée. Ces deux groupes de coureurs proviennent pour la plupart de la tribu kalenjin, alors l'hérédité ne semble pas être la cause principale de ces différences.

ENTRAÎNEMENT

Avant d'être maîtrisée, la course est une activité qui, tout comme d'autres sports techniques, demande un apprentissage et beaucoup d'entraînement. Mais encore faut-il savoir comment courir. D'où vient cet apprentissage, si ce n'est par l'entremise d'un enseignement approprié ? Et cela tombe bien ! Le livre que vous avez entre les mains porte justement sur ce sujet.

2 - Le corps

POSTURE

Plusieurs défauts de technique de course sont liés à une mauvaise posture. Un coureur au dos voûté ne peut pas appuyer le pied au sol de la même façon qu'un coureur dont le corps est projeté vers l'avant. Nous approfondirons cette notion plus loin.

CONDITION PHYSIQUE

Pour bien courir, il faut un corps en bonne condition. Des muscles forts et flexibles, des articulations bien mobiles, des tendons en bon état, des os bien vivants, un système nerveux fonctionnel, des organes en santé et un diaphragme efficace, tout ça travaillant en synergie et de façon optimale. En d'autres termes, si votre corps est raide et faible, votre technique de course en sera directement affectée.

HISTORIQUE D'ACCIDENTS ET DE BLESSURES

Votre bagage d'accidents et de blessures peut amener une modification de votre façon de courir. Un coureur peut, par exemple, se replier sur une cicatrice restée adhérente, amenant ainsi un déséquilibre qui causera plus tard une blessure à distance (un problème de genou, par exemple). Il est alors utile de consulter un thérapeute qui pourra vous aider à vous libérer de ce type de contraintes.

NIVEAU DE FATIGUE

La fatigue modifie la technique. En fin de course, plusieurs coureurs affichent des défauts de technique plus importants. Il suffit d'observer des marathoniens de niveau moyen en début et en fin de course. La différence est frappante. Un système nerveux épuisé peut affecter la coordination, au point d'entraîner une démarche très instable ou de provoquer des chutes.

3 - L'équipement

Les chaussures modifient la façon de courir. Des chaussures inadaptées peuvent favoriser des défauts de technique. Nous verrons ce point plus en détail dans les pages qui suivent.

•••

Pour mieux comprendre les effets d'une mauvaise technique, le mieux est de modifier la sienne. La grande majorité des coureurs que je conseille ou qui assistent à mes ateliers constatent en peu de temps une plus grande aisance, une diminution des inconforts et une augmentation de leur performance. Une coureuse qui arrive maintenant à courir une heure sans inconfort, alors qu'elle peinait depuis des années à tenter de courir sans se blesser, ou encore un coureur qui a amélioré son temps au 10 kilomètres de 2 minutes sans s'entraîner plus fort vous diront à quel point une meilleure technique fait une grande différence. Un commentaire que j'entends souvent : « Comment se fait-il que personne ne m'a montré ça avant ? »

AVANT DE PARTIR

Avant de commencer à modifier votre technique, il faut prendre le temps de franchir quelques étapes importantes. Les appliquer vous permettra d'optimiser ce processus d'apprentissage.

Faites-vous analyser

Quand j'analyse des coureurs, je leur montre sur vidéo les éléments qu'ils peuvent améliorer dans leur technique de course. Ils sont toujours très surpris de se voir courir, et plusieurs disent n'avoir pas réalisé qu'ils couraient de cette façon. Certains s'imaginent qu'ils courent avec grâce et légèreté, alors qu'en se voyant, ils constatent plutôt qu'ils courent en martelant le sol très fort. D'autres ont l'impression qu'ils ont le dos droit quand, en réalité, ils ont un torse excessivement bombé. Avant même de commencer à améliorer votre technique, je vous suggère de vous faire filmer tandis que vous courez. Vous pouvez le faire en situation normale de course ou sur un tapis roulant. Filmez pour un minimum de 5 secondes, idéalement pendant 30 secondes, de côté, de face et de dos. De cette façon, vous pourrez voir plus facilement les améliorations en comparant dans le temps. L'idéal est de pouvoir être analysé par un spécialiste. Les points à améliorer seront alors plus clairement définis.

Laissez-vous du temps

Dans un monde idéal, il faudrait s'accorder plusieurs mois sans compétition afin de modifier sa technique. Prenez par exemple Tiger Woods. En 2003, alors meilleur golfeur de la planète, il a décidé de prendre une année de recul complète, durant laquelle il n'a pris part à aucune compétition, afin de modifier sa technique, la jugeant efficace mais trop risquée. Il est ensuite revenu au sommet, plus fort que jamais. Ainsi, l'idéal est de modifier sa technique de course graduellement, durant une période non compétitive. La période hors saison, de novembre à février, convient alors à ceux qui participent à des compétitions. Pour ceux pour qui il est impossible de faire un arrêt complet, il faut seulement s'assurer d'y aller plus progressivement.

Modifier une technique suppose une période de désapprentissage, en même temps que d'apprentissage de nouveaux gestes. Une courte période de diminution de la performance peut être observée chez certains, surtout chez les coureurs élites qui pratiquent ce sport depuis longtemps. Dans les faits, la grande majorité des coureurs qui appliquent la méthode *Courir mieux* voient plutôt une amélioration rapide de leur performance et de leur fluidité.

Tandis que vous maîtriserez les étapes de base, les petits détails se mettront en place naturellement. Améliorez votre posture, et vos pieds s'appuieront au sol d'une meilleure façon. Stabilisez votre unité centrale, et toutes vos articulations seront plus stables. Le corps est une unité. Chaque articulation, chaque muscle, chaque os a son rôle à jouer dans la course. Considérez le corps comme un tout et vous passerez à un autre niveau. Des sensations inconnues jusqu'alors vous attendent. Des parties de votre corps, endormies depuis des lustres, ne demandent qu'à être réactivées.

Concentrez-vous davantage sur la qualité que sur la quantité

Que vous commenciez à courir ou que vous soyez un coureur élite, la qualité doit l'emporter sur la quantité. En bout de ligne, vous aurez beaucoup plus de plaisir à courir, tout en étant plus performant si c'est ce que vous visez. Chercher à suivre un programme d'entraînement en se fiant sur la durée et l'intensité, lequel aborde l'aspect quantitatif, est bien. Toutefois, la base doit demeurer la qualité. En d'autres mots, organisez-vous pour bien faire ce que vous faites. Rien ne sert d'abattre un kilométrage énorme si chacun des kilomètres est parcouru dans une posture et selon une technique qui ne respectent pas votre corps. À long terme, une bonne technique combinée à un corps stable, souple, équilibré et en santé vous permettront plus naturellement d'aller vers de longs parcours ou des entraînements intenses. Plusieurs coureurs se donnent comme objectif de courir un marathon ou un demi-marathon alors que leur mécanique n'est pas prête pour ça. Le jour du marathon, blessure et déception seront alors trop souvent au rendez-vous.

Courez souvent

La maîtrise d'un geste technique s'acquiert à force de répétitions. Courir une ou deux fois par semaine, en plus d'avoir peu d'effets sur la condition physique, ne permet pas d'améliorer votre technique de façon optimale. Sans tomber dans le surentraînement, assurez-vous de vous adonner à au moins trois entraînements par semaine, quitte à ajouter de courtes séances visant à travailler l'aspect qualitatif de votre course. Un petit quinze minutes passé à travailler sur sa posture ou le mouvement de ses bras peut être très bénéfique en ce qui concerne la technique, sans risque de surtaxer votre organisme.

Occupez-vous de votre corps

Plusieurs défauts techniques viennent du fait que le corps est inapte à assurer le bon mouvement. Il a été démontré qu'une faiblesse des muscles fessiers moyens nuit à la bonne stabilisation du bassin et des hanches, favorisant ainsi un mauvais alignement du genou. Une faiblesse des muscles stabilisateurs de la cheville et du pied empêche un bon appui du pied et une propulsion adéquate. Un tendon d'Achille rétracté modifie directement l'appui du pied. Rendez-le trop souple, et cela aura un effet tout aussi négatif. Il faut retenir qu'une bonne technique sera atteinte d'autant plus facilement si vous pouvez profiter adéquatement des mécanismes naturels du corps. Vous retrouverez au chapitre 7 les exercices conçus à cet effet.

Il peut aussi être utile de consulter un professionnel de la santé (ostéo, physio, kiné…) qui pourra évaluer l'état de votre corps. Dans le cas, par exemple, d'une cheville raide ou d'un déséquilibre postural, un spécialiste pourrait vous proposer des mesures appropriées (traitement, exercice…) qui

peuvent faire une bonne différence. Dans ma pratique, je constate chez plusieurs coureurs qui me consultent des choses à améliorer. Les athlètes de niveau élite sont la plupart du temps suivis par un professionnel de la santé. Ce suivi peut faire une différence pour les coureurs de tous niveaux.

ÊTES-VOUS PRÊT À COURIR MIEUX?

La méthode *Courir mieux* est à la fois riche en informations et facile d'application. Elle comporte 10 étapes fondamentales. Je vous suggère de chercher à maîtriser les étapes une à la fois.

La présentation de ces étapes sera ponctuée d'illustrations des types de coureurs (délibérément caricaturés et exagérés) ayant adopté les principales façons inadéquates de courir. J'ai développé ces coureurs types au fil de nombreuses années d'observations. Cette typologie est là pour vous aider à mieux comprendre ce qu'il ne faut pas faire, et n'a pas pour objectif de juger quiconque. Vous y reconnaîtrez probablement plusieurs des coureurs qui vous entourent.

Préparez-vous à voir la course d'une tout autre façon.

LES 10 ÉTAPES FONDAMENTALES

1 MAINTENEZ UNE BONNE POSTURE

2 ACTIVEZ VOTRE UNITÉ CENTRALE

3 DÉTENDEZ-VOUS

4 PERFECTIONNEZ LE MOUVEMENT DES BRAS

5 OPTIMISEZ LE MOUVEMENT DES JAMBES

6 APPUYEZ ADÉQUATEMENT LE PIED AU SOL

7 AYEZ UNE CADENCE DYNAMIQUE

8 LIMITEZ LE DÉPLACEMENT VERTICAL

9 DISSOCIEZ LES CEINTURES

10 RESPIREZ BIEN

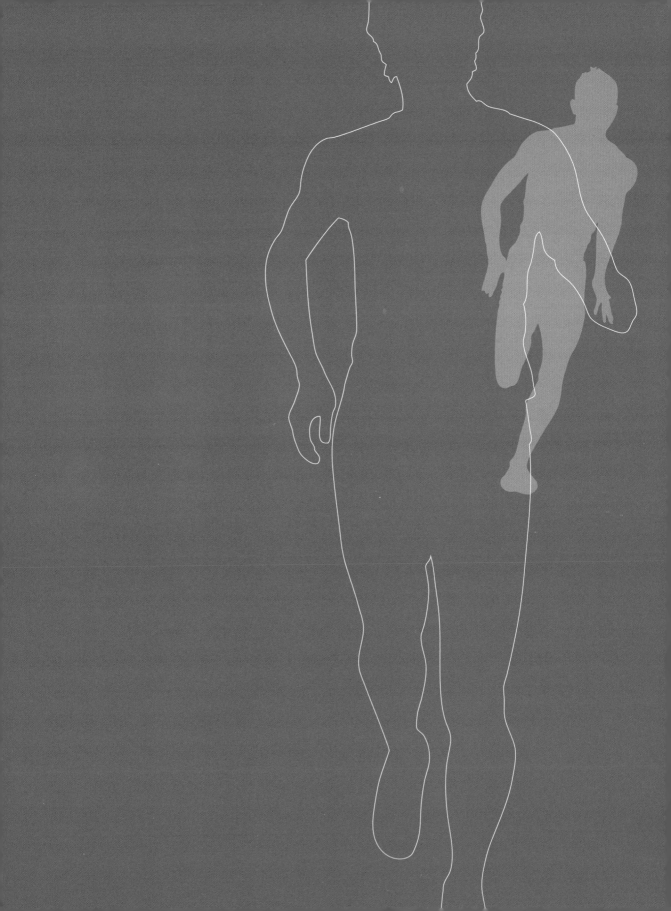

ÉTAPE 1

MAINTENEZ UNE BONNE POSTURE

QU'EST-CE DONC QU'UNE BONNE POSTURE ?

Une bonne posture, c'est une position du corps centrée dans l'espace et libre dans la gravité. On l'atteint, grâce à un bon contrôle des muscles posturaux, avec un minimum d'effort. Elle change votre relation avec votre environnement, externe comme interne. Elle constitue une des bases essentielles de la santé ET de la performance du coureur.

Posture équilibrée

LE DÉSÉQUILIBRE EST AMPLIFIÉ PENDANT LA COURSE

La plupart du temps, chez une personne dont la posture est déséquilibrée, ce déséquilibre s'amplifiera en courant. Plus rarement, elle cherchera à corriger sa posture par tous les moyens, au prix d'un effort coûteux.

La bonne nouvelle, c'est que la course à pied est l'une des meilleures façons d'améliorer la posture. Elle pousse le corps à s'ajuster face à un ensemble de forces, dont la gravité, loin de tout fauteuil invitant.

Voici les exemples les plus fréquents de posture déséquilibrée et leur transposition dans la course.

POSTURES DÉSÉQUILIBRÉES

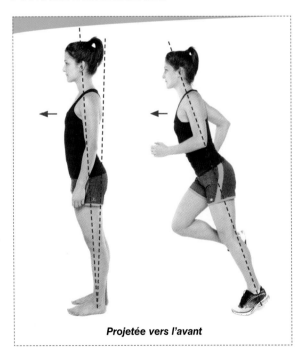

Projetée vers l'avant

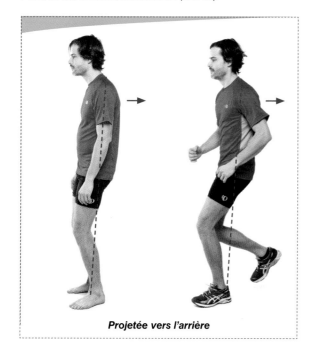

Projetée vers l'arrière

Tirée vers le bas

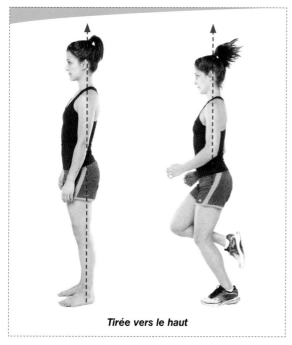

Tirée vers le haut

Tête déjetée vers l'avant

POURQUOI AVOIR
UNE BONNE POSTURE ?

Pour profiter au maximum
des mécanismes naturels

La posture est la pierre angulaire de toute bonne technique de course. Les muscles, tendons, ligaments et fascias sont mis en action d'une bonne façon si la posture est adéquate. Votre tendon d'Achille, par exemple, ne peut accumuler et restituer de l'énergie efficacement que si votre corps est projeté vers l'avant. Quand vous le projetez vers l'arrière, le tendon d'Achille devient aussitôt inefficace.

Pour bien respirer

Une bonne posture permet de bien respirer, ce qui est un élément fondamental de la course. Une posture voûtée, par exemple, empêche une bonne respiration. Vous avez beau chercher à absorber de l'oxygène pour le transformer en énergie, si votre posture entrave la libre respiration, vous gaspillerez une bonne quantité d'énergie.

Pour éveiller vos pieds

On fait grand cas du fait que les pieds sont endormis lorsque supportés par les chaussures modernes. Passer à des chaussures plus minimalistes n'est pas la seule façon d'éveiller vos pieds. Maintenez une bonne posture, et vos pieds seront automatiquement éveillés. En allongeant la colonne, on stimule tous les muscles posturaux, dont les muscles profonds des pieds. Voilà une autre démonstration du fait que le corps fonctionne comme une unité.

Pour améliorer votre appui de pied

La majorité des méthodes sont fondées sur le principe selon lequel il faut d'abord bien maîtriser l'appui du pied au sol. C'est pour cette raison que certains coureurs se blessent en cherchant à faire un appui mi-pied, alors que le reste de leur corps n'est pas prêt pour ce changement. Il est de loin préférable de chercher à modifier la technique en partant de la posture, car tout le reste en dépend, dont l'appui du pied. Il est utopique de penser que tout le monde peut courir en atterrissant sur le mi-pied ou l'avant-pied sans avoir d'abord une bonne posture.

QUELLE EST LA POSTURE
IDÉALE DE COURSE ?

La posture idéale de course est celle qui favorise le mouvement le plus efficace et la course la plus naturelle et fluide, et qui à la fois respecte le mieux votre corps. Si votre posture de base s'éloigne de la posture idéale, ne vous en faites pas. Vous avez votre posture à vous, une sorte de signature corporelle, et nul besoin de tout changer du jour au lendemain. Vous pourrez vous approcher graduellement du modèle idéal, sans pour autant devoir atteindre la perfection. Il n'existe pas une seule bonne posture de course. L'être humain n'est pas un robot.

Si l'on se fie aux principes de posturologie (science qui étudie la posture), aux derniers avancements de la biomécanique de la course et à l'observation des meilleurs coureurs, tout nous amène à prôner une posture légèrement tirée vers le haut en même temps que projetée vers l'avant.

POURQUOI ÊTRE TIRÉ VERS LE HAUT ?

Le fait de se visualiser tiré vers le haut, comme pour « s'autograndir », active les muscles posturaux profonds. Ces muscles permettent un bon allongement de la colonne vertébrale. Dans les membres inférieurs, ils ont une action antigravité et nous repoussent du sol. Ils s'assurent par ailleurs que le corps ne s'effondre pas chaque fois que vous déposez un pied au sol. Cela est, vous en conviendrez, bien utile pour courir. Cette tendance à se tirer vers le haut est couramment appelée dans le jargon des coureurs « courir grand ». Cela signifie courir « la colonne allongée », car c'est la colonne vertébrale qui est la clé de cet ajustement. Les jambes représentent des ressorts supportant un bassin stable avec une colonne bien étirée.

| Posture idéale de course |

Centré et tiré vers le haut

Centré et tiré vers le haut et projeté vers l'avant

Posture idéale de course

1 - Autograndissez-vous en courant

La façon la plus spécifique de courir grand est bien sûr de se concentrer sur cet aspect de la posture durant la course. On y arrive généralement en peu de temps, et un changement positif dans la technique de course peut alors déjà être remarqué. Voici les deux visualisations qui fonctionnent le mieux avec les coureurs.

A - Ficelle au sommet du crâne : Imaginez qu'une ficelle, attachée au sommet de votre crâne, vous tire doucement vers le haut.

B - Tête gonflée à l'hélium : Imaginez que votre tête est légère et flotte vers le ciel.

2 - Faites des exercices pour améliorer votre posture

Chez plusieurs personnes, les muscles posturaux sont endormis et affaiblis depuis des années. Il est alors important de les réactiver et de reprendre le contrôle de ces muscles. Les exercices posturaux (voir p. 214) peuvent vous permettre de passer à un autre niveau dans votre course. De plus, votre posture dans la vie de tous les jours ne s'en portera que mieux.

3 - Libérez-vous des contraintes qui affectent votre posture

Dans certains cas, la capacité à se tenir centré et grand est limitée par des contraintes physiques ou émotionnelles (par exemple, une attitude de repli sur soi-même). Il devient alors difficile et coûteux en énergie de chercher à garder la colonne allongée. Voici les contraintes physiques les plus courantes, ainsi que des conseils appropriés.

CONTRAINTE	CONSEIL
Diaphragme tendu	• Exercices de respiration (voir p. 240) • Gestion du stress
Manque de mobilité de la colonne vertébrale	• Exercices de mobilité (voir p. 206) • Consultation avec un thérapeute (ostéo, chiro, kiné)
Tensions musculaires	• Exercices de flexibilité (voir p. 192) • Consultation avec un massothérapeute
Cicatrices et adhérences (couches de tissus collées ensemble, entravant la mobilité normale)	• Consultation avec un thérapeute habilité à libérer les adhérences, lesquelles peuvent modifier la posture
Attitude antalgique (repli sur une zone douloureuse ou blessée)	• Consultation avec un médecin • Diminution ou arrêt de l'entraînement si le problème persiste • Consultation avec un thérapeute qui saura vous aider
Problème digestif, respiratoire, urinaire ou gynécologique (repli fréquent sur la zone problématique)	

TYPES DE COUREURS ASSOCIÉS À UN MAUVAIS AUTOGRANDISSEMENT

Le coureur voûté

Même s'il est pourvu d'un avantage aérodynamique indéniable, le coureur voûté ne court pas plus vite pour autant. Sa posture étant peu efficace biomécaniquement, il a beaucoup de difficulté à avoir un bon appui au sol et à profiter de ses systèmes de ressort naturels. Il court habituellement en atterrissant sur la pointe du talon. Sa respiration est entravée par l'augmentation de la pression sur son thorax et son abdomen. Vous entendez facilement ce coureur arriver derrière vous, puisque son pas est très bruyant. Faire des redressements assis pour avoir des abdominaux découpés – tel que vu sur les couvertures des revues de course à pied – est la pire chose pour lui. Cela le maintiendrait encore plus dans sa posture voûtée.

Le cérébral

Le voyant arriver de côté, on aperçoit tout d'abord une tête… puis un corps qui suit en courant. Présentant une posture gravement déficiente, le cérébral court avec la tête déjetée vers l'avant. Habituellement, il regarde devant lui, mais parfois sa tête est penchée vers le bas, ce qui occasionne de nombreuses tensions dans le dos, mais est fort utile pour trouver des pièces de monnaie égarées sur le bitume. Cette façon de courir entraîne une augmentation de la pression thoracique et entrave la respiration.

Le coureur affaissé

La posture de ce coureur est globalement affaissée vers le sol. Il
manque de tonus musculaire, et
ses pieds passent beaucoup de
temps au sol, ce qui lui fait perdre
une quantité importante d'énergie.
Les systèmes d'amortissement du
coureur affaissé ont perdu de leur
efficacité, et il est souvent blessé.
Sa cadence est habituellement
trop lente.

MAINTENANT, POURQUOI SE PROJETER VERS L'AVANT ?

Courir, c'est aller vers l'avant, à part dans quelques
cas particuliers (voyez la capsule ci-contre). Et que
fait-on si on veut aller vers l'avant sans effort ? On se
laisse tomber vers l'avant, avançant ainsi notre
centre de gravité. Il suffit de regarder les sprinters
de 100 mètres durant les 30 premiers mètres, phase
durant laquelle ils accélèrent jusqu'à trouver une
vitesse constante. Plus la phase d'accélération est
importante, plus ils sont projetés vers l'avant. Au
départ, ils sont pratiquement à 45° par rapport à la
verticale, pour ensuite se redresser graduellement.
Une fois leur vitesse de croisière atteinte, ils maintiennent une posture légèrement projetée jusqu'à la
fin. Les coureurs d'endurance, qui courent normalement à une vitesse constante, forment un angle
d'environ 5 à 20° avec la verticale. Rien ne sert
d'être trop penché vers l'avant. Certaines techniques
de course (Pose, ChiRunning) appuient fortement
sur le fait de se laisser tomber vers l'avant. Plusieurs
coureurs tentant d'intégrer cet élément le font avec
trop d'amplitude, formant un angle avec la verticale

allant jusqu'à 30° ! Pour la majorité des gens, inefficacité et blessures sont alors au rendez-vous. Je ne
compte plus les coureurs, venus me consulter, qui
se sont retrouvés avec une douleur au tendon
d'Achille après avoir modifié leur technique pour
tomber vers l'avant… excessivement. Certains coureurs élites arrivent à maintenir une projection élevée du corps, mais cela requiert une biomécanique
particulière et énormément d'entraînement.

UNE PROJECTION DE LA TÊTE AUX PIEDS

Le corps entier doit être projeté vers l'avant. Certains coureurs penchent leur tronc et leur tête vers l'avant, en pliant le corps sur leurs hanches, ce qui donne le type du coureur grue (voir l'illustration à la page suivante). Cette posture est inefficace et trop exigeante. Il faut toujours garder le corps centré de la tête aux pieds, puis projeter l'ensemble du corps vers l'avant, depuis l'appui au sol.

Améliorez votre posture de course

Il est relativement facile d'améliorer sa posture, en suivant les deux principes présentés ci-dessous.

1 - ALLONGEZ LA COLONNE

Tout d'abord, placez-vous debout, pieds nus, sur une surface plane. Prenez conscience de l'empreinte de vos pieds. Quelles en sont les surfaces qui sont en contact avec le sol? Pensez à laisser votre poids s'appuyer de façon égale sur vos deux pieds. Visualisez ensuite une ficelle qui tire doucement le sommet de votre crâne vers le ciel. Votre colonne s'allonge lentement et vous devenez plus grand (habituellement d'un centimètre ou deux). Vous constaterez peut-être que les contacts au sol sont maintenant modifiés, pour le mieux.

2 - PROJETEZ-VOUS VERS L'AVANT

En gardant cette posture plus centrée et allongée, considérez votre corps comme un pendule inversé. Vos pieds sont le point fixe du pendule et demeurent en contact avec le sol. Votre tête est l'extrémité du pendule et en représente la partie mobile. Votre corps droit peut se balancer de l'avant vers l'arrière. Faites ce mouvement à quelques reprises. Êtes-vous à l'aise lorsque vous êtes vers l'avant? Lorsque

vous êtes vers l'arrière? Et comment est l'appui de vos pieds? Lorsque vous vous balancez vers l'avant, vous devriez sentir que votre poids se porte davantage sur l'avant du pied. En vous balançant vers l'arrière, vous sentirez plutôt votre poids se porter sur les talons. Terminez cette expérience avec le corps balancé vers l'avant. Mémorisez cette sensation, car durant votre course, vous devriez ressentir la même chose chaque fois que vous appuyez un pied au sol.

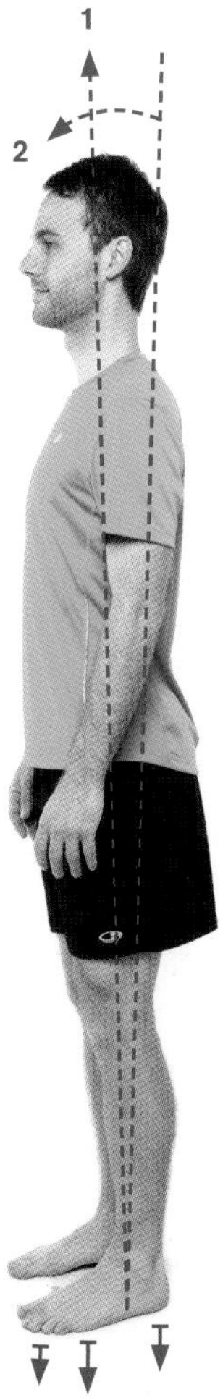

La clé pour avoir une bonne posture de course est de laisser votre corps se balancer (toujours en le gardant allongé) jusqu'à ce que vous sentiez que votre poids est sous les coussins de vos orteils. Quand vous sentez bien cet appui, vous savez que votre posture est bonne. Vous devriez vous sentir stable dans cette position et capable de la maintenir longtemps sans trop d'effort. Si ce n'est pas le cas, balancez-vous un peu moins vers l'avant et trouvez la zone d'appui dans laquelle vous vous sentez confortable. Si, pour vous, c'est le talon, cela indique que votre appui en courant se fera plus naturellement sur les talons. Si vous êtes plus en avant du pied, vous savez que c'est là que se trouvera davantage votre appui.

TYPES DE COUREURS ASSOCIÉS À UNE MAUVAISE PROJECTION VERS L'AVANT

Le torse bombé

Le corps est ici projeté en avant, mais à l'excès. Dans ce type observé principalement chez les hommes, le torse bombé est habituellement associé à une attitude volontaire et déterminée, combinée avec la quête perpétuelle d'un dos droit. Coûteuse en énergie, cette façon de courir amène des tensions importantes dans le dos – surtout entre les omoplates – et les épaules. Le coureur au torse bombé respire fort dans le sternum, et a beaucoup de difficulté à avoir une respiration abdominale. Son intention initiale de garder le dos droit est justifiée, mais il ne s'y prend pas de la bonne façon. Il utilise les muscles superficiels du dos, au lieu de profiter des muscles profonds et d'économiser de l'énergie.

Le coureur grue

Si son dos est droit, il est excessivement penché vers l'avant, ce qui lui fait perdre de la hauteur. Et telle une grue mécanique, il pivote sur ses hanches. Cela entraîne une fermeture excessive entre son abdomen et ses cuisses, ce qui est inefficace et fatiguant pour le dos. Le bas du dos en souffre particulièrement. Les tendons d'Achille et les fascias plantaires sont trop sollicités, et les muscles ischio-jambiers (derrière les cuisses) se lamentent et affichent à la longue une forte raideur. Cette posture est répandue chez les coureurs débutants.

Le coureur assis

Ce coureur avance comme s'il était soutenu par une chaise invisible. Plus il se fatigue, plus il s'appuie sur cette chaise. Les muscles de l'avant de son corps (muscles de la gorge, pectoraux, abdominaux et jambiers antérieurs, entre autres) sont soumis à un effort excessif. Courir sur le mi-pied ou l'avant du pied est une entreprise périlleuse pour lui. Sa posture ne lui permet tout simplement pas d'y arriver sans se freiner ou se mettre à courir à reculons. Il atterrit plutôt sur le talon, en faisant habituellement beaucoup de bruit, avec un mouvement peu efficace. De nombreuses blessures sont associées à cette façon de courir.

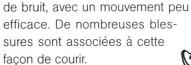

BON PIED BON ŒIL

Les yeux ont un rôle important à jouer dans le maintien d'une bonne posture. Ils vous transmettent une foule d'informations venant de l'extérieur, et votre corps s'ajuste en permanence grâce à celles-ci. Ils sont parmi les proprioceptions (récepteurs qui nous informent de votre position et de vos mouvements dans l'espace) les plus importants du corps, travaillant en équipe avec les pieds, la mâchoire, la colonne vertébrale et l'oreille interne, entre autres. Un déséquilibre au niveau des yeux affecte toute la posture, tout comme un déséquilibre touchant les pieds ou tout autre proprioception. Chaque œil est contrôlé par six muscles. Ce contrôle, s'il fonctionne mal, peut avoir un impact sur le coureur, en modifiant par exemple l'appui des pieds. Un coureur peut alors avoir un œil qui converge mal (loucher vers l'intérieur) et subir un trouble au pied, lequel est en fait une conséquence et non la cause du problème. Un changement de chaussures ne réglera rien dans ce cas. Toujours dans cette optique, il est primordial de porter des lunettes ou verres bien ajustés, ainsi que des chaussures appropriées.

Durant la course, le corps étant légèrement projeté vers l'avant, les yeux se retrouvent naturellement à regarder plus bas que l'horizon, soit à une distance de 10 à 25 mètres, en balayant les environs. Évitez de regarder à l'horizon ou trop près devant vous. Finalement, les yeux fonctionnent bien si la tête est bien positionnée, et vice-versa.

Malheureusement, peu de professionnels sont spécialisés dans le domaine de la motricité des yeux. La solution reste alors de consulter un ostéopathe ou un posturologue.

OUVERTURE

Enfin, vue de face ou de dos, la posture ne devrait pas être trop fermée ni ouverte. Plusieurs coureurs courent dans une attitude fermée, repliés sur eux-mêmes. Plus rarement, on peut observer des coureurs présentant un excès d'ouverture, avec le devant du corps ouvert sur le monde. Dans les deux cas, l'efficacité de la course peut être affectée. L'idéal est d'adopter une posture neutre, entre la fermeture et l'ouverture.

Pour y arriver, posez-vous la question suivante en courant:

Suis-je fermé ou ouvert au niveau:

- des épaules?
- de la poitrine?
- de l'abdomen?
- du pubis?
- des genoux?
- des pieds?

Ajustez ensuite chaque partie du corps de façon à être neutre, en vous rappelant d'être le plus détendu possible.

TYPES DE COUREURS ASSOCIÉS À UN EXCÈS DE FERMETURE OU D'OUVERTURE

L'introverti

Fréquemment observé, surtout chez les femmes, l'introverti court avec une attitude de fermeture sur lui-même. Il semble dans sa bulle, coupé de toute distraction extérieure. Cet excès de fermeture est peu efficace et contribue à amener des tensions au niveau des muscles et des fascias (tissus qui enveloppent les muscles et les relient les uns aux autres). Une augmentation de pression dans le thorax, l'abdomen et le bassin est observée. Les épaules sont refermées en avant et la respiration est limitée. Souvent, les pieds sont tournés vers l'intérieur, ce qui est loin d'être naturel pour courir. Les hanches, genoux, chevilles et pieds sont plus souvent blessés. Le regard est souvent orienté trop près du coureur. Habituellement endurant à l'effort comme à la douleur, il vit avec de perpétuels petits malaises, jusqu'au jour où ceux-ci deviennent plus incommodants.

Le cowboy

À l'opposé du coureur introverti, le cowboy est tout en ouverture, jambes et bras grands ouverts sur le monde. Difficile à dépasser sur un sentier étroit – puisqu'il en prend toute la largeur –, le cowboy exécute en courant un mouvement ample des bras, et ses pieds sont souvent trop ouverts et écartés. Ses hanches et son bassin en souffrent particulièrement, mais aussi ses genoux, chevilles et pieds. Ses bandelettes ilio-tibiales (situées sur le côté des cuisses) et fessiers sont rudement mis à l'épreuve. Le regard porte souvent trop loin vers l'avant.

Le coureur sur le côté

Ce type, fort répandu, se caractérise par une inclinaison d'une partie du corps sur un côté, amenant ainsi une fermeture. Certains coureurs inclinent seulement le cou, avec la tête penchée sur un côté. Cela est particulièrement visible lorsqu'une fatigue ou une souffrance s'installe. D'autres inclinent tout leur corps, créant ainsi un déséquilibre entre les deux côtés. Le poids est alors majoritairement porté par une jambe, ce qui est néfaste à la longue. Dans quelques cas, le regard n'est plus horizontal (ligne entre les deux yeux), ce qui transmet au système postural des informations erronées. Dans tous les cas, l'inclinaison a des conséquences négatives sur la technique de course.

ÉTAPE 2

ACTIVEZ VOTRE UNITÉ CENTRALE

Anatomie de l'unité centrale

Les muscles clés sont les abdominaux profonds, le plancher pelvien et les carrés des lombes. Ces muscles travaillent en équipe et sont essentiels pour tout coureur. En voici une brève description.

Abdominaux profonds

Les muscles qui composent les abdominaux profonds sont, par ordre décroissant de profondeur :

1 - LE MUSCLE TRANSVERSE DE L'ABDOMEN
Véritable ceinture lombaire interne, ce muscle fait le tour de l'abdomen pour venir s'attacher aux vertèbres lombaires. Le transverse contribue à l'allongement de la colonne vertébrale et à une bonne posture. Il protège aussi vos vertèbres lombaires.

2 - LES MUSCLES OBLIQUES INTERNES (ENCORE APPELÉS PETITS OBLIQUES)
Ces muscles permettent les mouvements de torsion et travaillent en synergie avec le transverse.

3 - LES MUSCLES OBLIQUES EXTERNES (ENCORE APPELÉS GRANDS OBLIQUES)
Ces muscles sont à l'origine des mouvements de torsion et travaillent en synergie avec le transverse.

Les muscles abdominaux profonds travaillent ensemble, ce qui permet une meilleure action dans tous les plans de l'espace. Ces muscles sont aidés par le grand droit de l'abdomen (voir capsule p. 66).

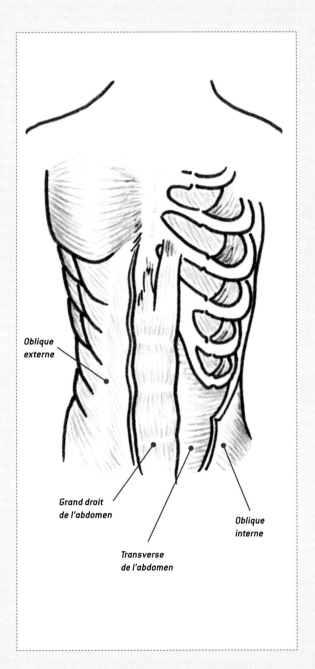

Oblique externe

Grand droit de l'abdomen

Transverse de l'abdomen

Oblique interne

Plancher pelvien

Les muscles du plancher pelvien, bien connus des coureuses qui ont vécu une ou des grossesse(s), referment la partie inférieure du bassin et permettent de contrôler la pression dans le bassin. Ils supportent vos organes (vessie, rectum, utérus ou prostate) pendant la course. Avouez que c'est bien utile. Ils travaillent également en équipe avec les abdominaux profonds. Sans plancher pelvien efficace, le bon fonctionnement des abdominaux est impossible. Pourtant, ces muscles sont encore méconnus.

Carrés des lombes

Ces muscles relient votre bassin à vos lombaires et à vos dernières côtes. Ils permettent de stabiliser votre bassin latéralement. À chaque pas, ils se contractent du côté de la jambe en suspension pour empêcher votre bassin de descendre. Plusieurs coureurs basculent leur bassin d'un côté puis de l'autre en courant. Courir n'est pas marcher sur le *catwalk*! Quand ils sont tendus, ces muscles occasionnent des douleurs dans le bas du dos, sur un côté ou l'autre.

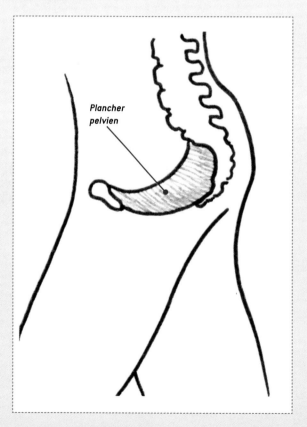

Plancher
pelvien

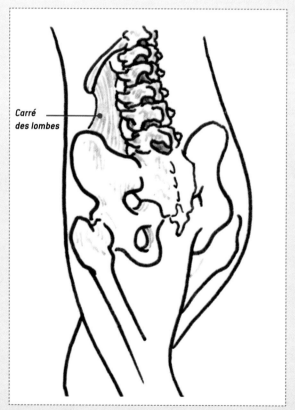

Carré
des lombes

POURQUOI AVOIR UNE BONNE UNITÉ CENTRALE ?

Pour fournir une base à tous les mouvements

Communément appelée *core* en anglais, l'unité centrale est essentielle au maintien d'une bonne posture et d'une bonne technique de course. Elle est à la base de tous nos mouvements et activités. Pas un mouvement ne se fait sans qu'elle soit sollicitée. Une personne ayant subi une déchirure des muscles abdominaux profonds (une des parties de l'unité) réalisera bien vite qu'elle ne peut plus rien faire normalement. Marcher, soulever un objet, jouer au tennis, rire, éternuer, faire l'amour… et courir deviennent un calvaire.

Pour plus de stabilité

Une bonne unité centrale permet de stabiliser le corps dans tous les plans de l'espace. Plus stable entre les côtés, entre l'avant et l'arrière, ainsi qu'entre le haut et le bas, le coureur trouve ainsi plus de contrôle, d'aisance et d'efficacité. Cette stabilité globale suppose une action musculaire qui se fait dans un volume entier, en trois dimensions. Il faut arrêter de penser en deux dimensions…

Pour augmenter la force des jambes et des bras

Les jambes et les bras prennent appui sur l'unité centrale, et une multitude de muscles s'attachent à celle-ci. Pour exécuter des mouvements avec les jambes, l'unité centrale doit être stable et solide. Un centre mou ne permettra pas aux jambes ni aux bras d'exercer une force importante. Pour quiconque désire courir efficacement, l'unité centrale doit fonctionner de façon adéquate.

Pour un bassin bien stable

L'activation de l'unité centrale permet d'abord un bon positionnement du bassin. Un mouvement fluide des membres inférieurs sera alors facilité, et la colonne vertébrale, ainsi que tout le haut du corps, seront soutenus par une bonne base. Quand le corps est **légèrement** projeté vers l'avant, il est tout à fait naturel que le bassin soit **légèrement** basculé vers l'avant. Le bassin n'est donc pas parfaitement neutre.

Cependant, les coureurs ont souvent le bassin trop penché vers l'avant (antéversion) et plus rarement trop basculé vers l'arrière (rétroversion).

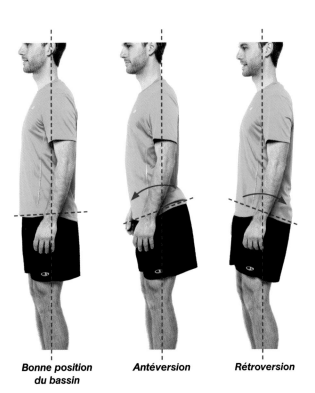

Bonne position du bassin   **Antéversion**   **Rétroversion**

COMMENT ACTIVER
VOTRE UNITÉ CENTRALE?

1- Activez-la en courant

On recommande souvent aux athlètes de courir détendus (voir p. 68). Cela ne veut pas dire relâcher complètement tous les muscles, surtout pas ceux de l'unité centrale. L'art, c'est arriver à bien doser cette contraction. Pour vous guider, gardez en tête que durant la course, les abdominaux et le plancher pelvien devraient être contractés à environ 25% de leur maximum. Pour y arriver, faites l'exercice ci-dessous.

POUR BIEN EXÉCUTER LA CONTRACTION DES ABDOMINAUX ET DU PLANCHER PELVIEN

Prenez une grande inspiration, puis, en expirant, contractez vos abdominaux profonds (rentrer le nombril vers la colonne vertébrale) au maximum. Relâchez en inspirant. En expirant de nouveau, contractez maintenant à la moitié (50%) de cette intensité, puis inspirez et relâchez. Finalement, contractez à la moitié (25%) de cette dernière intensité en expirant. C'est à cette intensité que vous devriez contracter vos abdominaux pendant la course. Maintenez cette contraction et respirez un peu plus profondément. Votre ventre devrait pouvoir se gonfler légèrement. Ainsi, en courant, il n'est plus question de respirer uniquement dans le ventre, comme certains prétendent qu'il faut faire. Nous verrons plus loin comment bien respirer.

Pour contracter les muscles du plancher pelvien, il faut en siphonner le centre vers le haut. Le centre est situé entre l'anus et le vagin chez la femme, et entre l'anus et le scrotum chez homme.

Évitez d'employer la méthode traditionnelle, qui consiste à se contracter de la même manière que lorsqu'on se retient d'uriner; elle peut gêner vos sphincters à la longue. Pour vous exercer, siphonnez le centre du plancher pelvien en expirant, puis relâchez complètement en inspirant. Répétez le même processus que pour les abdominaux profonds afin de trouver votre 25% de contraction.

Contractez maintenant à 25% de leur maximum à la fois les abdominaux et le plancher pelvien. Voilà, votre unité centrale est activée! Quand vous courez, cette contraction devrait devenir automatique. Portez attention à cet élément de temps en temps pour vous assurer que l'activation est bien là, sans toutefois chercher à crisper le corps.

*Contraction des abdos
et du plancher pelvien*

En plus d'activer les muscles de l'unité centrale, il est très utile de garder une bonne connexion entre le pubis et le sternum. Cela empêche votre bassin de trop basculer vers l'avant.

Pour une bonne connexion, activez votre unité centrale et imaginez un morceau de ruban adhésif joignant le pubis au sternum. Le ruban ne doit pas se décoller pendant que vous courez.

Avec de l'entraînement, vous n'aurez même plus besoin d'y penser, votre unité centrale sera activée automatiquement. Ne vous en faites pas, vous ne passerez pas votre temps à songer à votre plancher pelvien. Il y a moyen d'avoir des pensées beaucoup plus intéressantes en courant!

2 - Faites des exercices pour renforcer votre unité centrale

Parfois, ces muscles sont endormis et désactivés, même chez les personnes qui font une tonne de redressements assis chaque jour. Les entraîner de façon spécifique peut vous aider énormément dans votre course, comme dans votre vie en général. À cet effet, voyez les exercices aux pages 227 à 231.

Avec de l'entraînement, votre unité centrale deviendra plus forte et endurante. Il sera alors possible d'en activer les muscles à un pourcentage moindre que 25%, pour une plus grande économie d'énergie.

NUL BESOIN D'UN *SIX-PACK* POUR BIEN COURIR

Parcourez la page couverture des revues de course à pied (*Runner's World* en particulier) des vingt dernières années. Sur la plupart, vous verrez soit une coureuse, abdomen bien en vue, ou un coureur torse nu. La première question qu'on peut se poser est celle-ci: Les coureurs courent-ils toujours dévêtus? Et la deuxième: Faut-il avoir des abdominaux découpés comme tous ces coureurs pour bien courir? Dans les deux cas, la réponse est non. Le coureur a besoin d'excellents abdominaux profonds pour se stabi-liser et générer une bonne force en courant. Mais les abdominaux superficiels (communément appelés *six-pack*), quant à eux, sont peu utiles. Le coureur, lorsqu'il court, ne passe pas son temps à faire des redressements assis. Il a besoin de bons muscles abdominaux obliques et trans-verses, mais il ne lui sert à rien de s'astreindre à faire des redressements assis tous les jours. Il est bien plus utile de travailler en profondeur et d'améliorer sa posture que de chercher à tout prix à avoir de beaux abdos superficiels.

ÉTAPE 3

DÉTENDEZ-VOUS

POURQUOI COURIR DÉTENDU?

Plusieurs défauts de technique de course proviennent du fait que certains muscles travaillent quand ils ne le devraient pas, ou travaillent trop, entraînant entre autres une dépense d'énergie superflue. La technique de course perd de son efficacité, la performance est diminuée, et les coureurs, qui adoptent souvent diverses postures types, ont le corps pétri de tensions musculaires. Par ailleurs, avec toutes ces raideurs, le risque de se blesser augmente à la longue. Observez les meilleurs coureurs et vous verrez qu'ils ont l'air de survoler le bitume sans effort, sans tension. Seulement à la fin d'une compétition apparaissent des tensions musculaires, alors qu'ils déploient leurs dernières ressources et repoussent leurs limites.

COMMENT ARRIVER À SE DÉTENDRE?

Une bonne détente musculaire demande une bonne conscience corporelle. On ne peut pas relâcher des muscles si on ne les sent pas. Vous devez en quelque sorte être à l'écoute des signaux que vous envoie votre corps. On ne parle pas ici de douleurs; on parle de tensions superflues qui doivent être décelées et ensuite relâchées, précisément afin d'éviter que des signaux de douleur n'apparaissent. Le coureur qui a une bonne détente arrive à balayer, ou à «scanner», tout son corps et à le réajuster au quart de seconde près.

Une bonne détente musculaire dépend aussi de l'état d'esprit. Un coureur qui a vécu une journée éprouvante au bureau et qui trimballe ses problèmes avec lui jusque sur son parcours de course aura de la difficulté à courir bien détendu, même en étant à l'écoute de son corps. Cependant, certains coureurs peuvent subir tout le stress du monde et arriver à courir détendus sans problème. C'est pour plusieurs la meilleure façon de se relaxer et d'évacuer le stress, plus efficace encore que la méditation et le yoga.

Pour arriver à courir détendu, faites en courant l'autobalayage suggéré ci-dessous. Une fois qu'on y est bien exercé, cela ne prend que quelques secondes. Si vous avez de la difficulté à y arriver, concentrez-vous davantage sur les exercices de flexibilité (voir p. 192) et de respiration (voir p. 240).

L'AUTOBALAYAGE DU COUREUR

ZONE	QUOI FAIRE
Front	Éviter de plisser le front, le laisser s'ouvrir.
Espace entre les yeux	Éviter d'avoir un pli entre les deux yeux, laisser cet espace s'ouvrir.
Muscles des orbites oculaires	Éviter de plisser les yeux, laissez les yeux détendus et focalisés.
Joues	Garder les joues molles.
Lèvres	Éviter de serrer les lèvres, les garder molles et détendues.
Mâchoire	Éviter de serrer les dents. Garder la mâchoire relâchée, bouche semi-ouverte.
Nuque	Garder la nuque longue, relâchée.
Épaules	Éviter de les garder hautes, avancées ou trop reculées, les garder basses et relâchées.
Bras	Éviter de trop contracter les biceps, les garder relâchés, coudes stables.
Mains	Éviter de serrer les poings, garder tous les doigts relâchés.
Hanches	Garder les hanches détendues et libres.
Mollets	Éviter de trop contracter les mollets. Imaginer qu'ils forment un ressort bien élastique.
Pieds	Garder les muscles des pieds détendus et éveillés à la fois, en les laissant caresser le sol.

Le boxeur

Poings fermés, avant-bras et biceps contractés, épaules saillantes, tête enfouie entre les épaules, le boxeur semble prêt à dégainer à tout moment. L'effort est au cœur de sa technique de course, tout comme l'inefficacité. Il termine habituellement ses courses par un sprint endiablé, ou en grimpant à toute allure un escalier, culminant en criant d'une voix gutturale le nom de sa petite amie.

Le coureur à épaulettes

Le coureur de ce type, fréquemment observé, porte en permanence ses épaules trop haut, comme si elles étaient tirées vers le ciel par des ficelles. En réalité, elles sont plutôt amenées vers le haut par des tensions superflues aux trapèzes supérieurs et aux muscles élévateurs de la scapula (entre autres). À la longue, la nuque, la base du crâne et les épaules envoient des signaux de détresse. Le coureur à épaulettes, dont le diaphragme est tendu, a souvent une mauvaise respiration. Enfin, il lui est impossible de faire un mouvement efficace et naturel avec ses bras.

L'Atlas

Tel Atlas dans la mythologie grecque, il semble porter la Terre sur ses épaules. L'Atlas avance en grimaçant, corps crispé, dos voûté et incliné, mâchoire serrée, pas lourd et soumis à la gravité – en plus de devoir soutenir une planète entière ! De ses pores transpirent souffrance, effort et courage. Quoique cette image puisse être compréhensible (et encore !) à la fin d'un ultramarathon épuisant, certains adoptent cette façon de courir dès la seconde où ils se mettent en mouvement. L'Atlas contribue ainsi à renforcer la mauvaise réputation de la course à pied, que tant de gens croient si souffrante !

ÉTAPE 4

PERFECTIONNEZ LE MOUVEMENT DES BRAS

LES BRAS AVANT LES JAMBES

Il est préférable d'apprendre à utiliser ses bras avant même de penser à modifier le mouvement des jambes. Les ajustements touchant les bras sont en général faciles à faire, donnent de bons résultats et permettent ensuite de modifier le mouvement des jambes plus facilement.

POURQUOI BIEN BOUGER LES BRAS EST-IL SI IMPORTANT ?

Les coureurs sont peu conscients de l'importance des bras (plus justement appelés membres supérieurs, en anatomie) dans la course. Un peu comme s'ils avaient deux membres superflus qu'ils doivent trimballer et qui ne leur servent qu'à agripper les verres aux points d'eau, ou à servir de support pour leur montre GPS.

Peut-être devraient-ils savoir que bien bouger les membres supérieurs en courant permet de :

Mieux utiliser les ressorts naturels de vos jambes

Le mouvement des bras permet d'alléger et d'alourdir le corps en alternance, aidant ainsi à maximiser l'utilisation de l'énergie élastique (voir la capsule à la page suivante). Les ressorts sont donc mieux compressés puis mieux allongés grâce à un bon mouvement des bras.

Favoriser un meilleur mouvement de la ceinture scapulaire

La ceinture composée des épaules, omoplates et clavicules bouge mieux lorsqu'on utilise adéquatement les bras. Cela affecte indirectement tout le mouvement du tronc et du bassin. Nous verrons en page 99 l'importance de cet aspect.

Favoriser une meilleure économie d'énergie

Plusieurs coureurs perdent de l'énergie en fournissant un effort inutile avec les bras. Un bon mouvement des bras permet de créer un momentum qui facilite la course, augmentant l'économie d'énergie. Les sprinters font de grands mouvements des bras, tandis que les coureurs d'endurance exécutent des mouvements de faible amplitude. Tout est question de vitesse et de gestion d'énergie.

Favoriser un meilleur mouvement des jambes

Les membres supérieurs et inférieurs, durant la course, bougent de façon synchronisée. Le mouvement des bras influe donc sur celui des jambes. Accélérez le mouvement des bras et les jambes suivront. Augmentez l'amplitude de mouvement des épaules et les jambes bougeront aussi avec plus d'amplitude. Bougez mal les bras, et le mouvement des jambes en sera affecté. Rien que ça !

J'oubliais : ils sont également utiles pour communiquer avec la foule pendant une course (pouce vers le haut, V de la victoire, V de la paix, etc.). Sachez que l'influence des bras est telle que parfois, seulement en améliorant cet aspect, des coureurs voient des douleurs ou inconforts situés dans les jambes (!) disparaître (!!). On l'a dit, le corps fonctionne comme un tout.

VOUS VOULEZ PERDRE DU POIDS ? BOUGEZ LES BRAS !

Faites l'expérience suivante. Placez-vous debout et prenez conscience du contact de vos pieds avec le sol et de la façon avec laquelle ils pressent le sol. Maintenant, pliez les coudes et faites des mouvements rapides avec vos bras, semblables à ceux qui s'exécutent naturellement durant la course. Tout en faisant ces mouvements, vous devriez sentir vos pieds décoller en partie du sol. Cela est dû au momentum créé et à l'élévation de votre centre de gravité. Vous pouvez aussi tenter de courir en gardant les bras immobiles ou, pire, allongés le long du corps. Voyez la différence de sensation de poids au niveau des pieds, comparativement à ce qui se produit pendant une course normale. Mais attention ! Comme le dit la formule, rien ne se perd, rien ne se crée ; cet allégement est temporaire et sera suivi d'un alourdissement. À chaque pas, vous vous allégez et vous alourdissez successivement. Cela permet en quelque sorte de mieux comprimer vos ressorts lorsque vous vous alourdissez et de les allonger efficacement lorsque vous vous allégez.

COMMENT BIEN BOUGER LES BRAS ?

Pour exécuter un mouvement des bras adéquat, il faut d'abord connaître la bonne position pour chaque articulation des bras. Une fois cette position maîtrisée, il suffit de réaliser un mouvement de pendule articulé à l'épaule. Les explications suivantes concernent trois plans de l'espace : de face, de côté et de haut.

1 - Gardez la bonne position

Avant de bouger, il faut d'abord avoir une bonne position. Voici les points importants à maîtriser dans une vue de face. Les épaules doivent être basses et relâchées, de façon à éviter les tensions superflues. Les coudes sont près du corps. Imaginez qu'ils tombent vers le sol. Plus la vitesse est élevée et plus votre tronc tourne vite, plus le mouvement des bras est accéléré ; les coudes montent alors naturellement. Aucun effort ne devrait être fait pour garder les coudes levés. Les paumes sont orientées vers le centre, avec les avant-bras dans une position neutre.

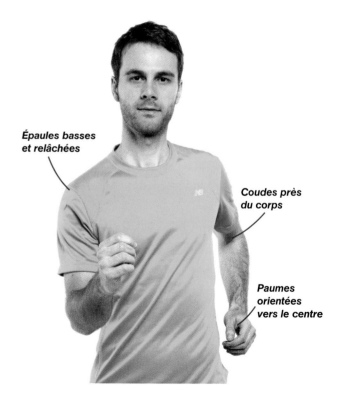

Épaules basses et relâchées

Coudes près du corps

Paumes orientées vers le centre

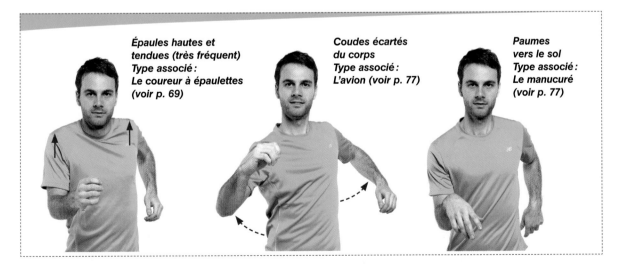

Angles de flexion du coude

115°
90°

Position de l'épaule et du poignet :
Épaule centrée, main dans le prolongement de l'avant-bras

Position de la main :
Doigts repliés sans effort, pression délicate entre pouce et index ou majeur, ou les deux

Passons maintenant à la vue de côté. Le plus difficile, c'est de garder le coude fléchi à un angle de 90° à 115°. Je suis d'avis que certains entraîneurs, assez sévères sur le 90°, ne respectent pas la biomécanique naturelle de chacun des coureurs. Regardez les meilleurs coureurs au monde et vous verrez que, le plus souvent, leur coude est fléchi à un angle dépassant 90°. L'épaule devrait être centrée, ni trop vers l'avant ni trop vers l'arrière. La main reste dans le prolongement de l'avant-bras. Les doigts sont repliés sans effort. Le pouce est en contact avec l'index ou le majeur, ou les deux, avec une pression délicate, afin de garder un juste tonus des muscles de la main.

À ÉVITER

Épaules hautes et tendues (très fréquent)
Type associé :
Le coureur à épaulettes
(voir p. 69)

Coudes écartés du corps
Type associé :
L'avion (voir p. 77)

Paumes vers le sol
Type associé :
Le manucuré
(voir p. 77)

À ÉVITER POUR L'ÉPAULE ET LE COUDE

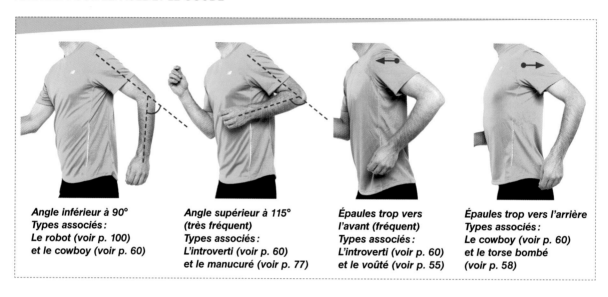

Angle inférieur à 90°
Types associés :
Le robot (voir p. 100)
et le cowboy (voir p. 60)

Angle supérieur à 115°
(très fréquent)
Types associés :
L'introverti (voir p. 60)
et le manucuré (voir p. 77)

Épaules trop vers
l'avant (fréquent)
Types associés :
L'introverti (voir p. 60)
et le voûté (voir p. 55)

Épaules trop vers l'arrière
Types associés :
Le cowboy (voir p. 60)
et le torse bombé
(voir p. 58)

À ÉVITER POUR L'AVANT-BRAS, LE POIGNET ET LA MAIN

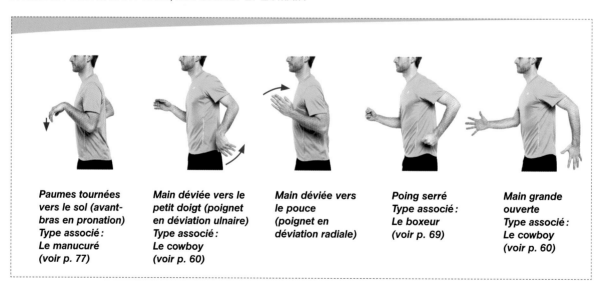

Paumes tournées
vers le sol (avant-
bras en pronation)
Type associé :
Le manucuré
(voir p. 77)

Main déviée vers le
petit doigt (poignet
en déviation ulnaire)
Type associé :
Le cowboy
(voir p. 60)

Main déviée vers
le pouce
(poignet en
déviation radiale)

Poing serré
Type associé :
Le boxeur
(voir p. 69)

Main grande
ouverte
Type associé :
Le cowboy
(voir p. 60)

Enfin, dans une vue de haut, on observe naturellement une rotation interne de 30°. Cela s'explique par notre anatomie. Contrairement à ce que certains entraîneurs enseignent, il n'est pas du tout naturel ni efficace de courir avec les bras orientés directement vers l'avant.

RECOMMANDÉ

À ÉVITER

Angle supérieur à 30°. Cette posture est associée à une fermeture de la poitrine ou à un dos voûté. Types associés: L'introverti (voir p. 60) et le voûté (voir p. 55)

Angle inférieur à 30°. Cette posture est associée à une ouverture de la poitrine ou à un torse bombé. Types associés: Le cowboy (voir p. 60) et le torse bombé (voir p. 58)

2 - Faites un mouvement de pendule

Épaule

Maintenant que vous êtes bien positionné, il suffit de bouger le bras sans effort, tel un pendule articulé à l'épaule. C'est la façon la plus simple et la plus économique de bouger le bras.

Pour y arriver, imaginez-vous que le point fixe du pendule est au centre de votre épaule. Suspendez-y un fil (bras) et placez à l'extrémité (coude) une boule de plomb.

PENDULE

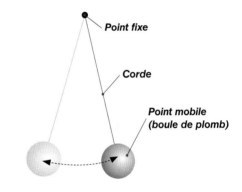

Pendule de course

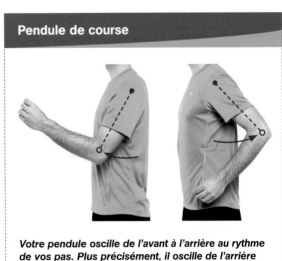

Votre pendule oscille de l'avant à l'arrière au rythme de vos pas. Plus précisément, il oscille de l'arrière ET de l'extérieur vers l'avant ET vers l'intérieur.

Mains qui franchissent la ligne médiane
Type associé : L'introverti
(voir p. 60)

Coudes élevés
Type associé : L'avion
(voir p. 77)

Rotation de l'épaule
Type associé : Le malaxeur
(voir p. 77)

Coude, poignet et main

Le coude, le poignet et la main restent donc stables, contribuant à augmenter la masse qui sera déplacée par le pendule. Le mouvement se fait donc presque uniquement à l'épaule. Presque, car un léger mouvement naturel du poignet et du coude peuvent être exécutés sans effort. Si le mouvement de pendule est bien fait, vos mains ne franchissent pas la ligne médiane du corps.

À ÉVITER AU COUDE, AU POIGNET ET À LA MAIN

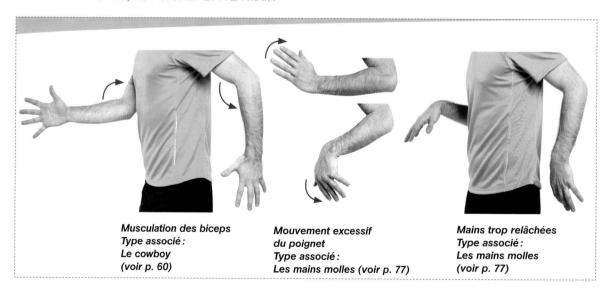

Musculation des biceps
Type associé :
Le cowboy
(voir p. 60)

Mouvement excessif
du poignet
Type associé :
Les mains molles (voir p. 77)

Mains trop relâchées
Type associé :
Les mains molles
(voir p. 77)

Le coureur aux mains molles

Ses mains, dénuées de tout tonus, virevoltent au gré du balancement de ses bras. L'intention initiale étant normalement de garder les mains détendues et de courir sans effort, ce coureur contribue plutôt à créer de la tension ailleurs dans ses bras, en plus de présenter une esthétique... particulière !

Le malaxeur

Dans un bol, mélangez trois œufs température pièce, du sucre et des fraises. Dotez maintenant ce coureur d'un fouet et en moins de temps qu'il ne lui en faudra pour faire un kilomètre, vous aurez une superbe mousse aux fraises. Le malaxeur fait un mouvement non adapté à la course avec ses deux bras, parfois avec un seul. Cela lui confère un style bien original, mais peu efficace. Le coureur fait parfois ce mouvement afin de détendre ses bras. L'intention est bonne, mais le mouvement est superflu.

L'avion

C'est un oiseau, c'est un avion... Non, c'est plutôt un coureur ! Déployant ses ailes tel un avion de chasse prêt à s'envoler, ce coureur dépense une quantité d'énergie considérable et inutile. Deltoïdes, trapèzes et biceps sont soumis à un effort excédentaire, et les bras ne peuvent bouger librement et efficacement. Les coureurs dotés d'une bonne masse musculaire sont souvent de ce type. Parfois, à cause de la masse musculaire du haut du corps, les bras ne peuvent qu'être un peu ouverts. Mais la plupart du temps, cela est dû à une mauvaise façon d'utiliser les bras.

Le manucuré

Avec ses paumes orientées vers le sol, ses doigts pendants et ses ongles bien exposés, on croirait que ce coureur vient tout juste de s'appliquer du vernis. Idéale pour favoriser un bon séchage, cette façon d'utiliser les bras est néanmoins inefficace et non naturelle dans le cadre de la course. De plus, cette position particulière des avant-bras, poignets et mains entraîne habituellement une fermeture de la poitrine, des épaules vers l'avant et une respiration gênée.

ÉTAPE 5

OPTIMISEZ LE MOUVEMENT DES JAMBES

POURQUOI BIEN BOUGER LES JAMBES ?

Pour utiliser les mécanismes naturels de ressort

La réponse peut sembler évidente. Un coureur doit avoir de bonnes jambes ET bien les bouger. Pour cela, chacune des articulations (hanche, genou, cheville, pied) doit bien faire son travail et être bien alignée durant le mouvement. Lorsque ces différentes articulations travaillent bien en équipe, vous pouvez profiter des mécanismes naturels qui permettent d'utiliser l'énergie élastique.

Pour exécuter un déplacement efficace

Ce que veut le coureur, c'est déplacer son corps à l'horizontale. Pour y parvenir, ses jambes doivent permettre de bien transmettre les forces. En biomécanique, une force peut être décomposée en vecteurs. Ainsi, la force appliquée au sol comprend une force horizontale et une verticale. La composante de force transmise horizontalement dans le sol est la plus utile. Un coureur peut fournir un effort considérable sans toutefois arriver à traduire cet effort dans un bon déplacement.

Pour prévenir les blessures

La majorité des blessures touche les jambes (plus justement appelées membres inférieurs en anatomie). Un mouvement adéquat des jambes est essentiel à leur bonne condition. En cas de mauvais alignement ou mouvement, la sollicitation est augmentée. Plus le mouvement est répété, plus le risque de blessures augmentera.

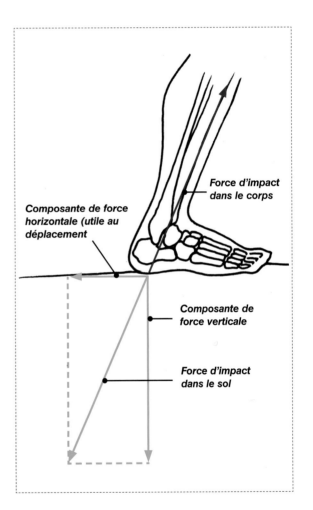

Force d'impact dans le corps

Composante de force horizontale (utile au déplacement

Composante de force verticale

Force d'impact dans le sol

COMMENT BIEN BOUGER LES JAMBES ?

Le mouvement des jambes vu de côté

Pour favoriser une meilleure compréhension du mouvement des jambes, décomposons d'abord la course en quatre phases, selon une vue de côté.

Réception du pied au sol : Le pied atterrit quelques centimètres devant le centre de gravité et commence à absorber l'impact. Cette phase est de très courte durée.

Appui du pied au sol : Le pied est en appui directement sous le centre de gravité et porte tout le poids du corps.

Propulsion : Le pied passe derrière le centre de gravité et se déroule vers les orteils, jusqu'au moment où il perd contact avec le sol.

Oscillation : Le pied oscille dans les airs et une combinaison de mouvements de la hanche et du genou le ramène vers l'avant, jusqu'à ce qu'il reprenne contact avec le sol.

1 - Garder le genou fléchi

Lors des phases de réception et d'appui du pied au sol, la clé est de toujours avoir le genou légèrement fléchi, l'erreur la plus commune étant d'avoir le genou en extension (jambe allongée). Les coureurs qui appuient le talon au sol en premier ont généralement ce problème. En gardant le genou fléchi, on peut profiter d'un bon mécanisme d'amortissement et on diminue les forces frénatrices, celles qui nous ralentissent à chaque pas. Elles sont beaucoup plus élevées chez les coureurs qui atterrissent avec le genou en extension. Le genou fléchi est essentiel au bon appui du pied.

2 - Profiter du momentum

Durant la phase de propulsion, la clé pour courir de façon économique et efficace est justement de ne pas trop forcer pour se propulser. On profite plutôt du momentum créé et des mécanismes élastiques du corps de façon à avancer avec le moins d'effort possible. Ainsi, on laisse la jambe aller vers l'arrière jusqu'au moment où seuls les orteils sont en contact avec le sol. Les personnes qui atterrissent en frappant le talon, ne pouvant profiter de ces mécanismes, doivent fournir un effort de propulsion pour accélérer de nouveau.

Phase d'oscillation

Visualisation : deux ficelles pour bien bouger votre jambe.

3 - Ramener le genou vers l'avant en utilisant deux ficelles

La phase d'oscillation semble être d'une importance secondaire, car, après tout, le pied ne fait que revenir en avant, mais elle compte tout autant que les autres. Les avis sont partagés quant à la bonne façon de bouger la jambe dans l'air. À mon avis, la façon la plus naturelle et efficace est de visualiser qu'une ficelle tire votre talon vers le ciel pendant qu'une autre tire votre genou vers l'avant, sans effort. C'est aussi simple… et complexe que ça !

À un certain moment, les ficelles se relâchent pour permettre à votre pied d'amorcer son approche du sol. Deux petites ficelles. C'est tout ce dont vous avez besoin pour avoir la bonne combinaison entre flexion du genou (plier le genou) et flexion de la hanche (lever le genou vers l'avant).

À ÉVITER

Tirer exagérément le talon vers le haut (overpulling)
Ce défaut est souvent présent chez les adeptes de méthodes (par exemple, Pose ou ChiRunning) préconisant comme action principale de ramener le talon vers le haut.

Lever le genou trop haut
Certains coureurs font une flexion exagérée de la hanche, souvent dans le but d'allonger leur foulée. Cela affecte la technique et est peu économe.

LE CORPS AMORTISSEUR

Nike n'a pas inventé le premier système d'amortissement pour les coureurs. Ceux-ci en étaient déjà dotés. Et, qui plus est, d'amortisseurs bien plus sophistiqués et efficaces ! Vos articulations (pieds, chevilles, genoux, hanches, sacro-iliaques, vertèbres et disques) comportent des mécanismes d'amortissement évolués. Leur architecture est si complexe qu'aucun système inventé par l'homme ne leur arrive à la cheville (excusez le jeu de mots). Vos tissus mous (couche graisseuse sous le pied, muscles et fascias) ont aussi un rôle important à jouer. La couche de graisse et de peau sous les pieds des coureurs qui ont toujours couru pieds nus fait concurrence aux systèmes d'air, de gel, de ressorts ou de mousse synthétiques. Même vos os sont dotés d'une certaine capacité d'amortissement ! Des tibias et des fémurs sains sont de véritables ressorts. Vos os sont vivants et actifs !

Si évolués soient-ils, vos amortisseurs ont toutefois besoin de stimuli pour s'activer. Si vous marchez avec des chaussures la plupart du temps (ce qui est considéré comme normal dans notre société) et courez avec des chaussures très coussinées, il y a de fortes chances que vos systèmes naturels d'amortissement soient désactivés.

Le talon-fesse

On croirait que ce coureur veut taper ses fesses avec ses talons. Cette trop grande flexion des genoux (*overpulling*) empêche les muscles fléchisseurs des hanches de bien faire leur travail élastique (voir p. 24). Les muscles ischio-jambiers (derrière les cuisses) sont trop sollicités, et l'efficacité des jambes est diminuée. Ce type est souvent observé chez ceux qui tentent de tirer exagérément les talons vers le haut ou d'accélérer leur cadence de façon excessive. Finalement, le talon-fesse, vu sa technique, est toujours celui qui porte les traces les plus marquées de boue dans son dos.

Le coureur sur place

Si vous marchez derrière un coureur sur place, peut-être aurez-vous la curieuse impression de marcher à toute vitesse. En réalité, il n'en est rien. Observez ce coureur de plus près, et vous remarquerez qu'en fait il n'avance pratiquement pas. Pourtant, il court vraiment, se tenant alternativement sur une seule jambe à la fois et fournissant un effort considérable. Son effort n'est tout simplement pas transféré dans un déplacement vers l'avant, mais plutôt vers le haut et le bas. Cette technique de course, quoique peu utile pour faire des déplacements significatifs ou pour compétitionner, a l'avantage de représenter le meilleur rapport calories/distance et de pouvoir se pratiquer dans des espaces restreints (salon, cour arrière ou cabine d'avion, par exemple).

LE MOUVEMENT DES JAMBES VU DE FACE

L'art du mouvement des jambes, c'est de réussir à garder un bon alignement du genou avec la hanche et le pied. Vous devriez pouvoir tracer une ligne droite qui passe par ces trois points. Chez certaines personnes, le genou peut former un angle fermé vers l'extérieur (valgum) ou un angle fermé vers l'intérieur (varum). Elles risquent davantage d'exécuter un alignement inadéquat et doivent donc être plus attentives à cet aspect durant la course. À chaque appui du pied, celui-ci devrait se retrouver légèrement à l'intérieur comparativement à la hanche. Cela est nécessaire, pour ces personnes, afin qu'elles conservent un équilibre optimal.

Un problème fréquent chez les coureurs est le genou qui part vers l'intérieur chaque fois que le coureur appuie son pied sur le sol (voir, à la page suivante, la petite patte qui fouette). Les cyclistes dont la technique de pédalage entraîne le frôlement des genoux à la barre transversale (au point parfois d'en user la peinture) ont souvent ce défaut quand ils se mettent à courir.

Le genou vers l'extérieur est moins souvent observé, mais est à l'origine de tout autant de problèmes.

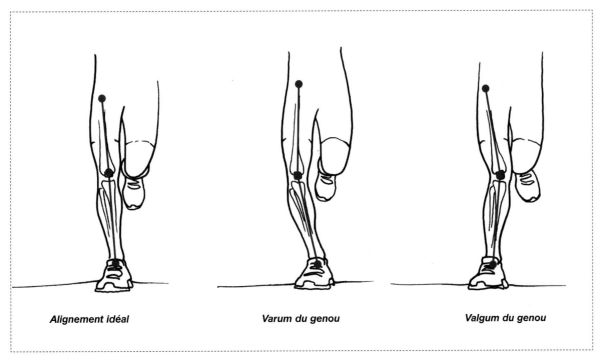

Alignement idéal   *Varum du genou*   *Valgum du genou*

Que faire ?

- Pensez à amener le genou directement vers l'avant.
- Faites des exercices pour activer votre unité centrale (voir p. 227 à 231). Un bassin mieux stabilisé a un impact majeur sur l'alignement de vos jambes.
- Améliorez votre équilibre sur un pied (voir p. 216 à 221) afin de réveiller vos propriocepteurs et vos muscles stabilisateurs.
- Mobilisez vos hanches (voir p. 213). Une hanche restreinte dans sa mobilité est souvent la cause d'un mauvais alignement.
- Courez grand. De cette façon, tout mauvais alignement est atténué.

La petite patte qui fouette

Ce coureur laisse aller son genou vers l'intérieur en amortissant l'impact, puis fouette vers l'extérieur avec sa jambe en se propulsant. Habituellement, ce mouvement est plus prononcé d'un côté. Cette façon de bouger amène une forte sollicitation du genou. Le pied est en hyperpronation et la hanche est également affectée. Résultat : une course peu efficace et une augmentation des risques de blessure, en particulier au genou.

ÉTAPE 6

APPUYEZ ADÉQUATEMENT LE PIED AU SOL

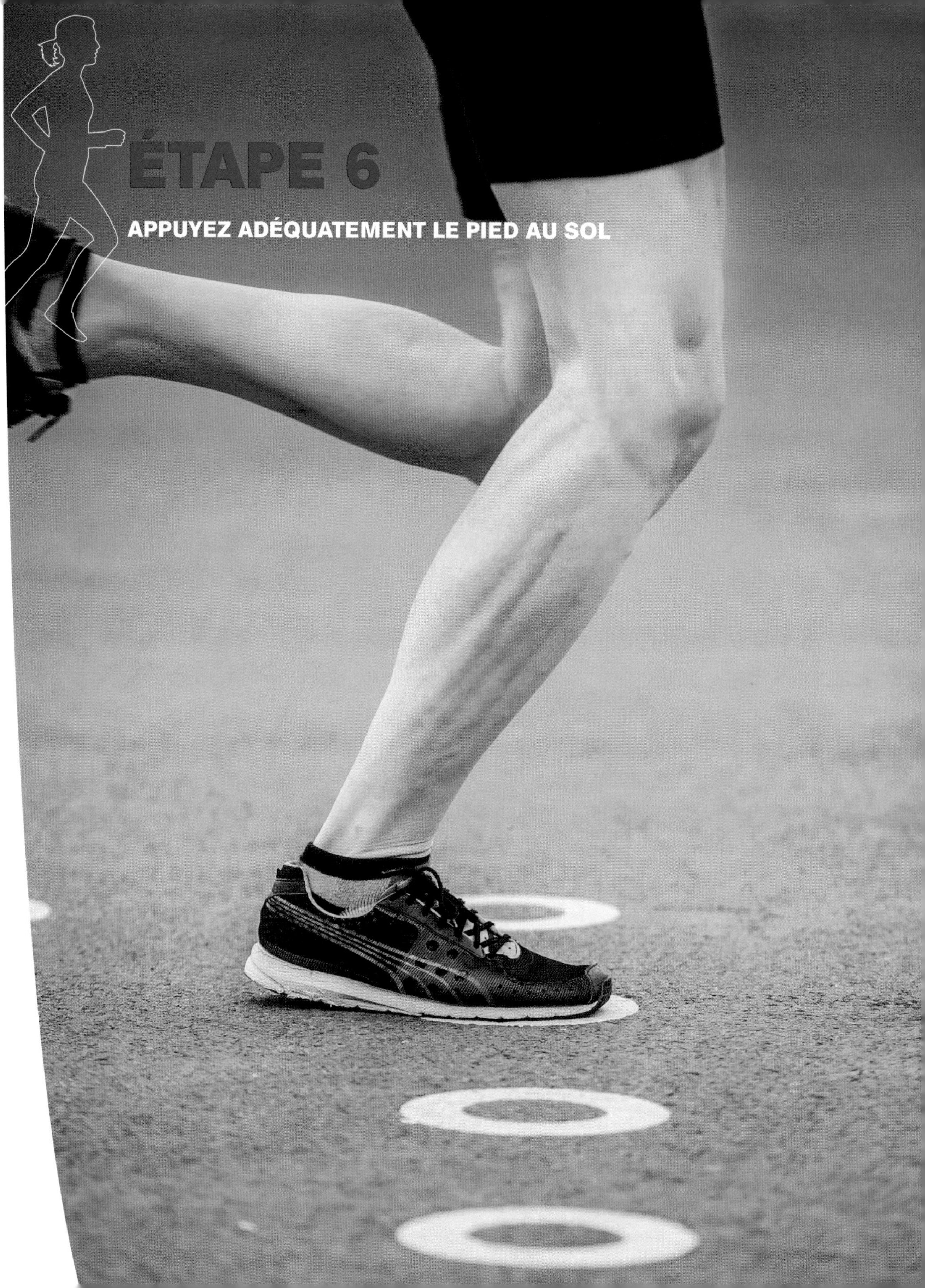

POURQUOI L'APPUI DU PIED EST-IL SI PRIMORDIAL ?

Pour une bonne transmission de forces

La face plantaire du pied est votre zone de contact avec le sol. C'est celle qui assure le bon échange de forces entre le corps et le sol. Un bon appui permet de mieux absorber les forces d'impact et de distribuer ces forces dans le corps de façon adéquate. Il permet également de bien transmettre les forces dans le sol, de façon à rendre possible un déplacement. Il a été démontré que les meilleurs coureurs sont ceux qui arrivent à bien transmettre les forces de façon horizontale dans le sol, plutôt que de façon verticale. L'idée n'est pas de faire un saut en hauteur, mais bien de courir. Un bon appui du pied nous fait aussi profiter de l'énergie élastique associée à l'utilisation adéquate du tendon d'Achille, du fascia plantaire et du mollet.

LE PIED, MERVEILLE BIOMÉCANIQUE

J'ai le plaisir d'enseigner chaque année aux étudiants en ostéopathie le cours du pied. Et chaque année, j'apprends de nouvelles choses sur cette partie du corps dotée d'une formidable architecture. L'anatomie de nos pieds s'est lentement développée, et plusieurs de ses caractéristiques favorisent la pratique de la course à pied : orteils courts, gros orteil rapproché des autres orteils, arrière-pied massif et voûte prononcée, pour ne nommer que celles-ci. Pas surprenant que nous puissions courir beaucoup mieux que n'importe quel primate. Le pied est composé de pas moins de 28 os. Les deux pieds comptent donc ensemble plus du quart de tous les os du corps. Trente et une articulations et 29 muscles sont nécessaires pour assurer le fonctionnement de cette mécanique complexe. Ces nombreux muscles permettent de fins ajustements, lesquels sont rendus possibles grâce à des informations provenant de milliers de capteurs.

Le pied possède un réseau d'artères et de veines richement fourni. En marchant et en courant, vous actionnez cette véritable pompe circulatoire. Son architecture en forme de voûte permet d'emmagasiner de l'énergie lorsque la voûte s'affaisse, puis de la restituer quand la voûte reprend sa forme. Le fascia plantaire (bande de tissus fibreux sous la plante du pied) aide cette voûte en jouant un rôle d'élastique. Mais attention ! Tous ces muscles, capteurs et mécanismes élastiques ne fonctionnent bien que s'ils sont sollicités régulièrement. La marche et la course pieds nus revêtent alors une importance capitale.

Pour une bonne proprioception

Le pied est rempli de propriocepteurs qui, à chaque pas, vous informent de votre contact avec le sol et de votre position dans l'espace. Un bon appui permet d'obtenir des informations précises de la part des pieds. Le corps peut alors s'ajuster en fonction de ces informations.

COMMENT BIEN DÉPOSER LE PIED AU SOL ?

L'approche du pied au sol

On parle régulièrement d'attaque du pied au sol. Je n'aime pas ce terme. L'attaque est agressive et est synonyme de pilonner le sol vigoureusement, avec des forces d'impact importantes. Je préfère utiliser le terme approche. Voici les deux approches au sol possibles.

L'APPROCHE PAR L'ARRIÈRE

Cette approche, adoptée par la plupart des coureurs, consiste à amener le pied vers le sol de l'arrière vers l'avant. Elle est à éviter. Un bon appui du pied, avec cette approche, est impossible. Essayez alors d'avoir un appui mi-pied, et vos mollets vous rappelleront leur existence. Les coureurs qui s'appuient d'abord à la pointe du talon et ceux qui font de trop grandes foulées utilisent presque toujours cette approche.

L'APPROCHE PAR LE HAUT

C'est l'approche à préconiser. Le pied approche le sol en arrivant par le haut, et les mécanismes d'amortissement peuvent alors être utilisés adéquatement. Pour y arriver, les ajustements suivants vous aideront :

- accélérez la cadence afin d'éviter de faire de trop grandes foulées ;
- approchez le sol délicatement, en faisant le moins de bruit possible, comme lors d'un atterrissage en douceur ;
- pensez à votre pied qui arrive du haut vers le bas.

L'appui du pied au sol

Nous entrons ici dans un sujet chaud. Est-il préférable d'atterrir sur le talon, sur le mi-pied ou sur l'avant-pied ? Depuis quelques années, nombre d'opinions sont avancées sur ce sujet. L'appui sur le talon est démonisé par certains ; on l'accuse de tous les maux. Pour d'autres, l'appui sur le talon est la façon la plus naturelle de courir, la meilleure preuve en étant que la grande majorité des coureurs (de 70 à 90 %, selon les études) préconisent cette méthode. Tentons donc de nous démêler dans ce débat.

Types d'appui

Cinq types d'appui du pied au sol existent :

1 - l'appui sur la pointe du talon (*heelstriker*), qui se fait avec le pied en avant du genou. La majorité des coureurs utilisent ce type d'appui ;
2 - l'appui sur le dessous du talon, qui se fait normalement avec le pied sous le genou ;
3 - l'appui sur le mi-pied (*mid-striker* ou métatarsien) ;
4 - l'appui sur le devant du pied (*forefront*) ;
5 - l'appui avec le pied à plat (*flat foot*).

On met beaucoup d'emphase sur l'appui du pied en oubliant que la base d'un bon appui est une bonne posture et un pied qui se dépose un peu devant le centre de gravité, avec le genou fléchi.

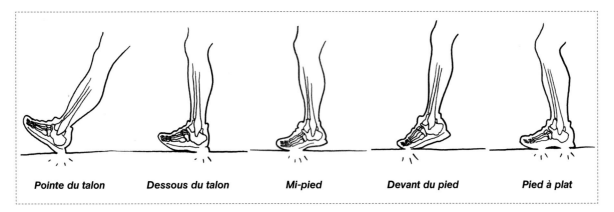

| **Pointe du talon** | **Dessous du talon** | **Mi-pied** | **Devant du pied** | **Pied à plat** |

Une partie de l'art de courir est là. Et lorsque ces éléments sont bien maîtrisés, un appui en particulier se fait plus naturellement : l'appui sur le mi-pied. Certains coureurs, de par leur posture, n'arrivent pas à exécuter cet appui de façon efficace et économique. Ils peuvent même se blesser en persévérant. L'appui sur le dessous du talon représente alors une bonne alternative. L'appui mi-pied et sur le dessous du talon constituent donc les deux méthodes les plus naturelles et efficaces.

Les trois autres types d'appui sont à éviter. Voici pourquoi.

L'APPUI SUR LA POINTE DU TALON

- a une forte action frénatrice. Chaque fois que vous appuyez le pied, vous vous freinez partiellement et devez fournir un effort supplémentaire pour accélérer de nouveau, au lieu de profiter d'une énergie élastique gratuite ;
- vous empêche de profiter des mécanismes naturels d'amortissement du pied, de la cheville et du genou. La force d'impact est ainsi transmise plus directement dans la jambe, le genou et le tibia souffrant particulièrement de cette contrainte excessive ;
- sollicite exagérément vos muscles à l'avant du pied et de la jambe, qui travaillent fort pour tenir

vos orteils relevés. Les blessures à l'avant de la jambe (périostite) ou au pied (tendinite des extenseurs des orteils) sont alors fréquentes ;
- vous amène à avoir besoin d'une chaussure permettant plus d'absorption, afin d'amortir le choc excessif. Il est intéressant de noter que les chaussures avec talon surélevé vous amènent aussi à privilégier ce style de course. Nous en discuterons plus loin.

L'APPUI SUR LE DEVANT DU PIED

- amène une énorme sollicitation des muscles fléchisseurs plantaires (jumeaux, soléaires, fléchisseurs des orteils) et du tendon d'Achille, due à un phénomène de bras de levier élevé. Il augmente donc le risque de blessures, particulièrement pour les coureurs d'endurance ;
- est peu économique ;
- amène une force de propulsion plus importante que tous les autres types d'appui. Ce type est à privilégier seulement chez les sprinters, ou pour les distances n'excédant pas 1600 mètres. Certains coureurs élites arrivent à maîtriser ce type d'appui pour des courses plus longues, mais il s'agit d'une très petite minorité, et ils ont souvent développé leur technique dès un très jeune âge.

L'APPUI SUR LE PIED À PLAT

- ne permet pas de bien profiter des systèmes d'amortissement du pied, ni de bénéficier d'une bonne propulsion ;
- amène le pied à passer trop de temps au sol et à s'affaisser bien souvent. Quelques coureurs arrivent cependant à utiliser cet appui avec une bonne réactivité du pied ;
- est souvent bruyant, avec le pied qui tape le sol, ce qui augmente les forces d'impact.

Comment bien faire l'appui mi-pied ?

Premièrement, un bon appui mi-pied doit se faire naturellement. Répétons que si votre posture n'est pas adéquate, vous fournirez un effort improductif et pourriez souffrir de contractures intenses des mollets. Certains coureurs interprètent cela comme un bon signe, jusqu'au jour où ils se retrouvent avec des mollets aussi denses que du béton armé et doivent aller consulter un thérapeute. Bien maîtrisé, ce type d'appui donne des sensations enivrantes et des résultats impressionnants. Mal maîtrisé, il donne plutôt des sensations décevantes et douloureuses.

L'appui se fait normalement en trois temps. Premièrement, le pied touche le sol doucement, l'abordant par la partie moyenne du pied. Deuxièmement, les orteils appuient au sol. Et finalement, le talon vient se poser doucement. Certains coureurs ne complètent pas cette dernière partie, le talon restant suspendu. Cette technique peut être bonne, à condition d'avoir une très bonne maîtrise de tout le corps. Elle est moins économique et risque davantage d'entraîner des blessures. Je vous conseille donc de laisser le talon appuyer sur le sol.

Pour vous aider, pensez aux aspects suivants :

- le pied se trouve sous le genou ;
- le pied arrive au sol doucement comme un avion qui se pose sur une piste d'atterrissage ;
- le pied est vivant et réactif ;
- le pied est composé de ressorts souples.

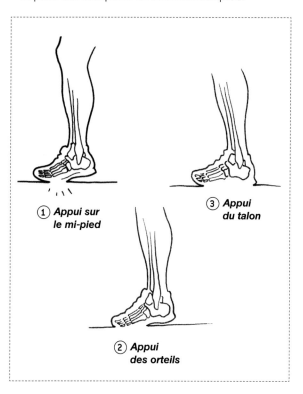

① *Appui sur le mi-pied*

③ *Appui du talon*

② *Appui des orteils*

Comment bien exécuter l'appui sur le dessous du talon ?

Avec le pied sous le genou, le talon ne peut appuyer sur sa pointe. Il appuie plutôt sur le dessous, et le pied roule doucement jusqu'aux orteils, pour ensuite quitter le sol. Plus précisément, l'appui se fait d'abord sur la partie externe du dessous du talon, puis roule de la face latérale à la face médiane jusqu'à mettre l'emphase sur le gros orteil. Cela semble complexe ? Voyez les schémas de la page suivante.

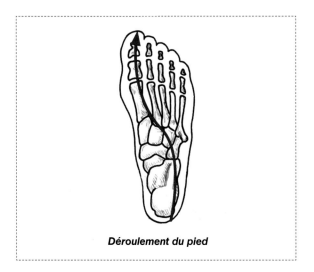

Déroulement du pied

LA PRONATION ET LA SUPINATION : MOUVEMENTS NATURELS DU PIED

Encore un sujet contesté. Depuis l'avènement des chaussures à visée correctrice et stabilisatrice, la pronation et la supination sont vues comme des ennemies à abattre. En réalité, ce sont des mouvements tout à fait naturels, essentiels pour bien courir.

La pronation du pied est le mouvement qui amène le pied à s'enrouler vers l'intérieur. La supination est à l'opposé, et consiste donc en un enroulement vers l'extérieur. En marchant, en dansant, dans n'importe quelle activité impliquant les jambes en déplacement sur le sol, la pronation et la supination sont naturellement présentes.

Durant la course, le pied appuie au sol en amorçant un léger mouvement de supination pour ensuite s'enrouler graduellement dans une pronation, jusqu'à quitter le sol. Il exécute ces mouvements même en oscillant dans les airs, avant de revenir s'appuyer au sol. Tout cela se fait dans un mouvement spiralé et en forme de huit (voir « Le corps spiralé » à la page suivante).

Concrètement, le déroulement du pied sur le sol devrait se faire comme suit :

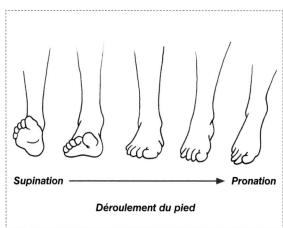

Supination ⟶ Pronation

Déroulement du pied

Certains coureurs présentent, dans leur séquence de mouvement, une pronation excessive. On dit alors qu'ils font de l'hyperpronation. Pour d'autres, plus rarement, c'est la supination qui est exagérée. Ils font alors de l'hypersupination. La conséquence en est un mauvais déroulement du pied au sol, qui peut à la longue causer des blessures. Les fabricants de chaussures modernes ont intégré à leurs produits des mécanismes visant à corriger ces problèmes.

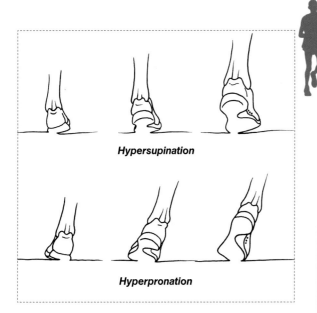

Hypersupination

Hyperpronation

Pour bien comprendre en quoi consiste un bon appui sur le pied, il faut retenir les éléments suivants :

- Si vous atterrissez sur le talon, vous devriez le faire en abordant le sol légèrement par la face externe, pour ensuite rouler graduellement vers les orteils, en terminant avec le gros orteil.
- Si vous atterrissez sur le mi-pied, le pied devrait tout de même faire un mouvement de supination, puis de pronation une fois que le talon appuie au sol.
- Si vous atterrissez sur le devant du pied, il vous sera très difficile et périlleux d'assurer un bon équilibre entre la supination et la pronation.
- L'usure normale des semelles de vos chaussures devrait se voir un peu plus à l'extérieur au niveau du talon, et un peu plus à l'intérieur au niveau des orteils.
- L'usure sera plus concentrée sur la face interne de la semelle en cas d'hyperpronation.
- L'usure sera plus concentrée sur la partie externe de la semelle en cas d'hypersupination.

LE CORPS SPIRALÉ

Tout votre corps se spirale en courant. En biomécanique, on parle aussi de mouvement de lemniscate, soit un mouvement en huit. Aucun laboratoire d'analyse de technique de course à pied ne possède des instruments assez sophistiqués pour décoder toute la beauté et la complexité du mouvement de course. Observer un coureur de côté ne tient compte que d'un plan, alors qu'il bouge dans les trois plans de l'espace. Lorsque vous courez, votre tronc et votre bassin exécutent une torsion, et vos membres s'enroulent en spirale autour de cet axe central mobile. Les mouvements spiralent en ouverture puis en fermeture, ce qui contribue à augmenter la fluidité et l'efficacité de la course. Et, de concert avec ces mouvements, sachez que les os longs (fémur, tibia, fibula, humérus, radius, ulna) des membres sont eux aussi spiralés, ainsi que la majorité des muscles ! Pratiquement rien n'est droit, ni dans notre corps, ni dans nos mouvements naturels, ni dans la course. En courant, tentez de sentir votre axe central exécuter une torsion et vos membres se spiraler doucement. Votre perception du mouvement passera à un autre niveau.

L'OUVERTURE DES PIEDS

Notre anatomie est faite de sorte que les pieds sont naturellement ouverts vers l'extérieur. Cette position des pieds est attribuable à l'orientation de nos articulations, à la forme de nos os et à nos muscles rotateurs. Quand vous êtes couché sur le dos, il est tout à fait naturel que vos pieds tombent vers l'extérieur. En position debout, tenter de garder les pieds parallèles est utile seulement aux danseurs de ballet. En courant, les pieds forment habituellement un angle de 15° par rapport à une ligne médiane. Des variations de quelques degrés peuvent être visibles, selon les individus. Si vous observez les traces d'un coureur dans le sable, vous y verrez cet angle la plupart du temps.

Certains coureurs présentent une ouverture exagérée ou insuffisante. Parfois des deux pieds. D'autres fois, seul un pied est trop ouvert ou fermé. Dans de rares cas, un pied est trop ouvert et l'autre trop fermé. Cela représente la meilleure façon de tourner en rond, ou de se créer de graves tensions musculaires.

Les coureurs qui ouvrent trop les pieds (angle supérieur à 20°) présentent souvent une posture trop en ouverture, tandis que pour ceux qui ferment trop les pieds (angle inférieur à 10°), c'est l'inverse : leur posture est trop fermée. Logique, n'est-ce pas ?

Pour savoir si l'ouverture de vos pieds est normale, vous pouvez faire le test de la course dans le sable, mouiller vos semelles et courir sur l'asphalte sèche, ou encore, idéalement, consulter un spécialiste qui pourra analyser votre technique.

L'influence de la chaussure sur l'appui du pied

Il a été démontré que le type de chaussure modifie l'appui du pied au sol. Nous approfondirons cette question au prochain chapitre.

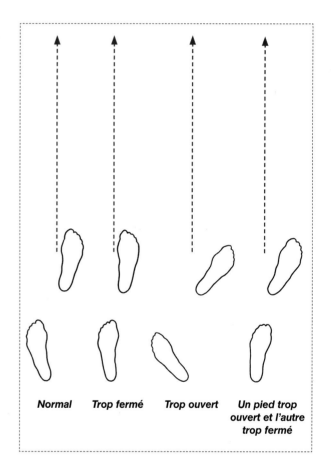

Normal   *Trop fermé*   *Trop ouvert*   *Un pied trop ouvert et l'autre trop fermé*

EN RÉSUMÉ

- L'approche du pied se fait du haut vers le bas.
- Le pied doit se trouver sous le genou au moment d'appuyer au sol.
- Le pied devrait idéalement s'appuyer sur le mi-pied, sinon sur le dessous du talon.
- L'appui se fait en douceur, comme un atterrissage délicat.
- Le pied passe graduellement de la supination à la pronation.
- Le pied est ouvert de 15° au moment de l'appui.

Le talonnier

Ce coureur martèle le sol avec son talon, subissant chaque fois de grandes forces qui le freinent, pour ensuite fournir un effort improductif pour accélérer de nouveau. Il porte habituellement des chaussures dotées d'un bon coussinage au talon, qui l'aident à amortir une partie de ces chocs. Malheureusement, il ne peut profiter adéquatement de l'énergie élastique naturelle.

Le coureur à orteils

À moins d'être un coureur aguerri qui parcourt des distances n'excédant pas 5 kilomètres, ce coureur utilise une technique qui est peu économe et augmente le risque de blessures lorsque appliquée à la course de fond. Certains courent sur le devant du pied sans appuyer le reste du pied au sol et tentent de bouger d'une façon naturelle, alors que seules quelques personnes peuvent naturellement courir de cette façon. D'autres essaient d'apprivoiser ainsi les chaussures minimalistes. Ne pouvant plus appuyer sur le talon, elles utilisent cette stratégie. Attention, car la tendinopathie d'Achille vous attend au détour.

ÉTAPE 7

AYEZ UNE CADENCE DYNAMIQUE

POURQUOI LA CADENCE EST-ELLE VARIABLE D'UN INDIVIDU À L'AUTRE ?

Les théories concernant la bonne cadence, en course à pied, soulèvent la controverse. De nos jours, certains entraîneurs ou spécialistes ne jurent que par la cadence de 180 pas par minute (ppm). D'autres prétendent que chaque coureur a sa cadence naturelle. Durant mon séjour en Afrique, j'ai pu mesurer la cadence de centaines de coureurs élites, hommes et femmes, à différentes vitesses. Quelle est leur cadence lors des entraînements faciles ? La réponse en surprendra plusieurs. Je n'ai jamais mesuré une cadence de 180 ppm pour un coureur élite à une vitesse lente (laquelle vitesse serait rapide pour la majorité des coureurs). J'ai plutôt mesuré une moyenne de 160 ppm (de 155 à 165 ppm). Pendant les entraînements à intensité élevée, la cadence s'accélère et monte en moyenne à 180 ppm.

Je suis d'avis que la cadence idéale est de 155 à 180 ppm. Cela représente une cadence relativement rapide, un peu comme pédaler sur un petit braquet. Dans le jargon du cyclisme, on appelle ça mouliner. Dans le jargon de la course, on appelle ça… courir à une bonne cadence. Il est intéressant de voir la similitude avec la cadence souvent conseillée en vélo, qui est de 90 révolutions par minute (rpm), donc 180 coups de pédale par minute.

Chaque coureur a une cadence plus ou moins naturelle, qu'il peut modifier graduellement avec le temps et l'entraînement. Pour une course optimale, cette cadence doit être en résonance avec l'élasticité de votre corps, sa capacité de rebond, la réactivité de vos pieds, l'état de vos systèmes d'amortissement, la qualité de votre technique, l'état de vos propriocepteurs, la longueur de vos jambes, votre vitesse, sexe et respiration, pour ne nommer que ces éléments ! Il a été démontré que la cadence augmente en relation avec la vitesse, et que les femmes ont naturellement une cadence un peu plus rapide que les hommes. Il est donc utopique, à mon avis, de rechercher à tout prix à atteindre 180 ppm. Cela aura pour effet de raccourcir votre foulée, sans pour autant améliorer votre technique, et cette cadence «forcée» risque de ne pas être en résonance avec vous. Comme tous les cyclistes ne pédalent pas exactement à 90 rpm, tous les coureurs n'ont pas à courir exactement à 180 ppm. La majorité des coureurs ont toutefois une cadence trop lente. Il est donc utile de chercher à l'augmenter très graduellement, jusqu'à trouver la cadence optimale. À ce moment, votre corps pourra profiter à plein des mécanismes naturels de ressort, et les forces seront transmises au sol de façon adéquate.

COMMENT ACCÉLÉRER LA CADENCE ?

- Faites de plus petites foulées.
- Accélérez, oui, mais graduellement et en vous écoutant.
- Améliorez votre technique, et votre cadence augmentera naturellement.
- Diminuez votre déplacement vertical (nous en parlons quelques pages plus loin).
- Procurez-vous un fréquencemètre, qui vous renseignera sur votre cadence.
- Certaines applications permettent de trouver de la musique dont le tempo respecte des cadences précises.
- Si vous suivez une cadence rythmée, pensez à décoller le pied du sol au lieu de battre le rythme (et le sol) en tapant du pied.

COUREZ PARFOIS SANS MUSIQUE

Des études ont démontré que l'écoute de la musique en courant peut avoir une influence positive sur la performance et la motivation. Pas surprenant que nombre de coureurs soient branchés en permanence sur leurs écouteurs. La musique peut aussi être utile pour maintenir une cadence dynamique et constante. Toutefois, je vous suggère de retrouver l'habitude de courir parfois sans aucune musique, si ce n'est le rythme de votre respiration et de vos pas. Il s'agit d'une excellente façon de retrouver une meilleure conscience corporelle et une sensation intrinsèque du rythme. Vous devez vous-même trouver la bonne cadence et vous assurer de la maintenir. Vous vous rapprochez de votre respiration et pouvez de cette manière être plus à l'écoute de vos signaux internes. Il peut être intéressant de courir la moitié du temps avec de la musique, l'autre moitié sans musique. Trouvez votre ratio idéal et permettez-vous, une fois de temps en temps, de laisser votre technologie chez vous.

ÉTAPE 8

LIMITEZ LE DÉPLACEMENT VERTICAL

POURQUOI EST-IL NÉCESSAIRE DE SE DÉPLACER LE PLUS POSSIBLE À L'HORIZONTALE ?

Des études ont démontré que les coureurs qui affichent un moins grand déplacement vertical ont une plus grande efficacité, accomplissent de meilleures performances et subissent des forces d'impact au sol moindres. La course est une activité qui implique un déplacement d'un point A à un point B, lequel se fait sur une surface plus ou moins plane.

Certains coureurs parcourent une distance considérable dans les airs. Prenons l'exemple d'une coureuse qui participe à une course de 10 kilomètres (en 57 minutes, à une cadence de 140 pas par minute). Disons qu'elle a un déplacement vertical trop élevé, de l'ordre de 10 centimètres. À la fin de son 10 kilomètres, cela équivaut à un déplacement de 800 mètres vers le haut... et 800 mètres vers le bas ! Mille six cents mètres de déplacement vertical, un mille ! Sur un marathon complété en 4 heures 57 minutes, cela lui fera pas moins de 5 kilomètres en montant et 5 kilomètres en descendant !! Elle aura donc complété un marathon à l'horizontale, en plus d'un 10 kilomètres à la verticale. Malheureusement, ce dernier ne sera pas comptabilisé.

L'amortissement et la propulsion impliquent toujours un certain déplacement vertical. Mais s'il est excédentaire, celui-ci devient nuisible et très peu économique. Un bon déplacement est estimé à 5 centimètres. La majorité des coureurs peuvent améliorer cet aspect de leur technique de course.

COMMENT LIMITER LE DÉPLACEMENT VERTICAL ?

Pour vous aider, voici quelques pistes :

- Imaginez que vous courez à côté d'un mur de la même taille que vous, et que vous voulez éviter que quelqu'un qui serait placé de l'autre côté du mur voie le sommet de votre crâne dépasser.
- Imaginez que vous courez dans un tunnel et que vous disposez d'un espace de seulement 5 centimètres au-dessus de votre tête.
- Améliorez votre appui au sol et évitez à tout prix l'appui sur l'arrière du talon.
- Courez grand.
- Activez votre unité centrale.

Le kangourou

Tel un kangourou doté de tendons d'Achille d'une efficacité impressionnante, ce coureur bondit et rebondit. Bien qu'il soit doté d'une grande capacité de rebond, celui-ci n'est pas transposé efficacement dans un déplacement vers l'avant. Ce déplacement excessif entraîne une perte d'efficacité et beaucoup d'énergie est ainsi gaspillée. Cela a aussi pour conséquence un plus grand impact au sol à chaque pas, ce qui stresse à la longue les tendons d'Achille, les pieds et les jambes.

ÉTAPE 9

DISSOCIEZ LES CEINTURES

Votre corps comprend deux ceintures principales : la ceinture pelvienne et la ceinture scapulaire.

La ceinture pelvienne correspond au bassin. Elle doit son nom au fait que ses os entourent complètement le bassin. Les deux os des hanches (os iliaques) s'articulent ensemble devant, à l'articulation du pubis (symphyse pubienne), et derrière, avec le sacrum, pour former les articulations sacro-iliaques.

La ceinture scapulaire est l'anneau formé par les deux épaules et scapulas (anciennement appelées omoplates), qui s'articulent devant, avec les clavicules et le sternum, et derrière, avec les côtes et la colonne vertébrale.

Ces deux ceintures exécutent naturellement un mouvement dissocié (opposé) durant une foule d'activités, dont la marche… et la course. Ce mouvement durant le déplacement est présent chez la plupart des espèces d'animaux quadrupèdes, à part quelques exceptions (ours, girafe, chameau…).

POURQUOI UNE DISSOCIATION ADÉQUATE EST-ELLE NÉCESSAIRE ?

Une bonne dissociation pendant la course permet au coureur d'emmagasiner de l'énergie en tournant, et de la restituer en énergie utile à la propulsion lors du retour à la position inverse.

Pour vous en convaincre, je vous propose l'expérience suivante. Prenez un élastique (le plus gros possible) et tordez-le. Vous exécutez alors des mouvements dissociés avec les deux extrémités. Dans cette position torsionnée, relâchez l'élastique. L'énergie emmagasinée dans cette torsion sera alors transformée en énergie qui ramènera sans aide extérieure l'élastique à sa position de départ, et même plus loin. Nos tissus étant dotés de propriétés élastiques, le même phénomène se produit lorsque nous dissocions les ceintures. Cela favorise donc autant un joueur de tennis qui se prépare à frapper une balle qu'un marcheur et un coureur. La dissociation permet par ailleurs une foulée plus longue et plus efficace, ce qui a un impact majeur sur la performance.

Dans certaines méthodes de course, on préconise de ne pas bouger la ceinture scapulaire ou encore le bassin. Une méthode bien connue aux États-Unis recommande d'éviter de bouger le thorax, et de garder les mamelons toujours dirigés vers l'avant. À mon humble avis, cela va totalement à l'encontre de la biomécanique naturelle de course. Inefficacité et style figé sont alors au rendez-vous.

Dans le cas où la dissociation est trop prononcée, cependant, l'élastique perd de sa rigidité et de son efficacité. Ce vers quoi il faut tendre, c'est une juste dissociation accompagnée d'une bonne activation de l'unité centrale.

COMMENT MIEUX DISSOCIER LES CEINTURES ?

Il est fréquent que des coureurs aient du mal à dissocier correctement les ceintures. Souvent, la cause est un manque de mobilité de la colonne vertébrale et du bassin. Une trop grande dissociation est plus rare. On l'observe surtout en fin de course, lorsqu'une grande fatigue se fait sentir. Ce défaut se corrige alors facilement en activant l'unité centrale. Pour vous aider :

• Faites des exercices de mobilité du bassin et de la colonne vertébrale. L'exercice de torsion du dos (voir p. 210) est le plus approprié.
• Laissez tourner votre thorax de façon naturelle, sans chercher à le faire avec une grande amplitude. Le bassin suivra automatiquement.

Le robot

À le voir aller, on dirait un androïde muni d'articulations rudimentaires, à des lunes de la fluidité caractérisant nos mouvements humains complexes. Bien loin d'exécuter le déplacement normal qui se fait de manière harmonieuse, dans les trois dimensions, avec des mouvements spiralés, le robot se déplace en deux dimensions, le corps durci par l'effort.

Souvent, les bras sont presque allongés et se balancent autour d'un tronc qui fait office de bloc immobile. Le coureur de type robot est fréquemment affligé de blessures et contrairement à son ami Astor, un vrai robot celui-là, il ne peut pas remplacer un de ses membres...

SAVEZ-VOUS MARCHER À QUATRE PATTES ?

En théorie, tout le monde sait marcher à quatre pattes. En pratique, ce n'est pas le cas. Chaque année, quand j'enseigne la biomécanique, je fais faire une expérience aux étudiants, laquelle s'avère surprenante pour plusieurs. Je leur demande de se placer à quatre pattes et de marcher naturellement. La façon de marcher (dite controlatérale) devrait être d'avancer un bras et la jambe opposée en même temps, puis d'alterner en avançant toujours jambes et bras opposés. Une façon moins évoluée (dite homolatérale) consiste à avancer bras et jambe du même côté. Il en résulte une démarche ressemblant vaguement à celle de l'ours polaire, qui témoigne d'une mauvaise intégration de la phase de la marche à quatre pattes, survenant normalement entre le neuvième et le onzième mois de la vie.

Cependant, certaines personnes n'ont même jamais marché en quadrupède de leur vie. Chaque année, 5 à 10 % de mes étudiants marchent en ours polaire, ou dans un style inqualifiable. Transposée à la course, cette particularité fait en sorte que la dissociation entre les ceintures est très faible ou absente. La colonne est souvent figée, et la technique de course en est invariablement affectée.

Si c'est le cas pour vous, il est grand temps de revenir à votre dixième mois d'existence et de vous entraîner à marcher à quatre pattes ! C'est difficile au début, mais on y arrive après un bout de temps. Il suffit de rééduquer votre corps... et votre cerveau. Vous pouvez même intégrer cet exercice dans votre routine d'échauffement. Faites participer vos amis. Ils risquent d'être surpris !

ÉTAPE 10

RESPIREZ BIEN

En général, on définit la respiration en utilisant des termes quantitatifs. Les coureurs exécutent une respiration dite 2:2 (une respiration toutes les deux foulées), 3:3 (toutes les trois foulées) ou 4:4 (vous comprenez le principe). Les coureurs privilégient habituellement le 3:3 ou le 4:4 pour les basses intensités, passant au 2:2 quand ils fournissent un effort plus important.

On parle toutefois peu de l'aspect qualitatif de la respiration. Pourtant, cet aspect est de loin le plus important. Peu de coureurs respirent de façon optimale. La plupart des types de coureurs présentent une respiration altérée.

QUALITÉ DE LA RESPIRATION	TYPE
Fortement déficiente	Atlas, voûté, affaissé, introverti, torse bombé
Déficiente	Robot, coureur assis, avion, coureur à épaulettes, cowboy, cérébral

POURQUOI BIEN RESPIRER?

La clé, c'est encore une fois l'économie d'énergie. Certaines études font ressortir que près de 20 % de l'énergie dépensée pendant la course est liée au travail des muscles respiratoires. Vingt pour cent! Améliorez votre respiration ne serait-ce qu'un peu, et votre course sera plus facile. De plus, il semblerait que la sensation de difficulté respiratoire ait une influence sur le système nerveux et, donc, sur la fatigue. Mieux respirer permettrait ainsi de retarder l'apparition de la sensation de fatigue.

MÉCANISME DE LA RESPIRATION

Une bonne respiration implique principalement le muscle diaphragme. Au repos, ce muscle peut assurer à lui seul une respiration complète. Plus l'effort est élevé, plus le corps a besoin d'oxygène, et plus le diaphragme requiert l'aide d'autres muscles. Ces muscles sont dits accessoires. La plupart des coureurs utilisent peu leur diaphragme et sollicitent trop leurs muscles accessoires. Durant un effort maximal, il est normal d'utiliser ces muscles, mais pendant une course de faible à moyenne intensité, le diaphragme doit faire pratiquement tout le travail.

Lors de sa contraction, le diaphragme amène :

1 - une augmentation du volume abdominal. Cela se fait par variation de pression entre l'abdomen et le thorax ; il n'y a bien sûr pas d'air qui va dans le ventre ;
2 - une augmentation du volume du thorax.

C'est cette augmentation du volume dans les trois dimensions du thorax qui permet de créer un «vide» et d'amener l'air dans les poumons.

À l'expiration, le diaphragme se relâche et l'air sort des poumons. Plus l'effort est élevé, plus les abdominaux sont mis à contribution pour aider à expulser l'air. Cela semble simple? Et pourtant!

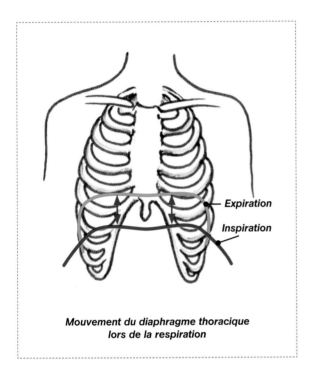

*Mouvement du diaphragme thoracique
lors de la respiration*

PROBLÈMES DE RESPIRATION DURANT LA COURSE

- Une mauvaise posture de course empêche le thorax de bien augmenter son volume dans les trois dimensions et gêne le travail normal du diaphragme.
- Un manque de mobilité du thorax et de la colonne vertébrale gêne la contraction du diaphragme et limite l'expansion du thorax.
- Une trop grande utilisation des muscles accessoires rend la respiration moins économique et moins efficace.
- Un trop grand stress peut avoir un impact sur la tension et sur le libre mouvement du diaphragme.
- De trop grandes respirations par la bouche amènent parfois une hyperventilation.

QUE FAIRE POUR BIEN RESPIRER ?

- La base est encore une fois d'avoir une posture équilibrée.
- Inspirez et expirez si possible par le nez. C'est faisable si vous courez à une intensité faible ou moyenne. Vous constaterez un meilleur relâchement de la mâchoire, et une respiration plus économique et détendue sera favorisée.
- En inspirant, laissez le ventre se gonfler légèrement, puis le thorax en trois dimensions (devant, mais aussi dans le dos et sur les côtés).
- En expirant, laissez l'air sortir sans effort ; gardez la bouche et les joues molles.
- Imaginez que vos poumons sont en réalité situés davantage dans votre dos que devant, dans votre poitrine (ce qui est vraiment le cas).
- Respirez calmement, de façon détendue, même quand vous courez à une intensité plus élevée. Ne cherchez pas à trop respirer.
- Faites des exercices de respiration (voir p. 240) et de mobilité du thorax et de la colonne vertébrale (voir p. 206).

Posture tirée vers le haut
et projetée vers l'avant

Déplacement
vertical limité

Nuque relâchée

Épaule centrée

Mouvement de pendule

Flexion du coude
entre 90° et 115°

Main dans le
prolongement
de l'avant-bras

Connexion sternum-pubis

Unité centrale activée

Ficelle qui
tire le talon
vers le haut

Ficelle qui
amène le
genou vers
l'avant

Approche du pied
par le haut

Appui sur le mi-pied ou le dessous du talon

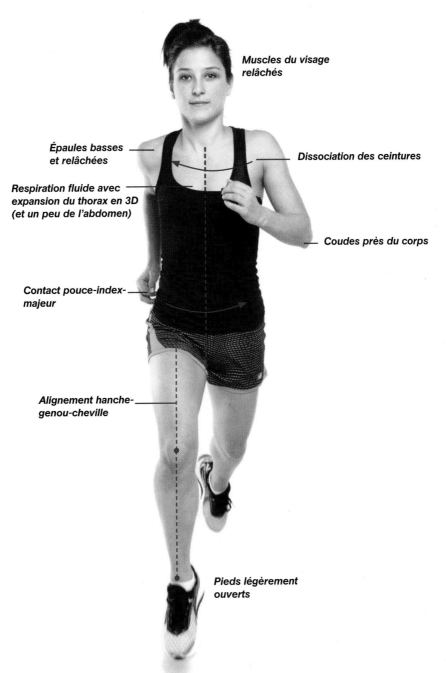

Muscles du visage relâchés

Épaules basses et relâchées

Dissociation des ceintures

Respiration fluide avec expansion du thorax en 3D (et un peu de l'abdomen)

Coudes près du corps

Contact pouce-index-majeur

Alignement hanche-genou-cheville

Pieds légèrement ouverts

Cadence de 155 à 180 ppm

SUR LE TERRAIN

ADAPTEZ VOTRE COURSE

NIVEAU SUPÉRIEUR

Maintenant que vous savez comment courir sur le plat à une vitesse constante, quelques précisions sont utiles pour vous aider quand la route sort du plat rectiligne ou que vous avez envie de passer à un autre niveau.

GRIMPEZ COMME UNE CHÈVRE DES MONTAGNES

Aimez-vous courir en montée ? Personnellement, j'adore. Au cours d'une formation à Los Angeles, je n'ai pas manqué d'aller courir sur l'impitoyable côte de Fargo Street. À 32 % d'inclinaison, c'était un pur bonheur ! Ayant participé à neuf reprises jusqu'à maintenant à la Mount Washington Road Race, qui consiste en une montée de 12 kilomètres à 12 % d'inclinaison en moyenne, j'ai eu le loisir d'expérimenter une multitude de techniques en course. Plusieurs sont envisageables, en fonction de votre

OFFREZ-VOUS LE PLAISIR DE NE PENSER À RIEN

Une fois que vous avez compris les dix étapes fondamentales d'une bonne technique de course, il est bon de vous rappeler que courir ne signifie pas penser continuellement à la technique. La course est une activité naturelle et il est essentiel, autant pour votre corps que pour votre esprit, de passer une bonne partie de votre entraînement à ne pas réfléchir à l'aspect technique. Le plaisir de courir, c'est bien souvent laisser aller le corps et l'esprit dans le moment présent sans toujours chercher à les décortiquer.

Dans tout processus d'apprentissage, il est bon de faire des pauses et de laisser votre inconscient continuer le travail. Au début, concentrez-vous afin de maîtriser chacune des étapes. Après quelques semaines, permettez-vous de ne plus penser à l'aspect technique et de laisser aller votre esprit où il le veut bien. Une fois la technique maîtrisée, quelques minutes suffisent durant une course pour continuer à vous améliorer ou pour maintenir vos acquis.

technique sur le plat, de la flexibilité de vos mollets et tendons d'Achille, de la longueur du parcours de course et de l'intensité de la montée. Certains coureurs perdent un temps fou dans les côtes en étant trop passifs. Le mieux est d'adopter une attitude à la fois conservatrice et dynamique. À noter qu'un excès de poids a une influence beaucoup plus grande sur la performance au fur et à mesure que la côte augmente en inclinaison. Et contrairement à ce qui se produit à vélo, ça ne va pas plus vite en descendant !

Pour vous aider, voici quelques pistes :

- Augmentez l'activation de votre unité centrale, en fonction de l'inclinaison. Plus c'est à pic, plus vous devez activer votre centre.
- Dynamisez le pendule des bras.
- Appuyez le pied plus en avant que sur le plat. Dans de longues côtes, le talon peut appuyer au sol. Dans de courtes côtes, vous pouvez escalader en puissance sans appuyer les talons au sol.
- Assurez-vous de rester projeté vers l'avant.
- Imaginez que la ficelle au sommet du crâne vous tire encore plus fort vers le haut.

DESCENDEZ AVEC AGILITÉ

À moins que vous n'escaladiez une montagne à la course pour la redescendre bien confortablement dans un télésiège, vous êtes appelé à descendre autant qu'à monter. La descente est particulièrement exigeante du point de vue musculaire puisqu'elle engendre des contractions dites excentriques. Vos quadriceps se contractent donc en même temps qu'ils s'allongent, ce qui amène des microdéchirures plus importantes et peut causer ces fameuses courbatures. Courir en descendant demande de l'entraînement. Assurez-vous d'y aller très progressivement. Et si, dans votre programme, vous devez faire des côtes, rien ne vous empêche de les redescendre au début en marchant, afin de bien habituer vos cuisses à cet effort musculaire. Certains entraîneurs suggèrent même de redescendre en marchant… à reculons, ce qui ne manque pas d'intérêt mais est un peu hasardeux. Pour vous aider, quelques trucs :

- Augmentez l'activation de votre unité centrale (encore une fois).
- Maintenez une bonne connexion pubis-sternum et évitez surtout l'antéversion du bassin, quitte à faire une légère rétroversion. Exceptionnellement, pour de courtes descentes par exemple, vous pouvez tout laisser aller afin de prendre plus de vitesse. C'est toutefois exigeant pour les articulations.
- Le corps devient droit, sans être tiré vers l'avant.
- L'appui se fait un peu plus sur l'arrière du pied (mipied ou sous le talon).

ABORDEZ LES VIRAGES
EN UTILISANT LA GRAVITÉ

Il est vrai que la course sur route comporte habituellement peu de virages. C'est une des raisons pour lesquelles j'adore le cross-country. L'impression de retrouver des réflexes animaux et de piloter cette machine complexe qu'est notre corps est enivrante. Les virages constituent une excellente façon d'entraîner vos muscles stabilisateurs et vos propriocepteurs, en plus de briser la monotonie de l'itinéraire linéaire. Par ailleurs, ils demandent de l'entraînement.

Pour vous aider, quelques trucs :

- Tel un skieur de slalom, inclinez votre corps dans le sens du virage, de façon à déplacer votre centre de gravité et à accélérer.
- Même en vous inclinant, demeurez grand.
- Utilisez les bras pour vous équilibrer.
- Visualisez vos pieds comme éveillés et réactifs.

DYNAMISEZ LE PENDULE

Plusieurs se sont déjà fait dire par un entraîneur de bouger les bras quand les jambes ne veulent plus avancer. Et ça fonctionne ! Si vous accélérez le mouvement des bras, les jambes suivront. Avez-vous déjà vu un coureur faire 180 mouvements par minute avec ses bras et seulement 130 avec ses jambes ? Impossible, à moins de faire un effort mental extrême pour parvenir à désynchroniser les membres. En général, ils sont synchronisés et coordonnés en tout temps.

Une fois le principe du pendule maîtrisé, on peut ajouter un effort musculaire pour accélérer ou encore amplifier le mouvement. Cela est particulièrement utile durant les entraînements de vitesse, dans une côte, à la fin d'une compétition ou encore simplement quand vous êtes fatigué. Les sprinters sont les champions pour solliciter leurs bras, car ils doivent accélérer rapidement et maintenir une grande intensité tout au long de la course. Leurs bras sont d'ailleurs très développés.

Quand vous dynamisez le pendule, concentrez-vous sur le mouvement arrière. Tirez le coude vers l'arrière et laissez celui-ci revenir vers l'avant, pendant que vous tirez l'autre coude vers l'arrière. Avantage non négligeable, cette façon de faire favorise la participation simultanée des muscles extenseurs des hanches (grands fessiers, entre autres), lesquels amènent votre jambe vers l'arrière, permettant ainsi une meilleure propulsion.

DYNAMISEZ LES JAMBES

Pour courir de façon plus dynamique, comme lors d'un sprint final ou d'une accélération, utilisez ces astuces supplémentaires :

- Imaginez que vous courez sur des charbons ardents.
- Réveillez vos orteils et griffez-en le sol, tel un félin. En langage automobile, c'est l'équivalent de mettre le turbo. Cette méthode est peu économique (tout comme un turbo) et doit être employée avec parcimonie.
- Imaginez que vous poussez le sol du pied derrière vous, comme pour vous propulser sur une trottinette. Vos muscles fléchisseurs des hanches (les psoas-iliaques en particulier) seront alors étirés comme des élastiques. Ils se raccourciront ensuite sans effort (comme des élastiques) pour favoriser le retour de la jambe en avant.

Le mode dynamique est conseillé aux coureurs expérimentés et qui possèdent une bonne technique.

FLOTTEZ

Certains coureurs tombent tous les deux pas… et on ne parle pas ici de chute. Il s'agit ici plutôt de «tomber» sur une jambe d'un côté, puis de se relever en allant s'appuyer sur l'autre jambe. Ce problème est parfois subtil, et le discerner peut demander un œil exercé, mais il est loin d'être rare. À tout coup, c'est une bombe à retardement. Souvent, il s'agit d'une façon de protéger une zone souffrante ou qui ne bouge pas bien. En courant, on se laisse alors tomber sur la jambe saine, avec une force d'impact plus élevée, puis on redresse son corps en revenant sur la jambe problématique. Une sorte de boiterie du coureur. Parfois, ce problème est dû à un déséquilibre entre les deux côtés du corps.

On peut aussi observer des coureurs qui tombent littéralement à chaque pas. En fait, on ne les observe pas très longtemps, car ils se retrouvent le plus souvent en arrêt de course et chez un thérapeute. Pas même les chaussures les plus absorbantes ne peuvent éloigner ce coureur d'une blessure. Mais certains persévèrent (les Atlas) et tentent de défier les lois de la physique.

Plutôt que de tomber, vous devez flotter, avec dynamisme et aisance. Vous constaterez vite une grande économie d'énergie. Pour y arriver, voici quelques pistes :

- Courez avec la colonne allongée.
- Activez l'unité centrale.
- Courez silencieusement en posant doucement les pieds au sol.
- Utilisez vos systèmes naturels de ressort et d'amortissement.
- Imaginez que tout votre corps est léger.

4

CHAUSSURES MODERNES, MINIMALISTES OU PIEDS NUS ?

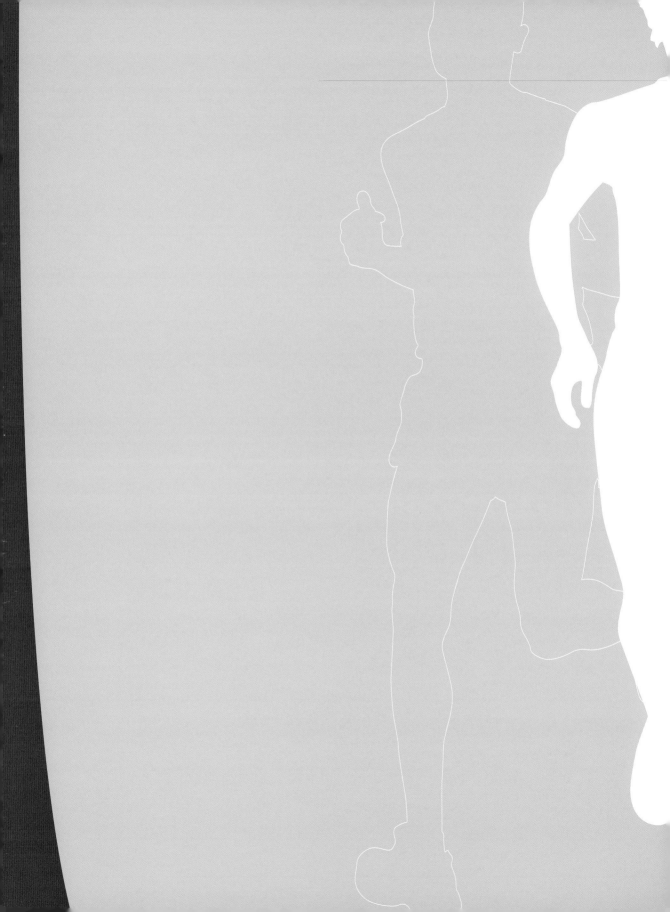

TROUVER CHAUSSURE À SON PIED

Nous assistons depuis le début des années 2010 à un changement majeur dans le monde de la chaussure de course à pied, avec la montée en popularité des chaussures minimalistes. On ne voit plus, dans les revues de course, de publicités nous vantant les mérites de chaussures censées nous permettre de courir sur un nuage. Maintenant, c'est la promesse de retrouver le plaisir de courir pieds nus qui est vendue par la majorité des fabricants. Liberté et façon de courir naturelle ont remplacé contrôle du mouvement et amortissement artificiel. Cette transition récente du marché de la chaussure vers le minimaliste amène les consommateurs, vendeurs de chaussures, entraîneurs et professionnels à se poser une foule de questions. Certains prétendent même que la meilleure façon de courir est pieds nus, à l'image de nos ancêtres. Les coureurs pieds nus (*barefoot runners*), encore marginaux, ont une présence active sur le Web, ajoutent parfois *barefoot* à leur prénom (à l'image de Barefoot Ted), et plusieurs alimentent des blogues vantant les mérites de la course pieds nus.

Dans ce chapitre, nous tenterons de clarifier la question des chaussures en l'abordant sous différents angles.

1. PHYLOGÉNÈSE ET ONTOGÉNÈSE

La phylogénèse est l'évolution des espèces. Comme nous l'avons vu, tout porte à croire que la course à pied est partie intégrante de notre évolution, et qu'elle a même contribué à celle-ci. Notre anatomie et notre génétique portent des traces apparentes de notre passé de coureurs. Les partisans du *barefoot* ou du minimaliste sont nombreux à crier haut et fort que vu notre passé, nous disposons de tous les éléments requis pour courir de la manière la plus naturelle qui soit, sans ces méchantes chaussures modernes. Celles-ci sont même, selon certains, la cause de tous nos maux.

L'ontogénèse est l'évolution de l'individu au cours de sa vie, de la naissance à la mort. Dans notre société actuelle, la course à pied fait partie du développement, à tout le moins durant l'enfance. Certaines personnes sont dès leur jeune âge peu enclines à courir, et cela demeure toute leur vie.

Durant l'enfance, la course est généralement associée au jeu spontané ou structuré. Plus tard, la course fait partie de sports qui peuvent être pratiqués à l'âge adulte (football, basketball, athlétisme…) ou est pratiquée telle quelle. Là où ça se complique, c'est que pour diverses raisons, toute cette course (sauf à l'enfance, et encore) se fait avec des chaussures modernes. La personne qui a beaucoup couru dans sa vie l'a fait la plupart du temps (exception faite de certains peuples) avec des chaussures modernes aux pieds. Son corps s'est adapté en conséquence. Et la personne qui a peu couru s'est aussi adaptée. Résultat : le corps des coureurs et non-coureurs occidentaux n'est pas apte à courir avec des chaussures minimalistes, et encore moins pieds nus.

Alors, doit-on se fier à la phylogénèse et se mettre à courir pieds nus, ou à l'ontogénèse et continuer de courir comme on l'a toujours fait ?

La réponse : l'ontogénèse est aussi importante que la phylogénèse. Il faut tenir compte des deux. Plus la personne est âgée, plus le retour vers le « passé de coureur » de l'espèce humaine doit se faire lentement. Inversement, plus la personne est jeune, plus il est conseillé d'encourager une course avec des chaussures minimalistes, ou même pieds nus, en autant que la surface soit sûre. Il est donc à mon avis exagéré de dire que tout le monde est fait pour courir, et sans chaussures modernes. Le corps a besoin de temps pour s'adapter. Envoyez-le subitement sans chaussures ni crème solaire dans la savane, et il serait surprenant qu'il en revienne avec sur son dos une bête sauvage prête à être rôtie.

2. TOUT NE VIENT PAS QUE DES PIEDS (ET SURTOUT PAS DES CHAUSSURES !)

La vision traditionnelle considère que tout part des pieds, que ceux-ci sont la fondation sur laquelle notre édifice corporel repose. Cette vision est encore véhiculée par nombre d'entraîneurs, de coureurs et d'orthésistes. Ces derniers cherchent à équilibrer le corps entier uniquement grâce à des ajustements qui touchent les pieds ou les chaussures. La nouvelle vision, fondée entre autres sur les avancées dans le domaine de la posturologie, considèrent le corps comme un ensemble. Chacune des parties du corps est reliée à toutes les autres, et ces parties fonctionnent en équipe. Afin de moduler notre posture et nos mouvements, un ensemble de joueurs est donc concerné, et leur capitaine, ce ne sont pas les pieds. Il y a plutôt quelques joueurs étoiles appelés les propriocepteurs, qui ont pour rôle d'informer le corps de tout changement de position, et donc de mouvement. Les propriocepteurs les plus importants sont les yeux, les pieds, la colonne vertébrale, la mâchoire et l'oreille interne. D'autres sont situés dans les articulations, muscles, tendons et même dans les organes. Les pieds sont un joueur important, oui, mais sans les autres membres de l'équipe, ils ne font rien qui vaille. Je suis d'avis qu'il faut continuer à s'occuper des pieds et des chaussures, mais qu'il faut également les considérer dans un contexte plus global, avec le corps en entier et non en parties séparées.

3. UN DÉBAT QUI A DU BON ET… DU MOINS BON

Le débat entre partisans des chaussures modernes et partisans des chaussures minimalistes a plusieurs bons côtés. D'abord, les fabricants de chaussures ont dû s'adapter à la nouvelle demande et proposent maintenant une gamme de produits beaucoup plus variée. Cette variété accrue est tout à l'avantage du coureur.

Ensuite, ce débat rappelle l'importance du corps dans la course, en démontrant que l'homme courait avant d'avoir des chaussures et qu'il n'est pas dépendant de chaussures conçues pour tout faire à sa place (absorber, stabiliser, propulser). Et puis, la curiosité de nombre de coureurs en ce qui concerne la technique de course est maintenant éveillée.

Toutefois, en voulant redonner de l'importance aux mécanismes naturels du corps, on braque une fois de plus les projecteurs sur les chaussures, les nouvelles vedettes étant les chaussures minimalistes. Il n'existe pas un magazine de course à pied qui ne compte un article sur le minimaliste. Mais cherchez-y un article qui vous aidera à mieux courir. Si vous avez la chance d'en dénicher un, vous y trouverez les mêmes informations, encore et encore : courez le dos droit et les coudes à 90°… ou encore courez comme vous voulez, puisqu'on sait tous courir !

4. UN DÉBAT ABSENT EN AFRIQUE

Au cours de mon voyage chez les Kalenjins, j'ai pu observer les chaussures qu'ils portent et poser des questions à ce sujet. Sur des centaines de coureurs, un seul portait des chaussures minimalistes. Et quand je le lui ai fait remarquer, il n'était même pas au courant que ces chaussures étaient considérées comme telles. Il les portait car il les trouvait simplement confortables et belles. Quand j'ai interrogé les coureurs et entraîneurs, ils ne comprenaient pas pourquoi les Occidentaux voulaient essayer d'imiter leur façon de courir pieds nus. Pour eux, la chaussure est un avantage. Même s'ils ont couru et marché pieds nus pendant des années, aucun de ces coureurs ne veut continuer à le faire.

Cela fait réfléchir. Nous avons d'un côté des Africains dotés de pieds et de chevilles exceptionnels, ayant marché et couru pieds nus pendant des années, qui courent maintenant avec des chaussures. Et de l'autre côté, des Occidentaux dotés de pieds et de chevilles rigides mal adaptés à la course, ayant marché et couru avec des chaussures toute leur vie, qui tentent maintenant de courir avec des chaussures répliquant le pied nu. Je peux vous dire que les Africains trouvent les Occidentaux bien étranges…

5. L'IMPORTANCE DE L'ENFANCE

L'idée d'exploiter notre génétique marquée par notre passé de coureur est alléchante. Toutefois, il faut accepter que passé un certain âge, un coureur ne peut tout simplement plus espérer avoir des pieds comme ceux des coureurs africains. À partir de l'âge adulte, le corps s'est formé d'une certaine façon, et même s'il est possible de le modifier à force d'entraînement, on ne peut pas espérer des résultats aussi spectaculaires que si nous avions commencé jeunes. Faisons un parallèle avec la musique, avec l'exemple d'un adulte de 45 ans qui décide d'apprendre le piano. S'il n'a jamais joué de musique avant, son apprentissage sera très long, beaucoup plus que s'il avait commencé jeune. S'il a déjà joué pendant plusieurs années dans sa jeunesse, l'apprentissage sera accéléré. On peut constater le même phénomène avec la course. Si vous décidez à 45 ans de profiter de vos gènes de coureur en portant des chaussures minimalistes, mais que vous n'avez jamais couru pieds nus auparavant, l'apprentissage sera long. Si vous avez fait beaucoup d'activités pieds nus étant jeune (course pieds nus pour jouer, danse, gymnastique…), l'apprentissage sera accéléré. Plus la personne vieillit, plus il est difficile de revenir en arrière. Un tendon d'Achille rétracté ne s'allonge pas en quatre semaines. L'âge et l'expérience de mouvement pieds nus au cours de la jeunesse influencent beaucoup la capacité du coureur à s'adapter à des chaussures minimalistes ou encore au pied nu.

6. L'INFLUENCE DES CHAUSSURES SUR LA TECHNIQUE

Les chaussures modifient la technique de course. Plus spécifiquement, elles modifient l'appui du pied au sol. Lorsque vous observez un coureur pieds nus, vous pouvez le voir atterrir sur le mi-pied ou l'avant-pied, mais pratiquement jamais sur le talon. Avec les chaussures modernes, l'appui, chez la plupart des coureurs, se fait sur le talon. Cela représente une différence significative. En se fiant à notre évolution au cours de l'histoire, nous constatons que la chaussure est apparue principalement pour des raisons de protection mécanique et thermique. Mais tout notre corps s'est développé en fonction d'une course pieds nus, avec un appui sur le mi-pied ou l'avant-pied. Ce type d'appui est donc considéré comme plus naturel.

Cependant, lorsque l'homme porte des chaussures avant même de pouvoir marcher, ce développement naturel est modifié. Quant aux chaussures à pointes (*spikes*), elles modifient la technique d'une façon particulière. En effet, la présence de crampons qui mordent littéralement dans la piste permet d'utiliser une technique de propulsion différente. Le coureur peut alors utiliser l'appui des crampons

pour pousser sa jambe vigoureusement vers l'arrière et mieux se propulser. Les muscles des orteils sont alors sollicités de façon beaucoup plus importante.

7. DES CHAUSSURES QUI ONT UN IMPACT

On parle beaucoup, ces dernières années, de l'influence des chaussures sur les forces d'impact, alors qu'on devrait centrer notre attention sur la technique de course. Puisque la technique est modifiée selon le type de chaussure, les forces d'impact (voir la capsule aux pages 120 et 121) le seraient donc aussi. Il a été démontré, par le professeur de biologie de l'évolution Daniel Lieberman, que courir pieds nus implique des forces d'impact moindres que courir avec des chaussures modernes. On pourrait y voir un désavantage procuré par les chaussures, mais on se tromperait. En réalité, c'est dans ce cas la façon de courir, plutôt que la chaussure, qui modifie les forces d'impact. Une étude française a démontré qu'avec une même technique de course, les forces d'impact étaient diminuées de 30 % avec des chaussures, comparativement à la course pieds nus. Morale de cette histoire : si vous voulez diminuer les forces d'impact, l'idéal est d'avoir une bonne technique, ainsi que des chaussures adaptées à votre condition.

8. LES CHAUSSURES MODIFIENT LA POSTURE

La posture est aussi modifiée par les chaussures. Les chaussures modernes ont la partie arrière habituellement plus élevée que l'avant. Cela fait en sorte que le coureur est projeté vers l'avant. Les chaussures minimalistes n'ont pas d'élévation (ou très peu), ce qui amène une posture neutre. Le coureur qui change pour des chaussures minimalistes voit donc aussi sa posture changer.

9. UN ARGUMENT DE POIDS

Il a été démontré que le poids de la chaussure affecte la performance. Un poids supplémentaire de 100 grammes amène une augmentation de la consommation d'oxygène de l'ordre de 1 %. On peut comprendre alors l'importance de porter des chaussures les plus légères possible. Un des inconvénients des chaussures modernes, qui sont dotées de systèmes de stabilisation et d'amortissement importants, est donc l'excédent de poids.

10. PLUS OU MOINS DE STABILITÉ

D'un côté, les chaussures modernes amènent plus de stabilité, en limitant, entre autres, un excès de pronation ou de supination du pied. Certains coureurs présentent un faible contrôle du pied ont donc intérêt à porter des chaussures adaptées à leurs déséquilibres. Il est plus fréquent d'observer des excès de pronation que de supination, et les chaussures sont le plus souvent conçues pour rectifier ce problème.

D'un autre côté, les fabricants de chaussures modernes, en cherchant à augmenter la stabilité, ont d'une certaine façon diminué celle-ci. Comment ? En augmentant l'épaisseur des matériaux sous le pied, ils ont éloigné le pied du sol. Et plus le pied est loin du sol, plus le corps est déstabilisé. Prenez l'exemple des souliers à plateforme. Plus la plateforme est haute, plus l'équilibre est précaire. La distance entre le pied et le sol forme même un levier. Plus ce dernier est long, plus certaines forces affectant le pied sont élevées. C'est ce qui fait entre autres que

certains coureurs, lorsqu'ils courent avec des chaussures modernes, présentent moins de stabilité que lorsqu'ils courent avec des chaussures minimalistes, plus près du sol.

LES OBSERVATIONS DU THÉRAPEUTE (ET DU PROF EN BIOMÉCANIQUE)

Depuis l'avènement des chaussures minimalistes, j'amasse des informations de toutes sortes. J'observe différentes personnes tandis qu'elles courent avec ces chaussures. Je traite les coureurs et mesure les impacts d'un tel changement de chaussures. En 2007, j'ai moi-même été un des premiers à essayer les chaussures minimalistes Vibram Five-Fingers. Certains vendeurs de chaussures recommandent les minimalistes à tout coureur. De plus en plus de professionnels de la santé (qui ne s'y connaissent pas tous en course à pied) recommandent également le port de chaussures minimalistes à leurs patients, en leur disant qu'ils courront ainsi plus naturellement et que ce sera meilleur pour leurs articulations.

À la lumière de mes observations, je suis d'avis que malheureusement, en faisant ces recommandations, ces gens nuisent trop souvent à la santé des coureurs. La principale raison en est que le changement est fréquemment effectué trop rapidement. De plus, on oublie qu'un changement pour les chaussures minimalistes est synonyme de changement de technique et de biomécanique. Or, peu de coureurs et de professionnels sont conscients de cet élément. On ne court pas avec des chaussures minimalistes comme on court avec des chaussures modernes. Cela demande beaucoup de temps, et un minimum de connaissances, afin d'adapter sa technique de façon appropriée.

DES FORCES
QUI ONT UN IMPACT

Chaque fois que vous appuyez un pied au sol en courant, votre masse (appelée à tort poids) est accélérée vers le sol, et votre pied frappe le sol, accéléré par le mouvement de votre jambe. En biomécanique, celle-ci est appelée force d'impact et est calculée en Newtons, du nom du célèbre Isaac Newton, à l'origine de la théorie de la gravitation universelle. Il est aussi le père de la mécanique classique, encore aujourd'hui la base pour les biomécaniciens de ce monde. Sa troisième loi stipule que pour chaque action, il existe une réaction d'intensité égale et de direction opposée. Ainsi, à cette force induite dans le sol correspond donc une force d'intensité égale (équivalant environ à 250 % de votre poids) et de direction opposée (dans le prolongement de votre jambe). Une force importante est donc exercée à travers tout votre corps. Cette force est transmise dans votre jambe et est en quelque sorte dispersée graduellement. Si cette force dépasse la capacité de résistance de vos tissus, il s'ensuit des dommages. La loi de Wolff nous dit que l'os croît et se remanie en réponse aux sollicitations qui s'exercent sur lui. Normalement, les forces exercées sur l'os font en sorte qu'il s'adapte et devient plus résilient, plus solide. Mais si les forces dépassent la capacité d'adaptation de l'os, celui-ci se dégrade. Un exemple classique de ce phénomène est ce qu'on appelle une «fracture de stress».

Plusieurs chercheurs étudient les forces d'impact. Toutefois, ils auraient intérêt à ajouter la notion de levier pour avoir une meilleure idée des sollicitations qu'elles entraînent. Archimède disait : «Donnez-moi un point d'appui et un levier et je soulèverai la Terre.» Nous pouvons être beaucoup plus puissants avec l'aide de leviers. Notre corps en mouvement profite évidemment de nombreux systèmes de leviers ingénieux. Les forces exercées sont ainsi multipliées. Sans tomber dans la physique pure et dure, prenons l'exemple du levier présent selon l'appui du pied. Lors de l'appui sur le pied, la distance entre l'appui et l'attache du tendon d'Achille (sur le talon) représente un levier. Plus cette distance est longue, plus le levier est long. Et plus le levier est long, plus la force déployée (en termes biomécaniques, on parle alors de moment de force, ou *torque* en anglais) est élevée. Cela représente donc un avantage. Mais cela peut également constituer un inconvénient, car la sollicitation peut alors devenir trop grande. On peut faire un parallèle avec le tennis. Une plus grande raquette permettra de faire un service plus rapide, en même temps qu'elle demandera une plus grande force musculaire. Ainsi, parmi tous les types d'appui, celui sur l'avant du pied est associé au plus grand levier. Une plus grande force peut alors être exercée. Pas étonnant que les sprinters utilisent ce type d'appui. Cependant, cette force ne peut être maintenue longtemps. Plus les distances s'allongent, plus l'appui a tendance à s'approcher du talon, diminuant de ce fait la longueur du levier et la sollicitation musculaire.

Enfin, il ne faut pas oublier qu'une des meilleures façons de diminuer les forces d'impact est de perdre un excès de poids.

Au niveau biomécanique, la surcharge pondérale a un impact encore plus grand sur votre corps lorsqu'il court que lorsqu'il est en position stationnaire. À chaque pas, votre masse est accélérée vers le sol (par la gravité) et concentrée sur un seul pied. Cela engendre chez tout coureur des forces d'impact importantes. En cas de surcharge, ces forces deviennent encore plus élevées. Tout votre corps et principalement vos jambes (os, articulations et muscles) subissent alors un stress excédentaire qui, à la longue, augmente le risque de blessure. Une surcharge de 5 kilos peut équivaloir, en situation de course, en tenant compte des leviers et accélérations, à une surcharge de 50 kilos, soit dix fois plus ! Chaque kilo perdu a donc un impact majeur sur votre mécanique, en plus de vous éloigner des blessures. Notez qu'on parle ici de kilos superflus. Il faut éviter, à l'inverse, de tomber dans l'obsession de perdre du poids à tout prix ; cela peut nuire à la santé physique et mentale, mais aussi à la performance. Pour avoir une idée précise de votre composition corporelle, le mieux est de consulter un entraîneur qui pourra mesurer votre pourcentage d'adiposité.

Clés

- Optez pour l'entraînement croisé. La combinaison de la course avec d'autres activités à moindre impact peut vous permettre d'avoir une dépense plus élevée, tout en ménageant votre mécanique. Un tel entraînement favorise la perte de poids en diminuant les risques de blessure.
- Augmentez l'entraînement de course très graduellement, avec précaution.
- Améliorez votre technique de course de façon à diminuer les forces d'impact au sol.
- Soyez précautionneux dans le changement de chaussures. Si vous avez un surplus de poids significatif, les chaussures minimalistes ne sont pas conseillées, à moins d'en faire un usage très modéré.
- Bien sûr, pour perdre du poids (seulement si excessif), modifier votre alimentation est une bonne idée.

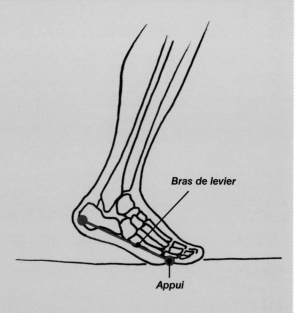

Bras de levier

Appui

En conséquence, les blessures ne sont plus les mêmes, mais elles sont toujours aussi présentes. Les blessures aux genoux sont remplacées par les blessures aux tendons d'Achille ou aux fascias plantaires. On se concentre beaucoup sur les chaussures en oubliant le plus important : le coureur lui-même. Aucune chaussure ne peut « sauver » un coureur si ce dernier court avec une technique déficiente, a une mauvaise condition physique ou s'entraîne inadéquatement.

LE VERDICT

Plusieurs éléments portent à croire que les chaussures minimalistes sont une bonne idée : leur conception favorise un mouvement plus naturel du pied, leur poids plus léger amène une économie d'énergie, le rapprochement du pied au sol est avantageux au niveau biomécanique, et entraîne une activation des muscles profonds des pieds et des propriocepteurs. Toutefois, la pratique nous démontre que plusieurs coureurs n'ont pas la capacité de courir avec ces chaussures, ou ont besoin d'une longue période pour s'y adapter. Plusieurs conditions sont nécessaires pour réussir une transition graduelle sans se blesser. Une bonne technique de course, un corps souple et stable, une certaine expérience du pieds nus et une bonne capacité d'adaptation ne sont malheureusement l'apanage que d'une faible proportion des coureurs. Il faut donc y penser à deux fois avant de faire un changement de chaussures, et y aller très graduellement. Les chaussures minimalistes ne semblent donc pas être la solution à tous nos problèmes. Finalement, si vous n'avez aucun problème avec ce que vous portez déjà aux pieds, il est conseillé de continuer avec ce type de chaussures.

L'autoévaluation suivante comprend six tests faciles. Elle demande moins de cinq minutes et vous aidera à déterminer si vous êtes prêt à aller vers le minimaliste.

ÉQUILIBRE UNIPODAL AVEC SAUTS

Pieds nus, placez vous en équilibre sur un pied, puis sautez sur place pendant 30 secondes, sans appuyer le talon. Déposez l'autre pied au sol s'il le faut, et essayez de reprendre rapidement l'équilibre sur un pied. Faites ce test sur les deux jambes et notez ci-dessous le résultat de la moins bonne jambe.

Équilibre unipodal avec sauts

RÉSULTAT	POINTAGE
Je n'arrive pas à sauter sur place pendant 30 secondes.	1
J'arrive à sauter sur place avec difficulté en déposant l'autre pied par terre plus de cinq fois.	3
J'arrive à sauter sur place en déposant l'autre pied par terre de une à quatre fois.	5
J'arrive à sauter sur place sans déposer l'autre pied.	8

FLEXIBILITÉ DU MOLLET

Pour ce test, vous avez besoin d'un ami qui pourra observer votre mollet de côté. Prenez la position de l'étirement des jumeaux (voir p. 197), avancez le bassin et gardez le talon arrière au sol, jusqu'à sentir un bon étirement. Notez l'angle entre votre jambe et la verticale, en tenant compte de la jambe obtenant le moins bon résultat.

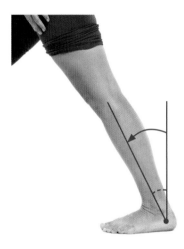

Flexibilité du mollet

RÉSULTAT	POINTAGE
Moins de 30°	1
30 à 45°	4
Plus de 45°	8

FLEXIBILITÉ DU FLÉCHISSEUR DU GROS ORTEIL

Relevez votre gros orteil au maximum. Calculez l'angle d'extension de chacun de vos gros orteils. Notez le plus faible résultat des deux.

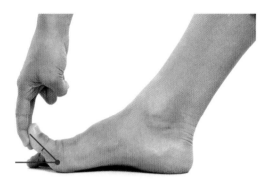

Flexibilité du fléchisseur du gros orteil

RÉSULTAT	POINTAGE
Moins de 30°	0
30 à 45°	2
45 à 60°	6
Plus de 60°	8

CONTRÔLE MUSCULAIRE

Pieds nus, essayez d'éloigner, en écartant les orteils, le gros et le petit orteil. Faites ce test avec les deux pieds et notez le résultat du moins bon pied.

RÉSULTAT	POINTAGE
Je n'arrive à écarter aucun des deux orteils.	0
J'arrive à écarter un peu un des deux orteils.	1
J'arrive à écarter un peu les deux orteils.	3
J'arrive à bien écarter les deux orteils.	6

EXPÉRIENCE PIEDS NUS

Vos pieds ont-ils souvenir d'avoir fait des activités physiques (marche, course, danse, gymnastique, etc.) sans être protégés par des chaussures ?

RÉSULTAT	POINTAGE
Non, jamais, à part un peu de marche pieds nus chez moi.	0
Oui, pendant près de 25 % de mon existence.	4
Oui, pendant 25 à 50 % de mon existence.	8
Oui, pendant la majeure partie de mon existence.	10

Veuillez noter que pour ce point, la grande majorité des Occidentaux obtiennent un pointage de 0 ou de 4.

ÂGE

Quel âge avez-vous ?

RÉSULTAT	POINTAGE
Plus de 40 ans	0
21 à 40 ans	4
12 à 20 ans	6
Moins de 12 ans	10

RÉSULTATS ET RECOMMANDATIONS

En fonction de votre pointage cumulatif, considérez le changement vers les chaussures minimalistes en tenant compte des recommandations suivantes.

POINTAGE CUMULATIF	RECOMMANDATION
Plus de 40	Oui, en y allant graduellement.
26 à 40	Oui, en y allant très graduellement.
10 à 25	À risque. Il est recommandé d'essayer les chaussures minimalistes pour la marche et d'attendre d'être à l'aise avant de les utiliser pour la course, pendant quelques minutes seulement.
Moins de 10	Fortement à risque.

COMMENT FAIRE UNE PROGRESSION GRADUELLE VERS LE MINIMALISTE ?

Pour la plupart des gens, le fait de passer aux chaussures minimalistes apporte un changement majeur. Habituellement, le coureur délaisse complètement ses anciennes chaussures et court désormais exclusivement avec les nouvelles.

Voici quelques conseils qui vous aideront à faire un changement plus graduel, tout en respectant la capacité d'adaptation de votre corps.

- Avant même d'acheter des chaussures minimalistes, pensez à préparer votre corps à ce changement. Privilégiez les exercices d'équilibre, de proprioception, de renforcement des jambes, des pieds et des muscles de l'unité centrale, et de posture.

LE ROI AUX PIEDS NUS

Aux Jeux olympiques de Rome en 1960, un coureur éthiopien alors inconnu allait frapper les esprits en remportant le marathon en un temps record de 2 heures, 15 minutes et 16 secondes, pieds nus! Son nom: Abebe Bikila. L'histoire nous dit qu'Adidas commanditait alors son équipe et que le jour de la course, aucune chaussure ne convenait à ses pieds. Il a donc décidé à la dernière minute de courir comme il s'était entraîné la majorité de son existence: sans chaussures. Aujourd'hui, il est en quelque sorte devenu l'icône des partisans du pieds nus. Il répéta son exploit aux Jeux olympiques suivants à Tokyo, à la différence près qu'il portait alors des chaussures. Il réussit à abaisser une fois de plus le record du monde à 2 heures, 12 minutes et 11 secondes. Les écrits nous disent qu'il portait des Onitsuka Tiger, ancien nom de la marque ASICS, bien connue des coureurs. En regardant les images tournées à l'époque, on constate qu'il portait plutôt des Puma, compétiteur depuis toujours d'Adidas. Fait intéressant, les propriétaires de ces compagnies rivales se livrant une guerre sans merci étaient étroitement liés: ils étaient frères! Bikila a été le premier d'une longue lignée de champions éthiopiens, parmi lesquels Haile Gebreselassie et Kenenisa Bekele. Ils ont en commun une technique de course exceptionnelle, en plus d'avoir repoussé les limites de la course à pied. Ils partagent aussi, avec leurs confrères est-africains, le fait d'avoir parcouru à la course de nombreux kilomètres pieds nus, sur une surface irrégulière, en bas âge. Cela semble être une condition essentielle pour développer le plein potentiel du coureur. Bikila fut le premier à en faire la preuve, et de façon brillante.

- Faites l'achat de vos nouvelles chaussures avant que vos présentes chaussures ne soient trop usées. De cette façon, vous pourrez continuer à utiliser ces dernières tout en intégrant progressivement les nouvelles.
- Commencez par utiliser vos nouvelles chaussures pour la marche uniquement. De cette manière, vos pieds s'y habitueront progressivement avant même de commencer à courir.
- Intégrez graduellement l'utilisation des nouvelles chaussures dans votre entraînement de course. Pas besoin de faire subitement tout votre entraînement avec les nouvelles chaussures. Commencez par les entraînements de courte durée ou de faible intensité.
- Soyez à l'écoute des signaux d'inconfort ou de blessures (voir p. 268).
- Une fois que vous vous sentez à l'aise avec les nouvelles chaussures pendant et après les courses, vous êtes prêt à utiliser cette chaussure pour la majorité de vos entraînements.

COMMENT BIEN CHOISIR SA CHAUSSURE ?

La première chose à faire quand vient le temps de s'acheter des chaussures est de trouver une bonne boutique de course où les vendeurs sauront bien vous conseiller. Les connaissances des vendeurs font une grande différence, et les boutiques spécialisées sont habituellement préférables aux magasins généralistes. Un bon vendeur devrait pouvoir vous faire essayer plusieurs modèles en observant la façon dont vous courez avec chacun d'eux. L'essai devrait se faire en fin de journée (il y a alors une plus grande circulation sanguine dans les pieds) et avec les chaussettes que vous portez normalement pour la course. Si vous portez des orthèses, assurez-vous de les avoir avec vous et de les insérer dans les chaussures en enlevant la semelle de propreté (à l'intérieur). Même si vous vous sentez bien dans un modèle, faites toujours l'essai de plusieurs modèles. Afin de faire un bon choix, vous et votre vendeur devriez tenir compte des points suivants.

Taille et largeur

Les orteils doivent être libres et avoir un espace d'environ un centimètre en avant. Certains coureurs préfèrent avoir moins d'espace ; c'est une question de confort personnel. Si possible, vous devriez pouvoir essayer vos chaussures sur un plan incliné, en montant ou en descendant. Les orteils ne devraient pas appuyer de façon inconfortable sur le devant de la chaussure pendant une descente. Si votre pied est plus large ou plus étroit que la normale, certaines marques et modèles sont plus indiqués que d'autres. Si vous avez un hallux valgus (oignon) à un pied, assurez-vous que la chaussure soit assez large pour éviter de le compresser.

Stabilité

Les systèmes de stabilité des chaussures ont été intégrés par les fabricants dans l'optique de diminuer les blessures. Par exemple, la densité des matériaux, à certains endroits de la chaussure, a été modifiée afin de limiter certains mouvements. L'objectif principal était alors d'empêcher l'hyperpronation ou l'hypersupination, mouvements considérés à l'époque comme problématiques. Aujourd'hui, on sait que la pronation et la supination (voir p. 89) d'amplitude normale sont des mouvements naturels et nécessaires pour la course à pied. Malheureusement, les systèmes que l'on retrouve dans les chaussures modernes limitent souvent trop ces mouvements naturels. Les mouvements du pied et de la jambe entière, ainsi entravés, deviennent alors moins naturels et moins efficaces. Une minorité de gens ont intérêt à porter les chaussures les plus stabilisantes (souvent les plus chères aussi). Ces personnes ayant une faible stabilité trouvent un bon soutien avec de telles chaussures. Toutefois, ce soutien ne règle en rien la cause de leur problème, lequel trouve son origine dans leur corps ou dans leur façon de courir. Assurez-vous donc de choisir des chaussures qui permettent les mouvements naturels de pronation et de supination, sans toutefois être en excès.

Amortissement

Depuis l'avènement du système Air de Nike en 1978, toutes les marques ont emboîté le pas avec leur propre système. Une étude comparant ces systèmes n'a pas trouvé de différence significative entre eux. Certains coureurs vous diront qu'ils préfèrent tel ou tel système, mais cela semble relever d'une préférence personnelle, sans compter que l'amortissement n'est qu'une caractéristique parmi d'autres. Lorsque l'on considère la question de l'amortissement, le principal facteur dont il faut tenir compte est le poids du coureur. Plus vous êtes lourd, plus un système d'amortissement est conseillé, à moins que vous ayez une bonne technique et que vous soyez capable de courir avec des chaussures offrant peu d'amortissement. Certains chercheurs sont d'avis que l'amortissement donne une fausse impression de confort et empêche vos propres mécanismes d'amortissement de s'activer. La nouvelle vision est dès lors d'activer vos propres mécanismes d'amortissement et de ne pas vous fier uniquement à ceux de la chaussure. À moins que vous soyez plus lourd que la moyenne, il n'est pas conseillé de courir avec une chaussure très amortissante.

Élévation

L'élévation (*drop*), élément peu connu, est la différence de hauteur entre l'arrière et l'avant de la chaussure. Les chaussures modernes ont habituellement une élévation de 12 millimètres. L'arrière est alors plus élevé de 12 millimètres que l'avant. Plus l'élévation est grande, plus la posture est projetée vers l'avant et plus le tendon d'Achille est raccourci. On trouve maintenant beaucoup plus de variations d'élévation sur le marché. Demandez à votre vendeur l'élévation de chaque chaussure, il devrait la connaître. Si vous comptez diminuer l'élévation de vos chaussures, je vous recommande d'y aller à un rythme maximal de 2 millimètres par six mois. Si le changement se fait rapidement, le risque de blessures est plus élevé.

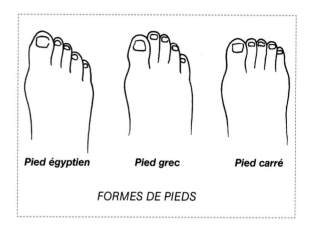

Pied égyptien   *Pied grec*   *Pied carré*

FORMES DE PIEDS

Forme

Certains fabricants proposent maintenant des chaussures aux formes plus anatomiques. Ils tentent ainsi de modeler plus fidèlement la chaussure selon la forme du pied. L'idée est intéressante, en autant que la forme de votre pied convienne à celle dessinée par les designers. Plusieurs chaussures ont un impact négatif sur la position des orteils. Quand ils ne disposent pas d'espace suffisant, les orteils sont serrés et déviés de leur alignement normal. Leur mouvement naturel est ainsi entravé. Les formes de pied étant très variées (voir les illustrations ci-dessus), vous devriez idéalement tenir compte de cet élément au moment de choisir votre chaussure.

Certaines personnes ont des pieds creux ou plats. Le port d'orthèses peut être indiqué, surtout dans les cas prononcés. Mais plusieurs pieds creux ou plats sont mobiles et fonctionnels, et ne requièrent aucune orthèse. Le mieux est de consulter un spécialiste.

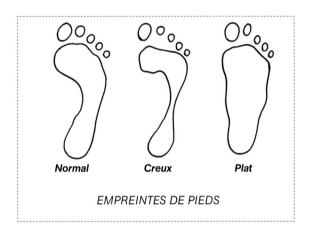

Normal   **Creux**   **Plat**

EMPREINTES DE PIEDS

permettent de dévaler les sentiers avec plus de contrôle. Les chaussures à pointes (*spikes*), utilisées sur les pistes d'athlétisme, permettent de mordre littéralement dans la piste et d'avoir une traction optimale. Choisissez une chaussure adaptée à votre terrain de jeu. Idéalement, vous devriez compter une paire de chaussures pour les sentiers et une autre pour la route. Pour ce qui est des chaussures à pointes, elles ne sont conseillées que pour les experts ou les coureurs qui font de l'athlétisme et qui peuvent bénéficier des conseils d'un bon entraîneur.

Sexe

Les chaussures pour femmes doivent être conçues spécifiquement pour elles. Leurs pieds ne sont pas une reproduction en miniature de ceux des hommes. Le talon des femmes est plus étroit que celui des hommes par rapport à l'avant du pied. L'ajustement de la largeur de l'avant et de l'arrière-pied doit donc être différent. De plus, pour un homme et une femme ayant des pieds de la même taille, la femme sera plus légère, puisque ses muscles sont moins massifs que ceux de l'homme. Elle doit donc absorber moins de forces d'impact, et la densité des matériaux doit être différente de celle de la chaussure pour hommes. Choisissez idéalement une chaussure adaptée à votre sexe. Certaines marques proposent des adaptations plus spécifiques aux femmes.

Surface

Un des avantages majeurs de la chaussure de course, comparativement aux pieds nus, est de procurer une meilleure traction. Les chaussures de sentier sont munies de crampons agressifs qui vous

AVEC QUELLES CHAUSSURES COURENT LES MEILLEURS COUREURS ?

Depuis le premier boom de la course, le monde de la chaussure a beaucoup évolué. Paradoxalement, les meilleurs coureurs portent essentiellement les mêmes chaussures lors des compétitions, à savoir les chaussures dites de performance, communément appelées *racers*. Ces chaussures sont légères, souples, offrent peu de soutien et ont une bonne élévation. Tout ça dans le but d'aller le plus vite possible. Il est rarissime de voir un coureur élite porter des chaussures minimalistes lors d'une compétition. Le changement est plus marqué durant les entraînements. Il y a seulement quelques années, la mentalité était de porter des chaussures avec beaucoup d'amortissement ou de stabilisation au moment des entraînements et de réserver les *racers* pour le grand jour. Aujourd'hui, de plus en plus de coureurs se dirigent vers des chaussures offrant moins de soutien ou d'amortissement, comme les minimalistes ou les *racers,* même pour leurs entraînements. Ils visent ainsi à réactiver leurs pieds et à courir selon une biomécanique plus naturelle.

VAUT-IL MIEUX COURIR AVEC UN OU PLUSIEURS MODÈLES DE CHAUSSURES ?

D'un côté, courir avec différents modèles de chaussures demande une adaptation constante. Imaginez porter des lunettes différentes chaque jour de la semaine ! Cette adaptation est d'une certaine façon déstabilisante. Cependant, de plus en plus de coureurs élites courent avec deux ou trois modèles de chaussures différents, qu'ils alternent durant la semaine. Pour la course, cela revêt un intérêt certain. En courant avec différents modèles, les impacts sont plus variés. Cette variation est souhaitable dans une perspective de prévention des blessures. De plus, les chaussures s'usent plus lentement, et la rotation entre les différents modèlent se fait plus graduellement et facilement. Certains coureurs achètent deux ou trois paires du même modèle de chaussures. Puisqu'il n'existe pas deux paires de chaussures identiques, cela leur assure de varier légèrement les stimuli tout en gardant leur modèle préféré plus longtemps. Enfin, d'un point de vue purement pratique, il peut être utile d'avoir différents modèles à la maison, au bureau, au chalet, etc., et de pouvoir s'adapter facilement à chacun d'eux.

QUELLES CHAUSSURES CHOISIR POUR UN ENFANT ?

Le corps de l'enfant a l'avantage d'être très malléable et adaptable, en plus d'avoir rarement un surplus de poids significatif. L'enfance est une période primordiale pour bien développer les muscles profonds des pieds, l'équilibre et les différents proprio-cepteurs. Il est donc logique de s'orienter alors vers des chaussures qui permettent un mouvement naturel et qui activent les mécanismes d'amortissement et de stabilisation. Les fabricants de chaussures minimalistes proposent maintenant des modèles conçus pour les enfants. Il s'agit d'une merveilleuse idée. Il y a fort à parier que les enfants qui portent ce type de chaussures au lieu des chaussures modernes seront avantagés dans leur développement neuromusculaire. Les minimalistes pour les adultes, avec forte précaution. Mais pour les enfants, l'idée est plus qu'intéressante !

LE POINT SUR LES ORTHÈSES

Comment se fait-il qu'une paire d'orthèses plantaires peut aussi bien aider un coureur que lui nuire ? La réponse à cette question est complexe. Tout d'abord, il faut savoir que le pied peut aussi bien être causatif (être à l'origine du problème) qu'adaptatif (s'adapter à un problème originant d'ailleurs dans le corps). La plupart du temps, il est adaptatif. Le pied modifie son appui au sol afin de compenser une foule de choses ; une jambe plus longue d'un côté, un déséquilibre musculaire (au bassin ou aux épaules par exemple) ou une cicatrice adhérente (collée) ne sont que quelques-unes des possibilités. Mettez une orthèse à ce pied et vous l'empêchez alors de s'adapter. Conséquence : plus souvent qu'autrement, vous venez de lancer une bombe à retardement. Une orthèse ne devrait être portée que lorsque le pied est en cause, et son usage devrait alors être envisagé de façon temporaire, à court ou moyen terme. L'objectif premier devrait toujours être de régler le problème qui affecte le pied, par exemple à l'aide d'exercices ou de traitements. À part dans des cas graves de problèmes aux pieds ou de déviations majeures (genoux arqués vers l'intérieur, par exemple), les orthèses ne devraient pas être portées pour une vie entière.

Quand un coureur a besoin de soutien pour son ou ses pieds, son orthèse doit impérativement être adaptée aux exigences de la course. La majorité des orthèses sur le marché sont thermoformées, c'est-à-dire moulées sur mesure pour le pied. Cela pose un problème, puisque le moulage est fait avec une mise en charge statique (poids du corps appliqué sur l'orthèse) inférieure à celle qui s'exerce pendant la course, augmentée par la gravité. Durant la course, l'arche du pied s'écrase avec la mise en charge élevée, puis revient à la normale. L'orthèse thermoformée, en apportant une correction d'arche trop prononcée, empêche alors le pied de faire un mouvement normal.

Cependant, la pratique des orthésistes évolue, et certaines corrections peuvent aider significativement les coureurs. Parfois, de petits ajouts proprioceptifs sous un orteil peuvent faire toute la différence. Assurez-vous de consulter un orthésiste qui connaît bien les exigences de la course et qui peut vous faire du sur-mesure.

QUE PENSER DE LA COURSE PIEDS NUS?

Course naturelle, éveil des muscles profonds des pieds, activation des propriocepteurs plantaires, stimulation des muscles posturaux et sensation de retourner à nos origines, la course pieds nus est attrayante à moult égards. Toutefois, en poussant ainsi le minimaliste à sa plus simple expression, on augmente encore le degré d'adaptation nécessaire. La grande majorité des coureurs peuvent pratiquer la course pieds nus en guise d'échauffement, avec parcimonie. L'idéal est d'éveiller vos pieds sur une surface plus molle que le bitume (terre, herbe, sable…). Une à cinq minutes suffisent pour profiter des avantages inhérents à cet exercice. Mais avant d'effectuer une course entière pieds nus, prenez le temps de vous questionner sur vos véritables motivations, et souvenez-vous que le corps a besoin de temps pour s'adapter.

LES DIFFÉRENTS TYPES DE CHAUSSURES

En tenant compte des éléments précédents, votre choix devrait se porter sur un des types de chaussures suivants :

CHAUSSURE AMORTISSANTE

Procure un amortissement passif, conseillée principalement pour les coureurs lourds.

CHAUSSURE DE PERFORMANCE (RACER)

Légère, dynamique et souple. Conseillée pour les coureurs qui ont une bonne technique et une bonne stabilité. Idéale pour les compétitions.

CHAUSSURE MINIMALISTE

Conçue afin d'imiter le plus fidèlement possible la course pieds nus, tout en protégeant le pied. Conseillée aux coureurs possédant une bonne biomécanique, à condition d'y aller très graduellement.

CHAUSSURE STABILISATRICE

Amène une correction de l'hyperpronation et plus rarement de l'hypersupination. Diminue la liberté de mouvement. Conseillée pour les coureurs avec très peu de stabilité.

CHAUSSURE À POINTES (SPIKES)

Conçue pour les pistes d'athlétisme. Conseillée aux coureurs possédant une excellente technique, qui recherchent la performance.

PIEDS NUS

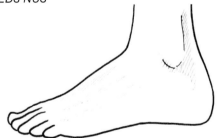

La course dans son plus simple appareil. Conseillé sur des surfaces molles et sécuritaires, afin d'entraîner et d'activer les pieds et la posture. Déconseillé pour les courses prolongées, pour la grande majorité des gens.

5

AVANT L'ENTRAÎNEMENT, LA RÉCUPÉRATION

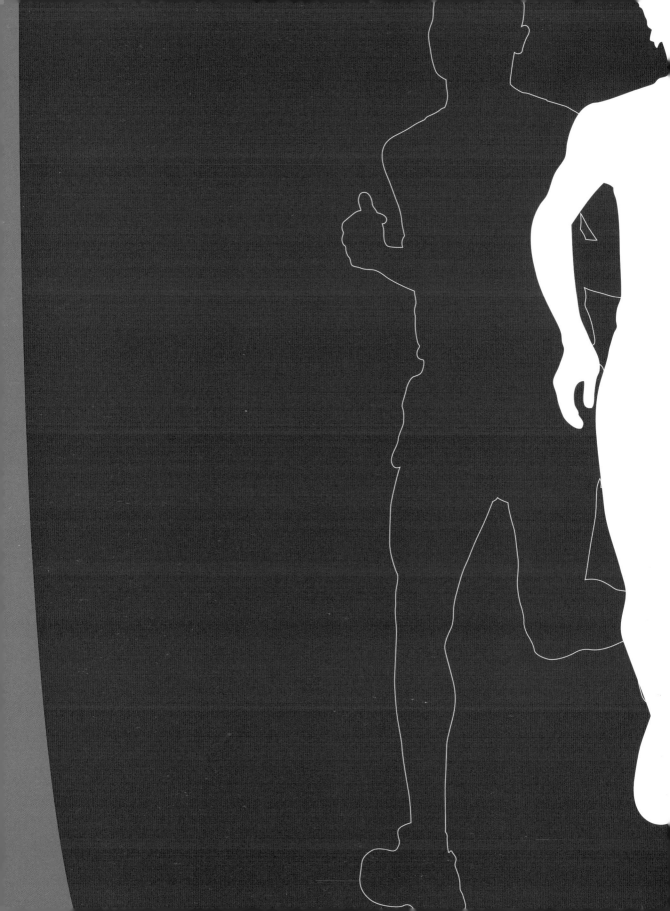

UNE RÉCUPÉRATION PERFORMANTE

Le succès de l'entraînement repose sur la capacité du corps de s'adapter à un stimulus, de façon à pouvoir répondre de manière adéquate à de nouveaux stimuli. Après un entraînement, le corps s'adapte et devient plus fort pendant une certaine période. En dosant correctement l'entraînement, on peut arriver à profiter de ce phénomène dit de surcompensation. Résultat : la performance augmente. Or, cette adaptation se fait principalement durant ce qu'on appelle la phase de récupération. Rien ne sert d'avoir le meilleur programme au monde si vous ne récupérez pas bien. Mieux vous récupérez, plus vous pouvez vous entraîner fort et souvent. Avant même de savoir comment vous entraîner, il faut donc savoir bien récupérer.

Il y a deux façons d'améliorer la récupération. La première est d'en augmenter la durée. Si on lui accorde plus de temps pour récupérer, le corps le fait de façon plus complète. Toutefois, récupérer plus longtemps veut aussi dire s'entraîner moins souvent, ce qui n'est pas l'idéal quand on veut être en meilleure forme. L'objectif est alors d'atteindre

le bon dosage entre récupération et entraînement. La deuxième façon, plus complexe, consiste à mieux récupérer. Mais qu'est-ce qui permet de mieux récupérer ? Les poudres magiques pour améliorer la récupération, vendues dans certains gyms et boutiques de produits d'entraînement, sont-elles vraiment miraculeuses ?

Il est important de comprendre que la récupération est associée à nos systèmes d'autorégulation, soit les systèmes nerveux, hormonal et immunitaire. Ceux-ci fonctionnent de façon autonome, sans même qu'on ait à y penser.

LE SYSTÈME NERVEUX

Cerveau, moelle épinière et nerfs périphériques constituent votre système nerveux. Durant la course, celui-ci coordonne la contraction de vos muscles, traite une multitude d'informations sur ce qui se passe dans votre corps et commande les ajustements nécessaires. Par exemple, avec la transformation de nutriments en énergie, votre température corporelle s'élève. Votre système nerveux, par l'entremise de son centre thermorégulateur, capte ces changements et ordonne l'ouverture des glandes sudoripares afin de rétablir l'équilibre. Il détermine aussi votre niveau de fatigue et a donc un rôle primordial à jouer dans la performance. Des chercheurs ont démontré que c'est un influx nerveux insuffisant dans un muscle qui explique la fatigue, et non la capacité limitée de ce même muscle à se contracter.

Pas une douleur n'est ressentie sans passer par le système nerveux. Celui-ci transmet les signaux, provenant par exemple de votre talon souffrant, à votre moelle épinière (dans ce cas-ci, par le fameux nerf sciatique), jusqu'à votre cerveau. Ce dernier est responsable d'interpréter ces signaux et de vous faire savoir qu'il est temps de faire quelque chose pour soulager cette douleur.

La bonne santé de votre dos est à la base du bon fonctionnement de votre système nerveux, puisque la colonne vertébrale abrite la moelle épinière. Les jambes, si sollicitées durant la course, doivent leur bon fonctionnement nerveux plus spécifiquement à la colonne lombaire (bas du dos) et au bassin. Fait peu connu, en plus de recevoir les signaux, votre dos peut être à l'origine de douleurs dites référées. Ainsi, un problème au bas du dos peut être à l'origine d'une douleur sous le pied, à l'avant de la jambe, au genou, à la face latérale de la cuisse, à la hanche, bref, à peu près n'importe où dans vos jambes. On cherche habituellement la cause de ces douleurs avec une vision locale. J'ai mal au talon, donc ce doit être un problème de talon, ou de chaussure. Ces tâtonnements peuvent durer des années, si personne ne pense à tenir compte du bas de votre dos.

La douleur déséquilibre le système nerveux. Au début, votre corps réagit en se mettant en mode action-réaction sympathique. Après plusieurs mois à tolérer une douleur, il peut passer en mode récupération parasympathique excessive. À tout coup, le déséquilibre ainsi créé affecte votre capacité de récupération.

Clés

- PRENEZ SOIN DE VOTRE DOS. Voir mon livre *L'entraînement spinal* pour plus d'informations à ce sujet.
- Faites des exercices pour redonner une bonne mobilité à votre colonne vertébrale.
- Entraînez votre unité centrale pour protéger votre dos.
- Améliorez votre posture.
- Accordez une grande importance au sommeil, afin de permettre à votre système nerveux de bien récupérer.
- Consultez un thérapeute qualifié qui pourra s'assurer de l'intégrité de votre colonne vertébrale et de votre système nerveux.
- Si vous avez des douleurs de type engourdissement, perte de sensation ou brûlure, consultez un médecin.

LE SYSTÈME HORMONAL

Vous avez sûrement déjà vécu une bonne montée d'adrénaline. À la ligne de départ à votre première course, le niveau d'adrénaline atteint des sommets. Au passage du premier kilomètre, vous constatez que vous êtes parti bien trop vite. Pourtant, vous aviez l'impression d'avoir pris un rythme conservateur. L'adrénaline! Et que dire du fameux *runner's high* que vous ressentez au milieu d'un entraînement intense sur votre sentier préféré! Un cocktail bien concentré d'endorphines, de sérotonine et de dopamine. Ces substances au nom se terminant en « ine » ne sont autres que des hormones. Votre système hormonal (ou endocrinal) se délecte de pouvoir sécréter, pendant ou après la course, une bonne dose de ces hormones associées au plaisir.

Cependant, le système hormonal peut se dérégler. Un exemple classique chez les personnes surmenées (souvent à cause d'un surentraînement) : le taux de cortisol (hormone du stress) atteignant des niveaux trop élevés, ou parfois même s'effondrant. Oubliez alors la grisante sensation de l'adrénaline, le corps proteste et ne veut plus faire d'effort. Les entraînements deviennent plus difficiles, la capacité d'adaptation du corps diminue et les blessures se montrent le bout du nez. Par exemple, chez des coureurs qui poussent trop leurs limites (eh oui, ça existe), on observe parfois une hyperthyroïdie (glande thyroïde qui fonctionne à trop forte capacité). Si on néglige ce problème, le retour du pendule peut amener ces gens à souffrir d'hypothyroïdie (thyroïde qui, cette fois, ne fonctionne pas assez).

Sans voir en détail tous les problèmes hormonaux pouvant toucher un coureur, il faut retenir que si vous n'êtes plus capable de vous adonner à l'entraînement comme avant, observez une perte ou un gain de poids inexpliqués ou ressentez une fatigue anormale, il se peut que votre système hormonal soit en partie en cause.

Clés dans le cas d'un diagnostic de déséquilibre hormonal

• Continuez de courir, c'est une des meilleures façons de rééquilibrer votre système. En même temps, diminuez ou cessez les entraînements de longue distance ou à intensité élevée.

• Faites tout pour améliorer votre récupération.
• Diminuez le nombre de compétitions, ou réajustez vos objectifs de performance à la baisse.
• Assurez-vous d'être suivi par un médecin et, si possible, par un spécialiste de l'alimentation.

LE SYSTÈME IMMUNITAIRE

La course à pied est une des meilleures façons d'augmenter l'efficacité de votre système immunitaire. Ce dernier est responsable de lutter contre les substances extérieures menaçantes (virus, bactéries, microbes). Il est aussi impliqué dans les réponses inflammatoires, très présentes chez les coureurs, vu l'exigence physique de la course à pied.

Récemment, des travaux ont démontré que le système immunitaire pouvait aussi avoir son mot à dire dans les blessures, puisque certaines, difficiles à soigner ou à guérir, seraient liées à des maladies auto-immunes (maladie de Crohn, lupus, diabète de type 1…). D'autres spécialistes ont observé qu'ils parvenaient à soigner des tendinites résistant à tout traitement en s'occupant d'autres foyers inflammatoires dans le corps. Une simple carie, par exemple, peut contribuer à maintenir éveillée une tendinite au genou récalcitrante. Une inflammation de la gencive, des sinus ou encore des intestins peut être la source de blessures récurrentes. Les athlètes de haut niveau vivent avec un état inflammatoire élevé, vu les stress importants qu'ils imposent à leur corps. En même temps, la pratique modérée de la course augmente l'efficacité du système immunitaire. Le corps cherche à équilibrer les phénomènes inflammatoires à l'aide de mécanismes naturels anti-inflammatoires. Lorsque l'équilibre est rompu, le corps s'adapte moins bien et la performance diminue. Les blessures sont alors plus fréquentes et mettent plus de temps à guérir.

Clés

- Envisagez de favoriser les aliments dits anti-inflammatoires.
- Ayez une bonne hygiène dentaire, et subissez un examen dentaire régulièrement.
- Ayez un bon sommeil.
- Prenez des moyens pour mieux gérer votre stress.
- Consultez un médecin si vous soupçonnez un problème autre que la douleur liée à la course.
- Si vous souffrez d'une maladie auto-immune diagnostiquée et ressentez des douleurs en courant, consultez votre médecin.

COMMENT MIEUX RÉCUPÉRER

Le sommeil

Le sommeil est la façon la plus naturelle et la plus simple de récupérer. Sa principale fonction est de permettre à votre système nerveux de se rééquilibrer, ce qui n'est pas rien. Des études ont démontré que les athlètes dormant des nuits prolongées (de 9 à 10 heures) ont une meilleure performance de course que ceux qui ne dorment que 8 heures par nuit. À l'inverse, des études se sont attardées aux

DES MYTHES TENACES

La reconstruction de tissus endommagés implique naturellement un processus inflammatoire. L'inflammation n'est donc pas un ennemi à abattre, sauf dans les cas où elle perdure. Elle est particulièrement présente après des entraînements intenses à haute vitesse ou de longue durée qui ont entraîné des micro-lésions au niveau des tissus. Le corps s'occupe alors naturellement de nettoyer les tissus endommagés et de les reconstruire encore plus forts. Se déconstruire pour mieux se reconstruire, telle est la relation entraînement-récupération.

Le mécanisme inflammatoire augmente la sensibilité nerveuse et engendre une sensation douloureuse qu'on nomme courbature. Les courbatures sont associées, à tort, à la production de lactates (le fameux acide lactique). Des travaux ont démontré que la réalité est tout autre.

Les lactates ne sont pas la cause des courbatures ; votre corps les utilise même en tant que carburant. Le mythe de l'acide lactique est tenace car il a été propagé pendant de nombreuses années.

Un autre mythe solidement implanté dans l'esprit des coureurs est celui selon lequel il faut à tout prix combattre l'inflammation pour mieux récupérer. Comme nous l'avons vu plus haut, ce mécanisme est naturel et essentiel. Que l'on s'entende bien, toutefois : cette inflammation doit être temporaire, les choses doivent revenir à la normale. C'est pourquoi nous sommes dotés de mécanismes anti-inflammatoires. Il a d'ailleurs été démontré que les mécanismes anti-inflammatoires des athlètes sont plus efficaces que ceux des personnes sédentaires.

effets de la privation de sommeil. Ceux-ci sont importants et nombreux, et affectent la majorité des systèmes (musculaire, cognitif, comportemental, immunitaire, hormonal…). Le système nerveux est alors déséquilibré, la capacité de refaire vos ressources énergétiques est diminuée et le taux de cortisol (hormone du stress) est augmenté.

La durée de sommeil recommandée pour les athlètes est de 9 heures (pour un niveau d'entraînement moyen) à 10 heures (entraînement élevé) par nuit. Il faut comprendre que si vous vous entraînez, vous imposez à votre organisme un stress supplémentaire qui demande une récupération plus importante. Concrètement, plus vous vous entraînez, plus vous avez besoin de dormir. Si vous augmentez votre entraînement, parce que vous vous préparez pour un marathon par exemple, vous devez penser à augmenter également votre temps de sommeil. Plusieurs athlètes

élites (le fondeur Alex Harvey par exemple) dorment jusqu'à 12 heures par jour. Heureusement pour eux, leur travail est de s'entraîner et de se reposer, ce qui n'est pas le cas de la majorité d'entre nous. Si vous ne pouvez allonger votre nuit de sommeil, vous pouvez faire une courte sieste en mi-journée. Plusieurs athlètes ont recours à cette stratégie. Les Kalenjins sont des adeptes de la sieste. La durée normalement recommandée pour une sieste efficace est de 20 minutes. Des micro-siestes de 5 à 10 minutes peuvent aussi donner des résultats intéressants. Au-delà de 30 minutes, le corps peut tomber dans une phase de sommeil plus profond, et le sommeil de nuit risque alors d'être perturbé.

Mais il n'y a pas que la durée ; la qualité du sommeil joue pour beaucoup dans la récupération. Voici des éléments qui sont reconnus pour modifier la qualité du sommeil.

AIDE À LA QUALITÉ DU SOMMEIL	NUIT À LA QUALITÉ DU SOMMEIL
<ul><li>une routine stable (se coucher et se lever le plus possible à la même heure tous les jours)</li><li>laisser passer au moins deux heures entre le dernier repas et le coucher</li><li>être exposé au soleil durant au moins 30 minutes par jour</li><li>s'entraîner durant le jour</li><li>faire des exercices de flexibilité, de respiration ou de relaxation pour se détendre</li><li>maintenir un environnement de sommeil calme, sombre et confortable</li></ul>	<ul><li>s'entraîner en soirée, ce qui a pour certains un effet stimulant</li><li>consommer des stimulants (caféine, sucres raffinés, sodas…)</li><li>garder des appareils électroniques (ordinateur portable, cellulaire et autres appareils inutiles la nuit) près du lit</li><li>surchauffer la chambre</li><li>subir du stress</li><li>penser à son calendrier de compétitions juste avant le coucher</li></ul>

Les effets surprenants du bain glacial

La bain glacial après-course est très populaire depuis quelques années chez les coureurs élites. L'objectif est de diminuer l'inflammation et de mieux récupérer. Une étude japonaise a voulu mesurer les effets de cette pratique. Les chercheurs ont placé une jambe de chaque sujet dans un bain glacial, et ont laissé l'autre jambe à la température ambiante. Ils ont mesuré une plus grande force, une meilleure circulation et une meilleure endurance pour une des deux jambes. Laquelle? Surprise! La jambe qui avait le mieux récupéré était celle qui était restée à la température ambiante. Dur coup pour les fervents du bain glacial.

D'autres études ont donné des résultats variables. Il ressort que la meilleure option semble être le bain de 15 minutes à 10 °C. Il est vrai que l'on éprouve une sensation incroyable dans les jambes après un bain glacial. Comme si tout était nettoyé et renouvelé. Il semble malheureusement que ce ne soit pas la solution miracle tant souhaitée par les athlètes... D'autres études sont nécessaires avant de sauter à pieds joints dans le bain. Pour ce qui est de l'application de glace, on sort du volet récupération pour entrer dans le volet traitement. L'erreur commune est de penser que l'on met de la glace pour mieux récupérer, sans comprendre qu'il serait peut-être temps de diminuer l'entraînement. Finalement, en ce qui concerne l'application de chaleur, la majorité des études ont démontré que les effets ne sont pas bénéfiques pour la récupération ni pour la performance.

Les effets moins désirables des médicaments anti-inflammatoires

Qu'en est-il alors des médicaments anti-inflammatoires, utilisés par nombre de coureurs qui ressentent des inconforts ou subissent des blessures? Ces médicaments diminuent effectivement l'inflammation et procurent un soulagement. Ombre majeure au tableau cependant, il a été démontré que la prise de ces médicaments limite le processus naturel de guérison. La récupération et l'adaptation à la suite de l'entraînement en sont donc entravées. Bien qu'utiles dans le cas de blessures graves, pour contrôler une douleur vive, les médicaments anti-inflammatoires sont contre-indiqués dans la majorité des cas de blessure ou d'inconfort, et ne doivent surtout pas être pris sur une base quotidienne, à moins de recommandation de votre médecin et de problème sévère.

L'alimentation

Une bonne alimentation est à la base d'une bonne récupération. La vision classique est, tout comme pour l'entraînement, quantitative. On recommande par exemple, dans cette optique, de consommer une bonne quantité de protéines et de glucides après un effort physique, sans tenir compte de la qualité et du potentiel d'assimilation de ces aliments. C'est de ce type de postulat que naissent des publicités vantant les mérites du lait au chocolat comme boisson par excellence pour récupérer, quand un nombre important d'athlètes (70 % des adultes dans le monde) sont intolérants au lactose (sucre du lait).

La vision préconisée désormais par de plus en plus de nutritionnistes et professionnels de la santé traitant des sportifs est plus qualitative. La question

AIDENT À LA RÉCUPÉRATION	NUISENT À LA RÉCUPÉRATION
• aliments anti-inflammatoires • aliments alcalinisants (augmentent le pH du corps) • sources d'oméga-3 • glucides complexes (afin de refaire vos réserves énergétiques) • protéines (afin de reconstruire vos tissus) • fruits et légumes en grande quantité • minéraux et oligo-éléments • aliments riches en coenzyme Q10	• sucres raffinés • gras trans • alcool en grande quantité • aliments acidifiants (diminuent le pH du corps) • stimulants en grande quantité (café, thé, sodas, aliments raffinés…)

n'est plus seulement de savoir combien de calories contient un aliment, et dans quelles proportions. On s'intéresse maintenant, entre autres, à la densité nutritionnelle d'un aliment (son apport en nutriments), à son potentiel d'assimilation (car il faut qu'il soit bien assimilé à l'organisme si on veut qu'il soit utile) et à ses propriétés anti-inflammatoires ou antioxydantes.

La question de l'alimentation est vaste et complexe. Je vous conseille de consulter des professionnels qualifiés ou de lire de façon plus approfondie sur ce sujet. Comme point de départ, consultez le tableau ci-dessus. J'y propose une liste des aliments connus pour favoriser les mécanismes naturels de récupération, et d'autres connus pour entraîner l'effet contraire.

Autre élément à considérer : le temps écoulé entre la fin de l'entraînement et l'ingestion d'aliments. Après un effort, le muscle subit des changements biochimiques qui favorisent l'absorption de glycogène. Plus l'aliment est ingéré tôt, plus l'organisme en bénéficiera. Cette période de grand

potentiel de récupération est appelée «fenêtre métabolique» (*glycogen window* en anglais). Elle dure jusqu'à deux heures (six heures selon certains chercheurs). Il a été démontré que le mieux est d'ingérer un mélange de glucides et de protéines dans un ratio de 3 pour 1. Les glucides dont l'indice glycémique est faible sont à privilégier.

Finalement, la variété est aussi importante dans l'alimentation que dans l'entraînement. Plus l'alimentation est variée, plus la gamme de nutriments est vaste et plus les chances d'y trouver tous les éléments nécessaires à la récupération sont grandes. Boire le même smoothie pour coureurs tous les matins est bien, mais pourquoi ne pas varier ses ingrédients jour après jour ?

L'hydratation

L'hydratation joue un rôle important dans la récupération. Le corps a besoin de maintenir un pourcentage d'eau relativement constant afin de bien accomplir ses réactions biochimiques. Les avis divergent quant à la façon de bien s'hydrater.

Certains disent qu'il faut boire avant même d'avoir soif, tandis que d'autres rappellent que notre corps est bien fait et qu'il est inutile de boire quand nous n'avons pas soif. La soif est, selon eux, le signe fiable qui nous indique le moment de boire.

Un élément qui n'est que rarement discuté est le fait que l'on s'adapte à tout, y compris à boire très peu. Plusieurs personnes ont perdu (ou n'ont jamais eu) l'habitude de boire de l'eau et n'en ressentent jamais l'envie. Cela ne veut pas dire qu'elles ne bénéficieraient pas de boire davantage d'eau. Mon avis est qu'avant de vous fier uniquement à votre soif, vous devriez tenter, pendant une période déterminée, de vous hydrater à raison de 1 litre d'eau par jour par 40 kilogrammes (88 livres) de poids. Cela donne 1,5 litre d'eau par jour pour une personne pesant 60 kg, et 2 litres d'eau par jour pour une personne pesant 80 kg. Si vous faites une activité physique d'intensité moyenne, ajoutez 500 ml par heure, et jusqu'à 1 litre pour une activité intense ou réalisée dans des conditions chaudes. La capacité d'assimilation de l'eau étant d'environ 500 ml par heure, évitez de boire de l'eau en grande quantité d'un seul coup. Après une période de un mois à s'hydrater de cette façon, on peut alors se fier plus facilement à nos mécanismes de sensation de la soif.

Enfin, il a été démontré que la consommation de boissons glucidiques durant les efforts prolongés permet de maintenir une disponibilité de glucose dans les cellules, nécessaire à une bonne physiologie, et favorisant par la suite une meilleure récupération.

Les traitements préventifs

En tant qu'ostéopathe, je l'avoue, je suis biaisé. Je suis persuadé qu'un traitement bien adapté à la personne peut favoriser sa récupération. Pourquoi ? Principalement parce que la récupération, comme nous l'avons vu plus tôt, est un processus naturel. En traitant, nous n'accélérons pas la récupération, nous ne faisons qu'optimiser ce processus en éliminant les contraintes (blocages articulaires, tensions au niveau des muscles ou des fascias, tensions mécaniques affectant la circulation…) qui le gênent. Par ailleurs, en redonnant à chacune des articulations une bonne mobilité, en favorisant un meilleur équilibre du système nerveux et musculosquelettique (muscles et os) et en équilibrant la posture, on aide le coureur à profiter au maximum de son corps. Meilleure performance, moins de blessures ; tel est l'objectif visé.

En Oregon, au centre d'entraînement Nike Oregon Project, les coureurs dirigés par Alberto Salazar, dont les champions Mo Farah et Galen Rupp, ont accès à des thérapeutes tous les jours s'ils le veulent, tandis qu'en Afrique, vu les faibles ressources financières, l'accès est minime. De nos jours, les mentalités changent. Avant, les coureurs venaient consulter seulement quand ils étaient blessés. Maintenant, ils constatent que des consultations préventives peuvent faire une grande différence. Je vous suggère fortement de consulter un thérapeute qualifié au moins une fois par saison. Celui-ci doit bien connaître les exigences propres à la course à pied. Pour le volet musculosquelettique, ce peut être un ostéopathe, un physiothérapeute (Amérique), un kinésithérapeute (Europe), un chiropraticien ou encore un massothérapeute. Un acupuncteur peut aussi aider avec une autre approche. À vous de trouver ce qui vous convient le mieux. Une synergie entre différents thérapeutes peut être intéressante. Par exemple, certains coureurs qui me consultent voient en parallèle un massothérapeute ou un acupuncteur. Chacun sa combinaison optimale. Au niveau financier, il revient souvent moins cher de consulter préventivement que d'attendre d'être blessé et de devoir être traité régulièrement sur une longue période.

Les bas de contention

Depuis 2008 environ, les bas de contention gagnent en popularité. On dit, entre autres, qu'ils aident à la récupération, en plus de favoriser une meilleure performance. Les études à ce sujet sont jusqu'à maintenant contradictoires. À l'origine, ces bas sont utilisés pour des personnes ayant des problèmes de circulation sanguine. À ce jour, on ne peut expliquer avec exactitude l'effet des bas de contention sur le retour veineux durant le sport, pas plus qu'on ne peut en expliquer l'impact sur la circulation artérielle dans les jambes.

C'est la contraction musculaire du mollet qui active le plus le retour veineux des jambes, en plus du pompage du réseau veineux sous la plante du pied. Or, la course à pied est une activité qui favorise particulièrement ces mécanismes. On peut se demander alors pourquoi un coureur aurait besoin de bas de contention. Et pourquoi aucun cycliste ni fondeur ne porte de ces bas? J'ai rencontré un seul coureur kényan à Iten qui en portait. Il m'a avoué que c'était parce qu'il recevait une commandite du fabricant et qu'il avait besoin de cet argent, mais qu'en réalité il détestait ces bas.

Par ailleurs, le bas doit être ajusté sur mesure pour être efficace. Les bas sur le marché ne sont pas faits sur mesure pour les coureurs, comme c'est normalement le cas pour les bas à visée thérapeutique. Un élément dont on ne parle toutefois pas et qui n'est jamais mesuré : la faible compression de la jambe, laquelle pourrait éveiller les propriocepteurs situés dans cette zone. En attendant des études qui pourraient nous éclairer sur le sujet, porter ou non des bas de contention demeure un choix personnel.

La récupération active

La majorité des entraîneurs et sportifs considèrent qu'après une compétition ou un entraînement difficile, il est bénéfique de faire une petite course à faible intensité pour favoriser l'évacuation des déchets métaboliques. Ce jogging classique de 15 minutes est couramment appelé «retour au calme». Ces dernières années, plusieurs chercheurs ont remis en doute cette pratique appliquée à la course à pied. Utile principalement pour les athlètes à qui on demande des efforts intenses rapprochés (par exemple, un judoka qui doit livrer jusqu'à sept combats dans une journée contre des adversaires de plus en plus coriaces), le retour au calme sert alors à rééquilibrer le corps et à diminuer le taux de lactates, afin d'atteindre un état optimal pour le prochain effort intense. Pourtant, il est rare qu'un coureur ait à faire plusieurs efforts intenses rapprochés. De rares coureurs font parfois deux compétitions dans une même journée (un 2 km suivi d'un 10 km, par exemple).

Lorsque le coureur a une journée complète pour récupérer, il semble que le «retour au calme» n'offre pas davantage de bénéfices que le repos complet. Il pourrait même ralentir la récupération, en limitant, entre autres, le restockage du glycogène musculaire. En fait, il constituerait plutôt un entraînement supplémentaire. Il a même été démontré que des entraînements de course durant les jours suivant un marathon retardaient la récupération. En effet, plus l'entraînement (ou la compétition) est éprouvant, plus le repos complet est de mise. Sinon, on se contente de faire un entraînement à moyenne intensité le lendemain. Et immédiatement après l'effort, on laisse le corps refaire le plein d'énergie, quitte à faire un léger «retour au calme» dans le but de socialiser avec ses amis après une compétition. Et pourquoi ne pas considérer alors un court trajet à vélo, afin d'éviter les impacts supplémentaires associés à la course? Enfin, bien que le repos passif soit souvent perçu comme synonyme de ne rien faire, il faudrait plutôt parler de repos proactif, dans l'optique de chercher à favoriser la récupération par tous les moyens possibles.

Techniques de retour à l'équilibre

Les différentes techniques de relaxation, de méditation ou de respiration ont en commun qu'elles favorisent un retour à l'équilibre du système nerveux en même temps qu'une détente de la musculature. Elles amènent donc le coureur dans un état dit parasympathique, soit un état associé à la récupération, la digestion et la régénération. Elles ont ainsi une incidence directe sur la récupération, et donc sur la performance.

De nos jours, ces techniques sont encore sous-utilisées par la majorité des coureurs, bien qu'elles leur permettent de se ressourcer à plusieurs égards.

Une régulation de l'humeur, une diminution de l'anxiété, une diminution de la douleur, une diminution du stress, une augmentation de l'énergie et une régulation du taux de cortisol sont tous des effets mesurés qui peuvent avoir une influence sur la récupération. Les effets varient d'une personne à l'autre. À vous de trouver la méthode qui vous convient.

Certains chercheurs attribuent plusieurs de ces mêmes effets positifs à des activités dites bénéfiques pour l'esprit. Celles-ci varient d'un individu à l'autre. Certains, comme Devon Kershaw, l'un des meilleurs fondeurs au monde, se relaxent en jouant de la guitare. D'autres préfèrent lire, peindre, écouter de la musique ou se cuisiner un bon repas. Toutes ces activités peuvent contribuer à une bonne récupération mentale, laquelle est aussi importante que la récupération physique.

Chacun sa capacité de récupération

La capacité de récupération varie d'un individu à un autre. Ainsi, deux coureurs s'entraînant ensemble peuvent livrer des performances comparables, mais récupérer différemment. Le coureur ayant une moins bonne capacité de récupération pourra s'entraîner à une moins grande fréquence que l'autre coureur. En bout de ligne, les meilleurs athlètes sont ceux qui arrivent à récupérer le plus rapidement et le plus efficacement.

EN RÉSUMÉ, VOICI QUELQUES PISTES POUR MIEUX RÉCUPÉRER :

✳ LAISSEZ FAIRE LES PROCESSUS NATURELS DE RÉCUPÉRATION.

✳ ÉVITEZ LES MÉDICAMENTS ANTI-INFLAMMATOIRES SUR UNE BASE PROLONGÉE.

✳ PRIVILÉGIEZ LES ALIMENTS ANTI-INFLAMMATOIRES, ALCALINISANTS, LES GLUCIDES COMPLEXES, LES PROTÉINES ET LES VRAIS ALIMENTS NON TRANSFORMÉS.

✳ ÉVITEZ LES SUCRES RAFFINÉS, LES GRAS TRANS, LES ALIMENTS ACIDIFIANTS, L'ALCOOL OU LES STIMULANTS EN GRANDE QUANTITÉ.

✳ DORMEZ SUFFISAMMENT ET BIEN, EN ALLONGEANT VOTRE TEMPS DE SOMMEIL EN FONCTION DE VOTRE ENTRAÎNEMENT.

✳ FAITES-VOUS SUIVRE PAR UN OU DES THÉRAPEUTE(S), EN PRÉVENTION.

✳ INCORPOREZ UNE MÉTHODE DE MÉDITATION, DE RELAXATION OU DE RESPIRATION DANS VOTRE ROUTINE.

✳ INCORPOREZ DES ACTIVITÉS BÉNÉFIQUES POUR VOTRE ESPRIT.

6

L'ENTRAÎNEMENT DU COUREUR

LES GRANDS PRINCIPES

L'entraînement est une science complexe. Un bon programme d'entraînement doit tenir compte d'une foule de variables, de la condition physique du coureur à sa capacité de récupération, en passant par son horaire et ses buts spécifiques. Il existe plusieurs programmes accessibles sur Internet, dans des revues ou dans des bouquins: Un programme d'entraînement préparé sur mesure par un entraîneur qualifié est habituellement l'idéal. Cependant, comprendre pourquoi on choisit un programme, quel qu'il soit, et savoir comment le modifier fait le plus souvent la différence entre de bons et de moins bons résultats. Voici les principes les plus importants.

ENTRAÎNEZ-VOUS
À UNE FRÉQUENCE ADÉQUATE

La fréquence est le nombre d'entraînements exécutés dans une période donnée, une semaine en général. Elle est le déterminant le plus important pour améliorer votre condition physique. Si vous avez le choix entre courir une heure deux fois par semaine, ou 30 minutes quatre fois par semaine, il est préférable d'y aller pour la deuxième option. Pour espérer une amélioration, une fréquence de trois entraînements par semaine est un minimum. À deux fois par semaine, on maintient les acquis. À une fois par semaine, on le fait uniquement pour le plaisir (ou autre raison personnelle), on ne réalisera pas de gains significatifs.

Il est important de comprendre que la courbe de croissance des gains attribuables à l'entraînement diminue au fur et à mesure que vous augmentez la fréquence de celui-ci. S'entraîner six fois par semaine n'est donc pas deux fois plus profitable que s'entraîner trois fois par semaine. Par ailleurs, les risques de blessure augmentent exponentiellement quand on augmente la fréquence de l'entraînement, surtout si on le fait rapidement. Pour la majorité des gens, s'entraîner six fois par semaine amène ainsi de bons résultats, mais augmente les risques de blessure. À long terme, ce n'est donc pas toujours la bonne solution. Il faut arriver à trouver votre fréquence optimale. Pour certains, trois entraînements par semaine est l'idéal. Pour d'autres,

LES SIGNES DU SURENTRAÎNEMENT

En cas de surentraînement, le corps se déconstruit plus qu'il ne se construit. Tous vos systèmes vous envoient des signaux afin de vous avertir que vous en faites trop et que le corps n'arrive pas à récupérer adéquatement. Les principaux signes sont les suivants :

- fatigue persistante ;
- maux de gorge ;
- baisse d'appétit ;
- baisse de libido ;
- sensation de sommeil non récupérateur ;
- envie de dormir plus longtemps ou difficulté à dormir ;
- plus de difficulté à réaliser les entraînements ;
- contre-performances lors des compétitions ;
- sensation de jambes lourdes ;
- manque d'entrain et de dynamisme ;
- mauvaise humeur ou tendance dépressive ;
- anxiété ;
- diminution de la capacité de concentration ;
- courbatures ou inconforts musculaires ;
- problèmes de sinus ;
- tendance à être malade souvent ;
- aménorrhée (arrêt des menstruations) ou dysménorrhée (problèmes menstruels) ;
- fréquence cardiaque au repos plus élevée ou plus basse (de 10 % et plus).

Si vous avez plusieurs de ces symptômes et que vous vous entraînez beaucoup, il se peut que vous soyez surentraîné. Les deux signes les plus fiables demeurent la baisse de performance et l'altération de l'humeur. La meilleure chose à faire est alors de prendre un repos complet prolongé. Normalement, on ne perd pas d'acquis à cause d'une période de repos de cinq jours et moins. Dans certains cas, un repos complet de deux semaines, voire jusqu'à un mois, est nécessaire. L'intensité et le volume d'entraînement doivent être diminués de 50 % et augmentés graduellement pendant une période allant jusqu'à six mois. Si la fatigue est importante, consultez un médecin, qui fera un bilan sanguin. Enfin, il ne faut pas oublier que surentraînement rime avec sous-récupération.

six convient très bien et leur permet de performer à un plus haut niveau. Comme nous l'avons vu plus tôt, certains athlètes arrivent même à s'entraîner trois fois par jour, six jours par semaine, pour une fréquence de 18 entraînements par semaine !

En règle générale, une fréquence de 3 à 5 fois par semaine donne le maximum de résultats pour un risque minimum de blessure. Il faut ajouter qu'on parle ici d'entraînements de course à pied. Si ceux-ci sont combinés à d'autres types d'entraînement, il est possible de modifier la fréquence. Nous en reparlerons plus loin. Sachez qu'il est préférable d'en faire un peu moins qu'un peu trop. Si vous en faites trop, la performance diminuera au lieu d'augmenter, et ce, au prix de plus grands efforts. Voulez-vous vraiment mettre tant d'énergie pour si peu de résultats ? Même si vos objectifs sont élevés, il faut absolument éviter le surentraînement. Plusieurs athlètes expérimentent ce phénomène et en paient le prix. Ne vous comparez pas aux coureurs professionnels. Leur réalité est bien différente de celle de la majorité des gens. Avant de penser à vous livrer à deux entraînements par jour, demandez-vous si le jeu en vaut la chandelle.

Deux athlètes d'endurance sur trois sont touchés par les conséquences du surentraînement durant leur carrière. Les entraînements par intervalles (à intensité élevée) et les entraînements continus de longue durée sont le plus susceptibles de surtaxer l'organisme. À cela il faut ajouter les entraînements en descente, lesquels amènent des contractions excentriques (allongement du muscle durant la contraction) et sont associés à de plus grandes quantités de microlésions musculaires. En cas d'inconforts, ce sont les premiers entraînements à modifier ou à enlever.

Finalement, accordez-vous une journée complète de repos par semaine. Tous les coureurs, même les meilleurs, en ont besoin afin de recharger leurs piles. Si vous êtes de ceux qui sont incapables de laisser passer une journée sans courir, posez-vous des questions. La persistance est une qualité, mais assurez-vous de ne pas tomber du côté de la bigorexie, un problème de dépendance au sport plus répandu que l'on pourrait le croire. Même les sportifs amateurs peuvent en souffrir. Une étude a mesuré que près de 50 % des sportifs de haut niveau avaient des problèmes psychopathologiques. Certains coureurs se vantent de courir chaque jour, coûte que coûte. Ils devraient peut-être penser à consulter un psychologue pour s'assurer de l'intégrité de leur santé psychologique. Après tout, santé physique va de pair avec santé mentale.

PENSEZ « SPÉCIFIQUE »

Les coureurs ne passent habituellement pas assez de temps à s'entraîner à l'intensité de course qu'ils visent. Par exemple, un coureur projette de courir un marathon en 3 heures 45 minutes, ce qui signifie courir à une allure moyenne de 5 minutes 20 secondes par kilomètre. Pour s'entraîner, il fait de longues sorties à 6 minutes par kilomètre et des entraînements par intervalles à 4 minutes 30 secondes par kilomètre. Au moment du marathon, son corps n'est aucunement habitué à maintenir longtemps un effort de 5 minutes 20 secondes par kilomètre. C'est un exemple typique d'entraînement inadéquat. Autre exemple : un coureur veut passer sous la barre des 20 minutes pour le 5 kilomètres. Cela signifie maintenir une allure de 4 minutes par kilomètre pendant 20 minutes. S'il s'entraîne pendant 30 à 60 minutes quatre fois par semaine à raison de 5 minutes par kilomètre, encore une fois, nous avons affaire à un mauvais entraînement. Même si ce coureur s'améliore et qu'il réussit à faire son parcours en 57 minutes au lieu de 60, en aucun cas son corps n'est adapté à maintenir la vitesse visée pour le 5 kilomètres. Plusieurs des meilleurs entraîneurs (Renato Canova, par exemple) ont compris cela, et leurs athlètes passent beaucoup de temps à courir aux intensités visées pour les compétitions. Les entraînements par intervalles, entre autres, ont l'avantage de permettre de passer un maximum de temps à courir aux vitesses spécifiques aux compétitions.

Si vous prévoyez quelques compétitions de 5 kilomètres au printemps, puis un demi-marathon en septembre, il faut que vos entraînements comportent des périodes allouées aux intensités spécifiques à ces courses. Cela voudra dire plus d'entraînements à vitesse 5 kilomètres durant l'hiver et le printemps, et plus d'entraînements à vitesse demi-marathon durant l'été. Pour savoir à quelle intensité vous entraîner, il suffit de prendre votre meilleure performance sur une distance donnée et de regarder la table de temps et de vitesse de course (voir p. 160). Les programmes d'entraînement présentés dans ce chapitre ont été élaborés en fonction de cette spécificité.

VARIEZ VOS ENTRAÎNEMENTS

Courir 40 minutes quatre fois par semaine sur le même parcours à la même vitesse donne bien sûr des résultats, mais ce n'est assurément pas la meilleure façon de s'entraîner. Si le corps reçoit toujours les mêmes stimuli, il s'adapte au début et, après un certain temps, il atteint un plateau. On constate ce phénomène avec tous les types de stimuli, comme l'enseignement par exemple. C'est pourquoi s'adonner à des entraînements de différents types, intensités et durées est si important. En recevant des stimuli variés, le corps s'adapte sans cesse, avec en bout de ligne plus de résultats. Il n'existe pas de meilleur entraînement au monde. Comme en alimentation, c'est la combinaison de plusieurs éléments différents qui devient intéressante. Voici la liste des principaux paramètres variables.

- *L'intensité :* le paramètre le plus important à varier.

- *La durée :* un paramètre important, principalement si vous visez des courses d'endurance ou une amélioration de votre capacité aérobie.
- *Le type :* l'entraînement continu et par intervalles sollicitent le corps de façon différente.
- *Le moment :* le moment de la journée peut faire une différence. Si vous vous entraînez toujours à 17 h, votre corps ne sera pas adapté à fournir un effort élevé lors d'une compétition à 7 h le matin.
- *La surface :* il est important de varier la surface sur laquelle vous vous entraînez (terre battue, terre, gazon, piste d'athlétisme, asphalte, béton, tapis de feuilles en forêt…).
- *L'inclinaison :* courez sur le plat, mais aussi en montée, en descente, en tournant, en montant des escaliers, et vous deviendrez plus polyvalent.
- *L'altitude :* pour ceux qui peuvent se le permettre, s'entraîner à des altitudes différentes peut favoriser une meilleure adaptation.
- *L'accompagnement :* courir seul, à deux ou en groupe modifie considérablement la dynamique. Essayez de varier aussi cet élément.

COMBINEZ ENTRAÎNEMENT CONTINU ET ENTRAÎNEMENT PAR INTERVALLES

Certains ne jurent que par les entraînements par intervalles, constitués de périodes alternant vitesse élevée et vitesse lente. Il est vrai que ce type d'entraînement donne des résultats très intéressants. Il est essentiel d'inclure ce type d'entraînement dans tout programme. L'entraînement continu, comme son nom l'indique, consiste à maintenir une vitesse relativement constante pendant une certaine durée. Tout programme devrait aussi inclure ce type d'entraînement. L'idéal est donc d'avoir une juste proportion de ces deux éléments. Les avis divergent, mais plusieurs entraîneurs penchent vers un ratio de un tiers en intervalles et deux tiers en continu.

AUGMENTEZ GRADUELLEMENT ET DIMINUEZ PARFOIS

La charge d'entraînement globale doit être augmentée graduellement. On parle normalement de la loi du 10 %, même si celle-ci est mise en doute par nombre d'entraîneurs et de spécialistes. Une étude arrive même à la conclusion que respecter cette loi ne change en rien l'incidence des blessures. De là à dire qu'elle est à ranger sur le rayon bien rempli des mythes concernant l'entraînement, je suis d'avis qu'il faut plutôt la considérer à titre indicatif. Parfois, il est mieux d'augmenter de plus de 10 %, d'autres fois il est préférable d'y aller de façon plus conservatrice. Le mieux est d'être à l'écoute de son corps. Le grand champion Haile Gebreselassie a toujours décidé de ses entraînements selon son état du moment. Il ne suit aucune loi, sauf celle de s'écouter attentivement. Il a bien sûr un plan d'entraînement, mais ne le suit pas de façon rigide.

Aucun coureur n'arrive à augmenter son niveau d'entraînement et de performance à l'infini. Si vous essayez d'y arriver, vous devrez diminuer tôt ou tard votre charge d'entraînement, en plus de risquer de vous blesser ou de vous surentraîner. Il importe alors de vous réserver des périodes où vous diminuez votre charge d'entraînement. Une façon facile et efficace de vous assurer une bonne progression est de diminuer l'entraînement d'environ 10 % pendant une semaine par mois, et ce, même quand vous sentez que vous pourriez en faire plus. Cette façon de faire conservatrice donne habituellement à la longue de très bons résultats. En cas de fatigue physique ou mentale élevée, une bonne stratégie est de diminuer l'entraînement de 50 % pendant une semaine, et de s'en tenir à ce régime, même si vous sentez que vous pourriez en faire plus.

Finalement, il est nécessaire de prendre, une fois l'an, un repos complet de course. La durée de ce repos varie selon les coureurs. Deux semaines sont le minimum conseillé. Les coureurs kényans prennent souvent jusqu'à deux mois de repos complet par année. Ce repos est bénéfique, aussi bien pour le corps que pour l'esprit.

CONCENTREZ-VOUS SUR LES ENTRAÎNEMENTS CLÉS

Peu importe le nombre d'entraînements auxquels vous vous livrez en une semaine, certains sont plus importants que d'autres et ont plus d'incidence sur les résultats. On les appelle «entraînements clés». Si vous vous entraînez trois fois par semaine, votre programme doit compter deux entraînements clés. Pour quatre, cinq ou six entraînements par semaine, trois entraînements clés sont nécessaires. Il suffit donc de deux ou trois entraînements clés pour obtenir des résultats significatifs.

Les entraînements clés sont les entraînements par intervalles et les entraînements continus plus longs. Les entraînements d'autres types sont destinés à ajouter du kilométrage, à permettre une récupération entre les entraînements plus difficiles, ainsi qu'à améliorer la capacité cardiovasculaire. Dans un monde idéal, tout coureur arriverait à suivre son programme en entier. Dans la réalité, la majorité des coureurs doivent ajuster leur programme pour une raison ou une autre. Si vous devez enlever des entraînements, enlevez ceux qui ne sont pas des entraînements clés et concentrez-vous sur ceux-ci.

Dans les programmes qui suivent, ils apparaissent en **bleu**.

Voyons un exemple concret. Un coureur s'entraîne six fois par semaine. Pour certaines raisons, il doit diminuer sa fréquence à trois fois par semaine pendant deux semaines. S'il fait ses trois entraînements clés à chacune de ces semaines, il obtiendra pratiquement d'aussi bons résultats qu'en s'entraînant à sa fréquence normale. S'il fait plutôt ses entraînements d'autres types, que nous appellerons «non clés», il obtiendra des résultats inférieurs.

Il faut également s'assurer d'avoir un bon niveau d'énergie pour s'adonner à un entraînement clé. Le succès de l'entraînement en dépend. Si, pendant une semaine normale, vous avez plus d'énergie durant certaines journées, livrez-vous aux entraînements clés le plus possible ces jours-là. Un coureur venu me consulter faisait ses intervalles le jeudi ; ce jour-là, il étudiait toute la journée et travaillait le soir. Il était donc loin d'être frais et dispos au moment de s'entraîner ! Il effectuait ensuite son entraînement continu d'endurance le samedi, la journée de la semaine où il ressentait le plus de fatigue. Il suivait à la lettre son programme, dans lequel il s'avérait que les entraînements étaient ainsi disposés. Nous avons effectué un simple changement de cases horaires. Il ferait désormais ses intervalles le vendredi midi, journée d'étude plus calme pour lui, et son entraînement continu d'endurance le dimanche, sa meilleure journée de la semaine en ce qui concernait l'énergie. Avec le même entraînement légèrement modifié, cet athlète a commencé à obtenir des résultats significatifs, au lieu de plafonner comme avant.

On ne peut pas être «au top» en tout temps. Soyez à votre meilleur pour vos entraînements clés, et les résultats seront au rendez-vous.

INTÉGREZ L'ENTRAÎNEMENT CROISÉ

Je suis d'avis que l'entraînement croisé (appelé *cross-training* en anglais), principe selon lequel on alterne la course et d'autres types d'entraînement, est sous-utilisé. Certains coureurs n'aiment que courir ; ils n'ont pas d'intérêt pour les autres sports ou ne se sentent bien que lorsqu'ils courent. Ils auraient intérêt à intégrer, ne serait-ce qu'un peu, d'autres disciplines. Les raisons sont nombreuses.

Premièrement, courir n'est pas une activité complète en soi. Elle ne sollicite que peu le haut du corps et comporte très peu de mouvements latéraux. Les mouvements associés à la course à pied sont toujours les mêmes. Pour un bon équilibre musculaire, il est souhaitable de combiner la course à des activités qui viennent combler ce déséquilibre, comme le patin à roues alignées (qui sollicite plus les mouvements latéraux), le ski de fond (haut du corps et mouvements latéraux pour le style patin), la rame ou la machine à ramer (haut du corps et abdominaux), la natation (haut du corps) ou l'elliptique (haut du corps). L'*elliptigo*, sorte de vélo avec mouvement elliptique hybride entre la course et le vélo, est apparu récemment sur le marché et représente une alternative intéressante.

Deuxièmement, la course est une activité qui comporte des impacts répétés. Consacrer une partie de l'entraînement cardiovasculaire à des activités sans impact peut vous aider à préserver votre machine. Aux activités mentionnées plus haut s'ajoute alors le vélo. L'aqua-jogging, course dans l'eau avec flotteurs, est pratiqué par certains coureurs souhaitant reproduire le mouvement de la course, sans les impacts qui y sont inhérents.

Avec toutes ces activités, vous pouvez atteindre des fréquences cardiaques comparables à celles atteintes durant la course. La sollicitation du système cardiovasculaire est donc à peu près la même.

Troisièmement, l'entraînement croisé est très utile en cas d'inconfort ou de blessure. Il vous permet de maintenir votre forme et de recommencer la course graduellement, en respectant les limites de votre corps. J'ai vu des coureurs battre leur record personnel quelques semaines après une période d'entraînement croisé. Ils avaient continué à développer leur cardio, en permettant à leur corps de se reposer des impacts répétés.

Finalement, grâce à l'entraînement croisé, vous pourrez développer davantage votre endurance. J'utilise avec certains athlètes une combinaison de course et de vélo afin de maximiser le travail en endurance tout en respectant les limites mécaniques du corps. Au lieu d'un long entraînement classique de 30 km de course à pied, on peut par exemple combiner 25 km de course et 35 km de vélo, pour une durée totale approchant celle d'un marathon à la course à pied. Ce genre de combinaison a l'avantage d'améliorer l'endurance fondamentale et de favoriser un meilleur recrutement des réserves énergétiques, tout en réduisant les impacts liés à la course à pied. Si vous intégrez une activité d'entraînement croisé, faites-le en premier lieu pour les entraînements non clés. Les entraînements clés doivent être remplacés seulement en cas d'inconfort ou de blessure limitant la course à pied. En règle générale, vous pouvez doubler la durée d'entraînement prévue, puisque vous soumettez alors votre corps à une quantité moindre d'impacts.

TENEZ COMPTE DE L'ENSEMBLE DE VOS ÉLÉMENTS STRESSANTS

L'existence est remplie d'éléments stressants, et l'entraînement en fait partie. L'entraînement constitue un stress qui fatigue le corps. Une réponse adéquate à ce stress est nécessaire afin que le corps s'adapte et devienne plus performant. Par ailleurs, l'entraînement permet d'évacuer le stress, ce qui en bout de ligne tend à nous équilibrer. Toutefois, tous les entraînements n'ont pas cet effet. Une course à une intensité facile est souvent une excellente façon d'évacuer le stress vécu au travail. Mais un entraînement intense ou très long constitue la plupart du temps un stress supplémentaire.

Plusieurs personnes suivent un entraînement sans réaliser qu'elles doivent adapter leur programme en fonction des stress vécus. Il faut savoir que le stress, tous types confondus, peut à la longue épuiser les ressources d'une personne. Selon Sonia Lupien, Ph. D., tout élément nouveau, imprévu, amenant une atteinte à l'ego ou une sensation de perte de contrôle est susceptible de déclencher une réponse de stress. Si vous vivez de telles situations, sachez que votre corps doit répondre au stress. À court terme, le corps arrive à résister. À long terme, vous courez le risque de vous épuiser.

Trop de coureurs vivent des situations personnelles (déménagement, rupture amoureuse, nouveau travail, relations difficiles avec des collègues, deuil, perte d'emploi, départ à la retraite…) sans ajuster leur entraînement. Ils suivent leur programme coûte que coûte. Certains voient même leur entraînement comme une bouée de sauvetage. En cas de périodes plus stressantes, vous devez ajuster votre entraînement à la baisse. Dans ce cas, pensez à diminuer l'intensité et la durée des entraînements, mais maintenez-en la fréquence. Utilisez alors l'entraînement afin de vous aider à évacuer le stress. Et ne vous culpabilisez pas s'il vous est impossible de vous livrer à un entraînement hyper intense, quand vous avez commencé un nouvel emploi quelques jours auparavant ou que vous êtes nouvellement parent.

Donnez-vous une chance, ne vous en rajoutez pas trop sur les épaules. Peu importe les éléments stressants, votre façon de réagir en fonction de la situation déterminera votre réponse au stress. Ainsi, deux personnes placées devant une même situation ne réagiront pas de la même manière. Pour un coureur, prendre conscience des éléments potentiellement stressants est déjà une façon de diminuer sa réaction au stress, en retrouvant une certaine sensation de contrôle.

Au moment de planifier votre saison de compétition (si tel est le cas), tenez compte des éléments potentiellement stressants. Si, par exemple, vous prévoyez commencer un nouveau travail et déménager au début du mois de septembre, planifiez de diminuer l'entraînement durant cette période. Le marathon de Chicago, au mois d'octobre, n'est donc pas une bonne idée, car pour vous y préparer adéquatement, vous devriez être capable de faire de longues sorties en plein dans votre période de grand stress. L'entraînement effectué au cours des deux mois précédant une compétition est crucial. Certains éléments stressants ne peuvent être prévus d'avance, d'autres oui. Tenez-en compte.

PENSEZ QUALITÉ AVANT QUANTITÉ

S'entraîner fort, longtemps et intensivement ne donne pas nécessairement les meilleurs résultats. Penser à bien vous entraîner et à vous occuper de vous, telle est la clé pour arriver à courir avec plaisir et à obtenir de bons résultats. Il faut cesser de penser principalement à la quantité et plutôt se concentrer sur la manière : Comment vous sentez-vous ? Comment courez-vous ? Cela nécessite une bonne capacité d'écoute de vos sensations. Si vous suivez machinalement un programme sans vous écouter, et que vous continuez à courir blessé ou fatigué, vous ne pourrez profiter à fond de la course. Un bon entraînement intense peut être source d'une énorme satisfaction s'il est bien fait. Mais si vous avez l'impression de toujours subir votre entraînement, il faut changer de piste. Si vous pensez qualité, la quantité viendra naturellement. L'inverse est impossible.

En résumé, suivez ces pistes pour mieux vous entraîner.

- Courez de 3 à 6 fois par semaine.
- Accordez-vous toujours au moins une journée de repos par semaine.
- Faites des entraînements spécifiques aux vitesses de course visées.
- Variez vos entraînements.
- Combinez entraînements par intervalles et entraînements continus.
- Augmentez graduellement et diminuez parfois.
- Consacrez principalement votre énergie aux entraînements clés.
- Faites au moins un peu d'entraînement croisé.
- Sachez ajuster votre entraînement en fonction de votre stress.
- Soyez attentif aux signaux de surentraînement ou de sous-récupération.
- Pensez toujours qualité avant quantité.

LES PROGRAMMES D'ENTRAÎNEMENT

COMPOSER SON PROGRAMME

Dans cette section, vous trouverez tout ce qu'il faut pour établir un programme d'entraînement sur mesure selon votre expérience, votre objectif et votre vitesse de course. Vous pourrez en tout temps revoir votre programme en fonction de vos variations de performance et de vos nouveaux objectifs. Pour composer votre programme d'entraînement, complétez dans l'ordre les étapes suivantes :

1 - Évaluez votre expérience de course.

Si vous souhaitez commencer à courir, consultez le programme d'initiation à la course à pied (p. 164). Si vous courez déjà, passez à l'étape 2.

Avant de commencer un programme pour une distance donnée, vous devriez être capable de compléter un mois d'entraînement complet aux fréquences et durées moyennes suivantes :

Distance visée	Fréquence d'entraînement	Durée moyenne d'entraînement
5 km	3 x/semaine	30 minutes
10 km	3 x/semaine	40 minutes
21,1 km	4 x/semaine	40 minutes
42,2 km	4 x/semaine	50 minutes

Durée d'entraînement requise pour passer d'une distance à une autre :
- du 5 km au 10 km : 4 à 6 mois
- du 10 km au demi-marathon : 6 à 9 mois
- du demi-marathon au marathon : 12 mois

2 - Définissez votre objectif de distance.

Les programmes proposés couvrent les distances les plus communes (5 km, 10 km, demi-marathon et marathon). Fixez-vous un objectif réaliste : il est recommandé d'être confortable avec une plus courte distance et d'avoir amélioré son endurance avant de passer à un trajet plus long.

3 - Définissez votre objectif de temps.
OPTION A : VOUS SOUHAITEZ AMÉLIORER VOTRE TEMPS SUR UNE DISTANCE À LAQUELLE VOUS ÊTES DÉJÀ HABITUÉ

Fixez-vous un objectif de temps pour la distance voulue. Soyez réaliste : une amélioration de 2 à 5 % de votre meilleur temps est recommandée.

Dans le tableau des pages 160-161, repérez ce temps dans la colonne correspondant à votre objectif de distance, et notez le numéro de la ligne du tableau qui y correspond. Par exemple, si vous souhaitez compléter le 10 km en 42 minutes, notez la ligne 11.

Distance		Récupération	Endurance fondamentale	42,2 km (Marathon)	21,1 km (Demi-marathon)	10 km	5 km	3 km
	Vitesse spécifique (V)	VR	VE	V42	V21	V10	V5	V3
11	Temps :			3:20:00	1:34:00	0:42:06	0:20:13	0:11:31
	Vitesse :	5m40s/km	5m12s/km	4m45s/km	4m27s/km	4m13s/km	4m03s/km	3m50s/km

OPTION B : VOUS SOUHAITEZ CONNAÎTRE VOTRE TEMPS CIBLE POUR UNE NOUVELLE DISTANCE DE COURSE

Dans le tableau des pages 160-161, repérez le temps qui se rapproche le plus de votre niveau de performance actuel sur votre distance habituelle, et notez le numéro de la ligne du tableau qui y correspond. Par exemple, si votre meilleur temps sur 10 kilomètres est de 42 minutes, notez la ligne 11.

Sur cette même ligne se trouvent, correspondant à votre niveau de performance, vos temps et vitesses cibles pour les autres distances de course les plus communes. Par exemple, si votre meilleur temps sur 10 kilomètres se trouve à la ligne 11, avec un entraînement approprié, vous pourriez viser de compléter un marathon en 3 heures 20 minutes.

4 - Repérez vos vitesses cibles d'entraînement

Sur la ligne que vous avez notée à l'étape 3 se trouvent les différentes vitesses cibles qui feront partie de votre programme d'entraînement. Reportez toutes ces vitesses à la page du programme qui correspond à vos objectifs (voir p. 166-183). Par exemple, si vous aviez noté la ligne 11 à l'étape précédente, retranscrivez vos vitesses selon l'exemple ci-dessous.

QUE FAIRE SI JE NE CONNAIS PAS MON TEMPS DE COURSE ?

Si vous n'avez jamais fait de compétition et que vous ne disposez pas d'un temps de référence, évaluez-vous sur une distance inférieure à votre objectif, en courant à une vitesse constante maximale. Plus vous évaluez votre temps sur une distance près de votre objectif, plus il sera fiable afin de déterminer vos vitesses cibles d'entraînement. Par exemple, si votre objectif est de faire une première compétition de 5 kilomètres, faites un test sur 3 kilomètres. Si votre objectif est de courir un demi-marathon, utilisez un temps sur au moins 5 kilomètres ou, idéalement, sur 10 kilomètres.

ALLURE = VITESSE ?

L'**allure** est mesurée en min/km, alors que la **vitesse** est mesurée en km/h (ou km/min). Par souci de conformité avec l'usage courant, le terme « vitesse » a été systématiquement substitué à « allure » dans ce chapitre. Il en est de même pour **VR, VE, V42, V21, V10, V5** et **V3**, qui désignent des allures de course.

VR Vitesse de récupération	VE Vitesse d'endurance fondamentale	V42 Vitesse du marathon	V21 Vitesse du demi-marathon	V10 Vitesse du 10 km	V5 Vitesse du 5 km	V3 Vitesse du 3 km
5m40s/km	5m12s/km	4m45s/km	4m27s/km	4m13s/km	4m03s/km	3m50s/km

TABLEAU DES TEMPS ET VITESSES DE COURSE SELON LA DISTANCE

Distance		Récupération	Endurance fondamentale	42,2 km (Marathon)	21,1 km (Demi-marathon)	10 km	5 km	3 km
Vitesse spécifique (**V**)		**VR**	**VE**	**V42**	**V21**	**V10**	**V5**	**V3**
1	Temps : Vitesse :	 4m35s/km	 4m10s/km	2:30:00 3m33s/km	1:10:05 3m19s/km	0:31:35 3m10s/km	0:15:21 3m04s/km	0:08:38 2m53s/km
2	Temps : Vitesse :	 4m41s/km	 4m15s/km	2:35:00 3m41s/km	1:12:51 3m27s/km	0:32:38 3m15s/km	0:15:40 3m08s/km	0:08:56 2m59s/km
3	Temps : Vitesse :	 4m48s/km	 4m21s/km	2:40 :00 3m48s/km	1:15:12 3m34s/km	0:33:41 3m22s/km	0:16:10 3m14s/km	0:09:13 3m04s/km
4	Temps : Vitesse :	 4m55s/km	 4m28s/km	2:45:00 3m55s/km	1:17:33 3m41s/km	0:34:44 3m28s/km	0:16:46 3m21s/km	0:09:31 3m10s/km
5	Temps : Vitesse :	 5m02s/km	 4m35s/km	2:50:00 4m02s/km	1:19:54 3m47s/km	0:35:48 3m35s/km	0:17:11 3m26s/km	0:09:47 3m16s/km
6	Temps : Vitesse :	 5m08s/km	 4m41s/km	2:55:00 4m09s/km	1:22:15 3m54s/km	0:36:51 3m41s/km	0:17:41 3m32s/km	0:10:05 3m22s/km
7	Temps : Vitesse :	 5m14s/km	 4m47s/km	3:00:00 4m16s/km	1:24:36 4m01s/km	0:37:54 3m47s/km	0:18:12 3m38s/km	0:10:22 3m27s/km
8	Temps : Vitesse :	 5m21s/km	 4m54s/km	3:05:00 4m23s/km	1:26:57 4m07s/km	0:38:57 3m54s/km	0:18:42 3m44s/km	0:10:40 3m33s/km
9	Temps : Vitesse :	 5m28s/km	 5m00s/km	3:10:00 4m30s/km	1:29:18 4m14s/km	0:40:00 4m00s/km	0:19:12 3m50s/km	0:10:57 3m39s/km
10	Temps : Vitesse :	 5m34s/km	 5m06s/km	3:15:00 4m38s/km	1:31:40 4m21s/km	0:41:04 4m06s/km	0:19:43 3m57s/km	0:11:14 3m45s/km
11	Temps : Vitesse :	 5m40s/km	 5m12s/km	3:20:00 4m45s/km	1:34:00 4m27s/km	0:42:06 4m13s/km	0:20:13 4m03s/km	0:11:31 3m50s/km
12	Temps : Vitesse :	 5m47s/km	 5m19s/km	3:25:00 4m52s/km	1:36:21 4m34s/km	0:43:10 4m19s/km	0:20:43 4m09s/km	0:11:49 3m56s/km
13	Temps : Vitesse :	 5m53s/km	 5m25s/km	3:30:00 4m59s/km	1:38:42 4m41s/km	0:44:13 4m25s/km	0:21:12 4m14s/km	0:12:06 4m02s/km
14	Temps : Vitesse :	 6m00s/km	 5m32s/km	3:35:00 5m06s/km	1:41:06 4m48s/km	0:45:16 4m32s/km	0:21:44 4m21s/km	0:12:23 4m08s/km
15	Temps : Vitesse :	 6m07s/km	 5m38s/km	3:40:00 5m13s/km	1:43:24 4m54s/km	0:46:19 4m38s/km	0:22:14 4m27s/km	0:12:40 4m13s/km
16	Temps : Vitesse :	 6m14s/km	 5m45s/km	3:45:00 5m20s/km	1:45:45 5m01s/km	0:47:23 4m44s/km	0:22:44 4m33s/km	0:12:58 4m19s/km
17	Temps : Vitesse :	 6m20s/km	 5m51s/km	3:50:00 5m27s/km	1:48:06 5m08s/km	0:48:26 4m51s/km	0:23:16 4m39s/km	0:13:15 4m25s/km
18	Temps : Vitesse :	 6m27s/km	 5m57s/km	3:55:00 5m34s/km	1:50:27 5m14s/km	0:49:29 4m57s/km	0:23:45 4m45s/km	0:13:32 4m31s/km

Distance		Récupération	Endurance fondamentale	42,2 km (Marathon)	21,1 km (Demi-marathon)	10 km	5 km	3 km
Vitesse spécifique (V)		VR	VE	V42	V21	V10	V5	V3
19	Temps : Vitesse :	6m33s/km	6m04s/km	4:00:00 5m42s/km	1:52:48 5m21s/km	0:50:31 5m05s/km	0:24:16 4m51s/km	0:13:50 4m37s/km
20	Temps : Vitesse :	6m39s/km	6m10s/km	4:05:00 5m49s/km	1:55:09 5m28s/km	0:51:36 5m10s/km	0:24:45 4m57s/km	0:14:06 4m42s/km
21	Temps : Vitesse :	6m45s/km	6m16s/km	4:10:00 5m56s/km	1:57:30 5m34s/km	0:52:38 5m16s/km	0:25:16 5m03s/km	0:14:24 4m48s/km
22	Temps : Vitesse :	6m51s/km	6m23s/km	4:15:00 6m03s/km	1:59:51 5m41s/km	0:53:42 5m22s/km	0:25:46 5m09s/km	0:14:42 4m54s/km
23	Temps : Vitesse :	6m57s/km	6m29s/km	4:20:00 6m10s/km	2:02:12 5m48s/km	0:54:45 5m28s/km	0:26:17 5m15s/km	0:14:59 5m00s/km
24	Temps : Vitesse :	7m04s/km	6m36s/km	4:25:00 6m17s/km	2:04:33 5m54s/km	0:55:48 5m35s/km	0:26:48 5m22s/km	0:15:16 5m05s/km
25	Temps : Vitesse :	7m10s/km	6m42s/km	4:30:00 6m24s/km	2:06:51 6m01s/km	0:56:51 5m41s/km	0:27:18 5m28s/km	0:15:33 5m11s/km
26	Temps : Vitesse :	7m16s/km	6m48s/km	4:35:00 6m31s/km	2:09:15 6m08s/km	0:57:54 5m47s/km	0:27:48 5m34s/km	0:15:50 5m17s/km
27	Temps : Vitesse :	7m23s/km	6m54s/km	4:40:00 6m38s/km	2:11:36 6m14s/km	0:58:58 5m54s/km	0:28:18 5m40s/km	0:16:08 5m23s/km
28	Temps : Vitesse :	7m30s/km	7m01s/km	4:45:00 6m46s/km	2:13:57 6m21s/km	1:00:00 6m00s/km	0:28:48 5m46s/km	0:16:25 5m28s/km
29	Temps : Vitesse :	7m36s/km	7m07s/km	4:50:00 6m53s/km	2:16:18 6m28s/km	1:01:04 6m06s/km	0:29:18 5m52s/km	0:16:42 5m34s/km
30	Temps : Vitesse :	7m42s/km	7m14s/km	4:55:00 7m00s/km	2:18:40 6m35s/km	1:02:06 6m13s/km	0:29:48 5m58s/km	0:17:00 5m40s/km
31	Temps : Vitesse :	7m47s/km	7m21s/km	5:00:00 7m07s/km	2:21:00 6m41s/km	1:03:10 6m19s/km	0:30:18 6m04s/km	0:17:18 5m46s/km
32	Temps : Vitesse :	7m53s/km	7m27s/km	5:05:00 7m14s/km	2:23:21 6m48s/km	1:04:13 6m25s/km	0:30:48 6m10s/km	0:17:34 5m51s/km
33	Temps : Vitesse :	8m00s/km	7m33s/km	5:10:00 7m21s/km	2:25:42 6m55s/km	1:05:16 6m32s/km	0:31:18 6m16s/km	0:17:52 5m57s/km
34	Temps : Vitesse :	8m06s/km	7m39s/km	5:15:00 7m28s/km	2:28:06 7m01s/km	1:06:20 6m38s/km	0:31:49 6m22s/km	0:18:09 6m03s/km
35	Temps : Vitesse :	8m13s/km	7m47s/km	5:20:00 7m35s/km	2:30:24 7m08s/km	1:07:23 6m44s/km	0:32:20 6m28s/km	0:18:26 6m09s/km
36	Temps : Vitesse :	8m19s/km	7m54s/km	5:25:00 7m43s/km	2:32:45 7m15s/km	1:08:26 6m51s/km	0:32:51 6m34s/km	0:18:43 6m13s/km

COMPRENDRE SON PROGRAMME

Les programmes proposés sont composés d'entraînements variés :

- des entraînements clés : par intervalles ou continus de longue distance ;
- des entraînements continus de courte distance ;
- des entraînements complémentaires de flexibilité et de renforcement ;
- des journées de repos de course.

Les entraînements de course dits « clés » (en bleu) correspondent aux entraînements considérés comme primordiaux pour permettre une progression adéquate en vue d'atteindre votre objectif. Les autres entraînements de course (en noir) sont relativement moins importants et peuvent toujours être remplacés par des séances d'entraînement croisé (*cross-training*) équivalent.

Les contenus des programmes d'entraînement ont été constitués de façon à offrir un maximum de variété et de complémentarité. Avant de commencer votre entraînement, prenez le temps de vous familiariser avec les différents éléments qui en composent le programme. La légende se trouve à la page ci-contre.

> **Plus l'intervalle est court, plus la vitesse cible sera élevée, et inversement.**

Exemple d'entraînement par intervalles :

Mercredi	Jeudi	Vendredi
Repos Force Flex	**40 min :** ↗12 min Intervalles 4 x 3 min V10 [2 min VR] ↘10 min	Repos Flex

40 min : Durée totale d'entraînement de 40 minutes.

↗12 min : 12 minutes de course à une intensité allant en augmentant.

Intervalles : Entraînement de course par intervalles, constitué de :

4 x 3 min V10 : 4 intervalles de 3 minutes à la vitesse du 10 km.

[2 min VR] : Entre chacun des intervalles de l'entraînement, des périodes de course de 2 minutes à la vitesse de récupération (VR).

↘10 min : 10 minutes de course à une intensité allant en diminuant.

Exemple d'entraînement continu :

Vendredi	Samedi	Dimanche
Repos Flex	30 min VE Force Flex	**60 min VE** Flex

60 min VE : Entraînement de course en continu d'une durée totale de 60 minutes, incluant un échauffement, une période de course à la vitesse d'endurance fondamentale (VE) et un retour au calme. Suivi d'un enchaînement de flexibilité. (Flex).

Entraînements de course

↗ : Période de course à une intensité allant en augmentant. Commencez vos entraînements par un échauffement, en augmentant graduellement depuis la vitesse de récupération (VR) jusqu'à la vitesse d'endurance fondamentale (VE).

Intervalles : Intervalles de course à une vitesse cible constante.

Montées : Intervalles de course avec une inclinaison de 6 à 10 %, effectués à une intensité relativement élevée, soit équivalente* à la vitesse du 3 km (V3). En l'absence de terrain incliné, utilisez des escaliers.

Pyramide : Intervalles de course de durée et d'intensité variables.

Strides : Intervalles de course d'environ 20 secondes, avec accélération graduelle allant jusqu'à la vitesse du 5 km (V5).

[min VR] : Période de course à la vitesse cible de récupération (VR), à effectuer entre les intervalles d'un entraînement (intervalles, montées, strides ou pyramide).

↘ : Période de course à une intensité allant en diminuant. Terminez vos entraînements avec un retour au calme, en ralentissant graduellement jusqu'à la vitesse de récupération (VR).

Fin rapide : Entraînement d'endurance se terminant par une période de course à l'intensité visée pour la compétition, culminant avec un sprint.

TEST : Entraînement constituant une répétition générale de la compétition visée, sur une distance plus courte que votre objectif. Vous pouvez choisir de faire ce test par vous-même ou de vous inscrire à une compétition.

Repos : Repos de course.

Note : La durée totale des entraînements, qu'ils soient continus ou avec intervalles, comprend toujours un échauffement et un retour au calme.

Entraînements complémentaires

Flex : Enchaînement d'exercices de flexibilité, court ou long (voir p. 262).

Force : Enchaînement d'exercices de renforcement, court ou long (voir p. 263).

COMMENT ÉVALUER MA VITESSE À L'ENTRAÎNEMENT ?

L'idéal est de courir sur une piste d'athlétisme ou un circuit mesuré, ou encore sur un tapis roulant électronique. Vous pouvez aussi vous fier à une montre GPS qui mesure distance et vitesse. Bien que pratiques en plein air, certaines montres donnent cependant parfois des résultats douteux.

*Attention : Soyez toujours à l'écoute de vos sensations. Pour une même intensité, votre vitesse sera moins élevée en terrain accidenté ou incliné.

PROGRAMME : INITIATION À LA COURSE

Ce programme, fondé sur une alternance de périodes de course et de marche, permettra à une grande majorité de gens de commencer (ou de recommencer) à courir graduellement, à moindre risque de blessure. En environ dix semaines, vous pourrez courir 30 minutes en continu. Le programme prévoit quatre entraînements par semaine. Si vous le désirez, vous pouvez ajouter des séances de marche les jours de repos. Assurez-vous de vous sentir à l'aise avec un entraînement avant de passer à l'étape suivante. Sinon, répétez le même entraînement la semaine suivante.

Inutile ici de courir vite : vous devriez être capable de parler en courant. Préférez la qualité à la quantité et cherchez avant tout à courir de façon fluide. Pour bien préparer votre corps à courir, prenez toujours le temps de vous échauffer en marchant 10 minutes, à une vitesse qui augmente graduellement.

	Lundi	Mardi	Mercredi	Jeudi	Vendredi	Samedi	Dimanche
semaine 1	Repos	4 X 30 sec course/ 2 min marche	Repos	4 X 30 sec course/ 2 min marche	Repos	4 X 30 sec course/ 2 min marche	8 X 30 sec course/ 2 min marche
semaine 2	Repos	4 X 1 min course/ 2 min marche	Repos	6 X 1 min course/ 2 min marche	Repos	4 X 1 min course/ 2 min marche	8 X 1 min course/ 2 min marche
semaine 3	Repos	4 X 2 min course/ 1 min marche	Repos	6 X 2 min course/ 1 min marche	Repos	4 X 2 min course/ 1 min marche	8 X 2 min course/ 1 min marche
semaine 4	Repos	4 X 3 min course/ 1 min marche	Repos	6 X 3 min course/ 1 min marche	Repos	4 X 3 min course/ 1 min marche	8 X 3 min course/ 1 min marche
semaine 5	Repos	4 X 4 min course/ 1 min marche	Repos	6 X 4 min course/ 1 min marche	Repos	4 X 4 min course/ 1 min marche	8 X 4 min course/ 1 min marche

	Lundi	Mardi	Mercredi	Jeudi	Vendredi	Samedi	Dimanche
semaine 6	Repos	4 X 6 min course/ 1 min marche	Repos	5 X 6 min course/ 1 min marche	Repos	4 X 4 min course/ 1 min marche	1 X 10 min course/ 2 min marche +4 X 1 min course/ 2 min marche
semaine 7	Repos	4 X 7 min course/ 1 min marche	Repos	4 X 8 min course/ 1 min marche	Repos	5 X 3 min course/ 1 min marche	15 min course
semaine 8	Repos	6 X 4 min course/ 1 min marche	Repos	5 X 7 min course/ 1 min marche	Repos	4 X 4 min course/ 1 min marche	20 min course
semaine 9	Repos	5 X 5 min course/ 1 min marche	Repos	2 X 10 min course/ 1 min marche	Repos	5 X 3 min course/ 1 min marche	25 min course
semaine 10	Repos	4 X 4 min course/ 1 min marche	Repos	3 X 8 min course/ 1 min marche	Repos	4 X 3 min course/ 1 min marche	30 min course

PROGRAMME : 5 KILOMÈTRES

(POUR UN TEMPS ENTRE 15:21 ET 23:45)

VR Vitesse de récupération	VE Vitesse d'endurance fondamentale	V42 Vitesse du marathon	V21 Vitesse du demi-marathon	V10 Vitesse du 10 km	V5 Vitesse du 5 km	V3 Vitesse du 3 km
/km	/km	/km	/km	/km	/km	/km

	Lundi	Mardi	Mercredi	Jeudi	Vendredi	Samedi	Dimanche
semaine 1	Repos Flex	**30 min :** ↗8 min *Strides* 8 x 20 s [90 s VR] ↘8 min	Repos Force Flex	**30 min :** ↗10 min Intervalles 3 x 2 min V5 [2 min VR] ↘10 min	Repos Flex	20 min VE Force Flex	**40 min VE** Flex
semaine 2	Repos Flex	**30 min :** ↗7 min *Strides* 10 x 20 s [90 s VR] ↘7 min	Repos Force Flex	**35 min :** ↗10 min Montées 6 x 1 min [2 min VR] ↘10 min	Repos Flex	25 min VE Force Flex	**45 min VE** Flex
semaine 3	Repos Flex	**35 min :** ↗12 min Intervalles 2 x 5 min V10 [3 min VR] ↘10 min	Repos Force Flex	**40 min :** ↗15 min Intervalles 3 x 3 min V5 [2 min VR] ↘10 min	Repos Flex	25 min VE Force Flex	**50 min VE** Flex
semaine 4	Repos Flex	**35 min :** ↗7 min Montées 8 x 1 min [2 min VR] ↘7 min	Repos Force Flex	**40 min :** ↗12 min Intervalles 4 x 2 min V3 [3 min VR] ↘10 min	Repos Flex	20 min VE Force Flex	**45 min VE** Flex
semaine 5	Repos Flex	**40 min :** ↗10 min Pyramide 1 min V3 2 min V5 3 min V10 2 min V5 1 min V3 [2 min VR] ↘10 min	Repos Force Flex	**40 min :** ↗10 min Intervalles 4 x 3 min V5 [3 min VR] ↘10 min	Repos Flex	25 min VE Force Flex	**50 min VE** Flex

	Lundi	Mardi	Mercredi	Jeudi	Vendredi	Samedi	Dimanche
semaine 6	Repos Flex	**45 min :** ↗15 min Intervalles 2 x 5 min V10 [3 min VR] ↘15 min	Repos Force Flex	**40 min :** ↗12 min Intervalles 5 x 2 min V3 [2 min VR] ↘10 min	Repos Flex	25 min VE Force Flex	**55 min VE** Flex
semaine 7	Repos Flex	**40 min :** ↗13 min Pyramide 1 min V3 2 min V5 3 min V10 2 min V5 1 min V3 [2 min VR] ↘10 min	Repos Force Flex	**40 min :** ↗9 min Intervalles 5 x 3 min V5 [2 min VR] ↘9 min	Repos Flex	30 min VE Force Flex	**50 min VE** Flex
semaine 8	Repos Flex	**40 min :** ↗10 min Intervalles 10 x 1 min V3 [1 min VR] ↘10 min	Repos Force Flex	**30 min :** ↗10 min *Strides* 6 x 20 s [90 s VR] ↘10 min	Repos Flex	Repos Force Flex	↗10 min TEST 3 km V3 ↘10 min
semaine 9	Repos Flex	**35 min :** ↗15 min Intervalles 2 x 4 min V10 [2 min VR] ↘10 min	Repos Force Flex	**40 min :** ↗12 min Intervalles 4 x 3 min V5 [2 min VR] ↘10 min	Repos Flex	30 min VE Force Flex	**50 min VE** Flex
semaine 10	Repos Flex	**40 min :** ↗10 min Intervalles 6 x 2 min V3 [2 min VR] ↘8 min	Repos Force Flex	**40 min :** ↗12 min fin rapide 15 min V21 8 min V5 sprint ↘5 min	Repos Flex	25 min VE Force Flex	**55 min VE** Flex
semaine 11	Repos Flex	**35 min :** ↗10 min Intervalles 3 x 4 min V10 [2 min VR] ↘10 min	Repos Force Flex	**40 min :** ↗10 min Intervalles 4 x 3 min V5 [2 min VR] ↘10 min	Repos Flex	30 min VE Force Flex	**45 min VE** Flex
semaine 12	Repos Flex	**30 min,** ↗10 min Pyramide 1 min V3 2 min V5 1 min V3 [2 min VR] ↘12 min	Repos Force Flex	**25 min :** ↗7 min *Strides* 5 x 20 s [90 s VR] ↘7 min	Repos Flex	20 min VE Flex	**5 km**

PROGRAMME : 5 KILOMÈTRES

(POUR UN TEMPS ENTRE 23:46 ET 32:31)

VR Vitesse de récupération	VE Vitesse d'endurance fondamentale	V42 Vitesse du marathon	V21 Vitesse du demi-marathon	V10 Vitesse du 10 km	V5 Vitesse du 5 km	V3 Vitesse du 3 km
/km	/km	/km	/km	/km	/km	/km

	Lundi	Mardi	Mercredi	Jeudi	Vendredi	Samedi	Dimanche
semaine 1	Repos Flex	25 min : ↗10 min *Strides* 4 x 20 s [90 s VR] ↘8 min	Repos Force Flex	25 min : ↗10 min Intervalles 2 x 2 min V5 [2 min VR] ↘10 min	Repos Flex	Repos Force Flex	35 min VE Flex
semaine 2	Repos Flex	30 min : ↗10 min *Strides* 6 x 20 s [90 s VR] ↘10 min	Repos Force Flex	30 min : ↗10 min Montées 4 x 1 min [2 min VR] ↘10 min	Repos Flex	Repos Force Flex	40 min VE Flex
semaine 3	Repos Flex	30 min : ↗10 min Intervalles 2 x 4 min V10 [3 min VR] ↘10 min	Repos Force Flex	35 min : ↗10 Intervalles 3 x 2 min V5 [2 min VR] ↘15	Repos Flex	20 min VE Force Flex	45 min VE Flex
semaine 4	Repos Flex	35 min : ↗10 min Montées 6 x 1 min [2 min VR] ↘10 min	Repos Force Flex	35 min : ↗10 min Intervalles 3 x 2 min V3 [3 min VR] ↘12 min	Repos Flex	20 min VE Force Flex	40 min VE Flex
semaine 5	Repos Flex	30 min : ↗10 min Pyramide 1 min V5 2 min V10 1 min V5 [2 min VR] ↘12 min	Repos Force Flex	35 min : ↗10 Intervalles 3 x 3 min V5 [3 min VR] ↘10	Repos Flex	20 min VE Force Flex	45 min VE Flex

	Lundi	Mardi	Mercredi	Jeudi	Vendredi	Samedi	Dimanche
semaine 6	Repos Flex	**35 min :** ↗15 min Intervalles 2 x 4 min V10 [2 min VR] ↘10 min	Repos Force Flex	**35 min :** ↗10 min Intervalles 4 x 2 min V3 [2 min VR] ↘10 min	Repos Flex	20 min VE Force Flex	**50 min VE** Flex
semaine 7	Repos Flex	**40 min :** ↗10 min Pyramide 1 min V3 2 min V5 3 min V10 2 min V5 1 min V3 [2 min VR] ↘13 min	Repos Force Flex	**35 min :** ↗10 min Intervalles 4 x 3 min V5 [2 min VR] ↘8 min	Repos Flex	25min VE Force Flex	**40 min VE** Flex
semaine 8	Repos Flex	**30 min :** ↗10 min Intervalles 6 x 1 min V3 [1 min VR] ↘10 min	Repos Force Flex	**25 min :** ↗8 min *Strides* 5 x 20 s [90 s VR] ↘8 min	Repos Flex	Repos Force Flex	↗10 min TEST 3 km V3 ↘10 min
semaine 9	Repos Flex	**30 min :** ↗10 min Intervalles 2 x 4 min V10 [2 min VR] ↘10 min	Repos Force Flex	**35 min :** ↗10 min Intervalles 3 x 3 min V5 [2 min VR] ↘10 min	Repos Flex	20 min VE Force Flex	**45 min VE** Flex
semaine 10	Repos Flex	**35 min :** ↗10 min Intervalles 5 x 2 min V3 [2 min VR] ↘8 min	Repos Force Flex	**40 min :** ↗10 min fin rapide 15 min V21 10 min V5 sprint ↘5 min	Repos Flex	20 min VE Force Flex	**40 min VE** Flex
semaine 11	Repos Flex	**30 min :** ↗10 min Intervalles 2 x 4 min V10 [2 min VR] ↘10 min	Repos Force Flex	**35 min :** ↗10 min Intervalles 3 x 3 min V5 [2 min VR] ↘12 min	Repos Flex	25 min VE Force Flex	**40 min VE** Flex
semaine 12	Repos Flex	**30 min :** ↗10 min Pyramide 1 min V3 2 min V5 1 min V3 [2 min VR] ↘12 min	Repos Force Flex	**25 min :** ↗10 min *Strides* 4 x 20 s [2 min VR] ↘10 min	Repos Flex	15 min VE Flex	**5 km**

PROGRAMME : 10 KILOMÈTRES

(POUR UN TEMPS ENTRE 31:35 ET 49:29)

VR Vitesse de récupération	VE Vitesse d'endurance fondamentale	V42 Vitesse du marathon	V21 Vitesse du demi-marathon	V10 Vitesse du 10 km	V5 Vitesse du 5 km	V3 Vitesse du 3 km
/km	/km	/km	/km	/km	/km	/km

	Lundi	Mardi	Mercredi	Jeudi	Vendredi	Samedi	Dimanche
semaine 1	Repos Flex	**35 min :** ↗10 min *Strides* 8 x 20 s [90 s VR] ↘10 min	Repos Force Flex	**35 min :** ↗12 min Intervalles 3 x 3 min V10 [2 min VR] ↘10 min	Repos Flex	25 min VE Force Flex	**45 min VE** Flex
semaine 2	Repos Flex	**35 min :** ↗9 min *Strides* 10 x 20 s [90 s VR] ↘9 min	Repos Force Flex	**40 min :** ↗12 min Montées 6 x 1 min [2 min VR] ↘10 min	Repos Flex	30 min VE Force Flex	**50 min VE** Flex
semaine 3	Repos Flex	**40 min :** ↗10 min Intervalles 3 x 5 min V21 [2 min VR] ↘10 min	Repos Force Flex	**40 min :** ↗12 min Intervalles 4 x 3 min V10 [2 min VR] ↘10 min	Repos Flex	30 min VE Force Flex	**55 min VE** Flex
semaine 4	Repos Flex	**40 min :** ↗10 min Montées 8 x 1 min [2 min VR] ↘8 min	Repos Force Flex	**40 min :** ↗12 min Intervalles 5 x 2 min V5 [2 min VR] ↘10 min	Repos Flex	25 min VE Force Flex	**50 min VE** Flex
semaine 5	Repos Flex	**45 min :** ↗15 min Pyramide 1 min V5 2 min V10 3 min V21 2 min V10 1 min V5 [2 min VR] ↘10 min	Repos Force Flex	**40 min :** ↗10 min Intervalles 4 x 4 min V10 [2 min VR] ↘8 min	Repos Flex	30 min VE Force Flex	**55 min VE** Flex

	Lundi	Mardi	Mercredi	Jeudi	Vendredi	Samedi	Dimanche
semaine 6	Repos Flex	**45 min :** ↗15 min Pyramide 1 min V5 2 min V10 3 min V21 2 min V10 1 min V5 [2 min VR] ↘10 min	Repos Force Flex	**45 min :** ↗15 min Intervalles 4 x 3 min V5 [2 min VR] ↘10 min	Repos Flex	30 min VE Force Flex	**65 min VE** Flex
semaine 7	Repos Flex	**45 min :** ↗15 min Pyramide 2 min V5 2 min V10 3 min V21 2 min V10 2 min V5 [2 min VR] ↘10 min	Repos Force Flex	**45 min :** ↗10 min Intervalles 5 x 3 min V10 [1 min VR] ↘15 min	Repos Flex	30 min VE Force Flex	**75 min VE** Flex
semaine 8	Repos Flex	**40 min :** ↗10 min Intervalles 3 x 3 min V5 [2 min VR] ↘15 min	Repos Force Flex	**35 min :** ↗15 min *Strides* 6 x 20 s [90 s VR] ↘10 min	Repos Flex	25 min VE Force Flex	↗10 min TEST 5 km V5 ↘10 min
semaine 9	Repos Flex	**40 min :** ↗10 min Intervalles 2 x 7 min V21 [3 min VR] ↘13 min	Repos Force Flex	**45 min :** ↗10 min Intervalles 4 x 4 min V10 [2 min VR] ↘13 min	Repos Flex	35 min VE Force Flex	**60 min VE** Flex
semaine 10	Repos Flex	**45 min :** ↗10 min Intervalles 5 x 3 min V5 [2 min VR] ↘10 min	Repos Force Flex	**50 min :** ↗10 min fin rapide 20 min V42 15 min V10 sprint ↘5 min	Repos Flex	30 min VE Force Flex	**70 min VE** Flex
semaine 11	Repos Flex	**40 min :** ↗10 min Intervalles 2 x 8 min V21 [3 min VR] ↘10 min	Repos Force Flex	**45 min :** ↗15 min Intervalles 3 x 5 min V10 [2 min VR] ↘10 min	Repos Flex	35 min VE Force Flex	**55 min VE** Flex
semaine 12	Repos Flex	**35 min :** ↗15 min Pyramide 1 min V5 1 min V10 1 min V5 [2 min VR] ↘15 min	Repos Force Flex	**30 min :** ↗10 min *Strides* 5 x 20 s [2 min VR] ↘10 min	Repos Flex	20 min VE Flex	**10 km**

PROGRAMME : 10 KILOMÈTRES
(POUR UN TEMPS ENTRE 49:30 ET 1:08:26)

VR Vitesse de récupération	VE Vitesse d'endurance fondamentale	V42 Vitesse du marathon	V21 Vitesse du demi-marathon	V10 Vitesse du 10 km	V5 Vitesse du 5 km	V3 Vitesse du 3 km
/km	/km	/km	/km	/km	/km	/km

	Lundi	Mardi	Mercredi	Jeudi	Vendredi	Samedi	Dimanche
semaine 1	Repos Flex	**35 min :** ↗15 min *Strides* 4 x 20 s [90 s VR] ↘15 min	Repos Force Flex	**30 min :** ↗10 min Intervalles 3 x 2 min V10 [3 min VR] ↘8 min	Repos Flex	25 min VE Force Flex	**40 min VE** Flex
semaine 2	Repos Flex	**35 min :** ↗15 min *Strides* 6 x 20 s [90 s VR] ↘10 min	Repos Force Flex	**35 min :** ↗15 min Montées 4 x 1 min [2 min VR] ↘10 min	Repos Flex	25 min VE Force Flex	**45 min VE** Flex
semaine 3	Repos Flex	**35 min :** ↗10 min Intervalles 3 x 3 min V21 [2 min VR] ↘12 min	Repos Force Flex	**40 min :** ↗10 min Intervalles 4 x 2 min V10 [3 min VR] ↘13 min	Repos Flex	30 min VE Force Flex	**50 min VE** Flex
semaine 4	Repos Flex	**35 min :** ↗10 min Montées 6 x 1 min [2 min VR] ↘10 min	Repos Force Flex	**35 min :** ↗10 min Intervalles 4 x 2 min V5 [2 min VR] ↘10 min	Repos Flex	25 min VE Force Flex	**60 min VE** Flex
semaine 5	Repos Flex	**45 min :** ↗15 min Pyramide 1 min V5 2 min V10 3 min V21 2 min V10 1 min V5 [2 min VR] ↘13 min	Repos Force Flex	**35 min :** ↗10 min Intervalles 3 x 4 min V10 [3 min VR] ↘7 min	Repos Flex	25 min VE Force Flex	**50 min VE** Flex

	Lundi	Mardi	Mercredi	Jeudi	Vendredi	Samedi	Dimanche
semaine 6	Repos Flex	**45 min:** ↗15 min Pyramide 1 min V5 2 min V10 3 min V21 2 min V10 1 min V5 [2 min VR] ↘15 min	Repos Force Flex	**40 min:** ↗13 min Intervalles 4 x 2 min V5 [3 min VR] ↘10 min	Repos Flex	25 min VE Force Flex	**60 min VE** Flex
semaine 7	Repos Flex	**45 min:** ↗15 min Pyramide 2 min V5 2 min V10 3 min V21 2 min V10 2 min V5 [2 min VR] ↘10 min	Repos Force Flex	**40 min:** ↗12 min Intervalles 4 x 3 min V10 [2 min VR] ↘10 min	Repos Flex	25 min VE Force Flex	**70 min VE** Flex
semaine 8	Repos Flex	**35 min:** ↗15 min Intervalles 3 x 2 min V5 [2 min VR] ↘10 min	Repos Force Flex	**30 min:** ↗15 min *Strides* 4 x 20s [90s VR] ↘10 min	Repos Flex	20 min VE Force Flex	↗10 min TEST 5 km V5 ↘10 min
semaine 9	Repos Flex	**35 min:** ↗12 min Intervalles 2 x 5 min V21 [3 min VR] ↘10 min	Repos Force Flex	**40 min:** ↗15 min Intervalles 3 x 4 min V10 [2 min VR] ↘10 min	Repos Flex	30 min VE Force Flex	**60 min VE** Flex
semaine 10	Repos Flex	**40 min:** ↗12 min Intervalles 4 x 3 min V5 [2 min VR] ↘10 min	Repos Force Flex	**45 min:** ↗10 min fin rapide 15 min V42 15 min V10 sprint ↘5 min	Repos Flex	25 min VE Force Flex	**65 min VE** Flex
semaine 11	Repos Flex	**35 min:** ↗10 min Intervalles 2 x 6 min V21 [3 min VR] ↘10 min	Repos Force Flex	**40 min:** ↗15 min Intervalles 3 x 4 min V10 [2 min VR] ↘10 min	Repos Flex	30 min VE Force Flex	**55 min VE** Flex
semaine 12	Repos Flex	**30 min:** ↗13 min Pyramide 1 min V5 1 min V10 1 min V5 [2 min VR] ↘10 min	Repos Force Flex	**25 min:** ↗7 min *Strides* 5 x 20 s [2 min VR] ↘7 min	Repos Flex	20 min VE Flex	**10 km**

PROGRAMME : 21,1 KILOMÈTRES

(POUR UN TEMPS ENTRE 1:10:05 ET 1:50:27)

VR Vitesse de récupération	VE Vitesse d'endurance fondamentale	V42 Vitesse du marathon	V21 Vitesse du demi-marathon	V10 Vitesse du 10 km	V5 Vitesse du 5 km	V3 Vitesse du 3 km
/km	/km	/km	/km	/km	/km	/km

	Lundi	Mardi	Mercredi	Jeudi	Vendredi	Samedi	Dimanche
semaine 1	Repos Flex	**40 min :** ↗15 min *Strides* 7 x 20 s [90 s VR] ↘15 min	Repos Force Flex	**35 min :** ↗12 min Intervalles 2 x 5 min V21 [3 min VR] ↘10 min	Repos Flex	30 min VE Force Flex	**45 min VE** Flex
semaine 2	Repos Flex	**45 min :** ↗15 min *Strides* 9 x 20 s [90 s VR] ↘15 min	Repos Force Flex	**45 min :** ↗15 min Montées 6 x 1 min [2 min VR] ↘15 min	Repos Flex	35 min VE Force Flex	**50 min VE** Flex
semaine 3	Repos Flex	**45 min :** ↗15 min Intervalles 2 x 8 min V42 [2 min VR] ↘12 min	Repos Force Flex	**40 min :** ↗15 min Intervalles 2 x 6 min V21 [3 min VR] ↘10 min	Repos Flex	30 min VE Force Flex	**60 min VE**
semaine 4	Repos Flex	**45 min :** ↗15 min Intervalles 4 x 3 min V10 [2 min VR] ↘12 min	Repos Force Flex	**50 min :** ↗15 min Montées 8 x 1 min [2 min VR] ↘13 min	Repos Flex	30 min VE Force Flex	**65 min VE**
semaine 5	Repos Flex	**50 min :** ↗15 min Pyramide 2 min V10 3 min V21 4 min V42 3 min V21 2 min V10 [2 min VR] ↘15 min	Repos Force Flex	**40 min :** ↗15 min Intervalles 2 x 7 min V21 [2 min VR] ↘10 min	Repos Flex	35 min VE Force Flex	**55 min VE** Flex

	Lundi	Mardi	Mercredi	Jeudi	Vendredi	Samedi	Dimanche
semaine 6	Repos Flex	50 min : ↗15 min Intervalles 5 x 2 min V5 [2 min VR] ↘15 min	Repos Force Flex	45 min : ↗15 min Intervalles 3 x 4 min V10 [2 min VR] ↘15 min	Repos Flex	35 min VE Force Flex	70 min VE Flex
semaine 7	Repos Flex	50 min : ↗15 min Pyramide 2 min V10 3 min V21 4 min V42 3 min V21 2 min V10 [2 min VR] ↘15 min	Repos Force Flex	45 min : ↗15 min Intervalles 2 x 8 min V21 [3 min VR] ↘10 min	Repos Flex	40 min VE Force Flex	75 min VE Flex
semaine 8	Repos Flex	45 min : ↗15 min Pyramide 2 min V5 3 min V10 4 min V21 3 min V10 2 min V5 [2 min VR] ↘15 min	Repos Force Flex	40 min : ↗10 min Intervalles 3 x 5 min V10 [2 min VR] ↘10 min	Repos Flex	30 min VE Force Flex	70 min : ↗10 min fin rapide 35 min VE 20 min V21 sprint ↘5 min
semaine 9	Repos Flex	40 min : ↗10 min Intervalles 3 x 5 min V21 [2 min VR] ↘10 min	Repos Force Flex	50 min : ↗15 min Montées 8 x 1 min [2 min VR] ↘15 min	Repos Flex	35 min VE Force Flex	80 min VE
semaine 10	Repos Flex	45 min : ↗10 min Intervalles 2 x 12 min V42 [4 min VR] ↘10 min	Repos Force Flex	55 min : ↗15 min Intervalles 4 x 5 min V21 [3 min VR] ↘10 min	Repos Flex	40 min VE Force Flex	65 min VE Flex
semaine 11	Repos Flex	50 min : ↗10 min Pyramide 1 min V5 2 min V10 3 min V21 4 min V42 3 min V21 2 min V10 1 min V5 [2 min VR] ↘12 min	Repos Force Flex	55 min : ↗10 min Intervalles 3 x 8 min V21 [RE 4 min] ↘13 min	Repos Flex	35 min VE Force Flex	75 min VE Flex

	Lundi	Mardi	Mercredi	Jeudi	Vendredi	Samedi	Dimanche
semaine **12**	Repos Flex	**45 min :** ↗15 min Pyramide 1 min V10 2 min V21 3 min V42 2 min V21 1 min V10 [2 min VR] ↘15 min	Repos Force Flex	**40 min :** ↗15 min *Strides* 6 x 20 s [2 min VR] ↘15 min	Repos Flex	25 min VE Force Flex	↗10 min TEST 10 km V10 ↘10 min
semaine **13**	Repos Flex	**40 min :** ↗12 min Intervalles 2 x 8 min V42 [2 min VR] ↘10 min	Repos Force Flex	**50 min :** ↗15 min Intervalles 3 x 5 min V21 [2 min VR] ↘15 min	Repos Flex	35 min VE Force Flex	**70 min VE** Flex
semaine **14**	Repos Flex	**55 min :** ↗15 min Pyramide 1 min V5 2 min V10 3 min V21 4 min V42 3 min V21 2 min V10 1 min V5 [2 min VR] ↘12 min	Repos Force Flex	**50 min :** ↗15 min Intervalles 5 x 3 min V10 [2 min VR] ↘12 min	Repos Flex	30 min VE Force Flex	**90 min VE**
semaine **15**	Repos Flex	**50 min :** ↗15 min Pyramide 1 min V10 2 min V21 3 min V42 2 min V21 1 min V10 [2 min VR] ↘18 min	Repos Force Flex	**45 min :** ↗15 min Intervalles 2 x 6 min V21 [2 min VR] ↘15 min	Repos Flex	30 min VE Force Flex	**60 min VE** Flex
semaine **16**	Repos Flex	**45 min :** ↗15 min Pyramide 1 min V10 2 min V21 3 min V42 [2 min VR] ↘10 min	Repos Force Flex	**40 min :** ↗17 min *Strides* 4 x 20 s [2 min VR] ↘15 min	Repos Flex	15 min VE Force Flex	**21,1 km**

PROGRAMME : 21,1 KILOMÈTRES

(POUR UN TEMPS ENTRE 1:50:28 ET 2:32:45)

VR Vitesse de récupération	VE Vitesse d'endurance fondamentale	V42 Vitesse du marathon	V21 Vitesse du demi-marathon	V10 Vitesse du 10 km	V5 Vitesse du 5 km	V3 Vitesse du 3 km
/km	/km	/km	/km	/km	/km	/km

	Lundi	Mardi	Mercredi	Jeudi	Vendredi	Samedi	Dimanche
semaine 1	Repos Flex	**40 min :** ↗18 min *Strides* 4 x 20 s [2 min VR] ↘15 min	Repos Force Flex	**35 min :** ↗12 min Intervalles 2 x 4 min V21 [3 min VR] ↘12 min	Repos Flex	25 min VE Force Flex	**45 min VE** Flex
semaine 2	Repos Flex	**40 min :** ↗15 min *Strides* 6 x 20 s [90 s VR] ↘15 min	Repos Force Flex	**45 min :** ↗15 min Montées 4 x 1 min [2 min VR] ↘10 min	Repos Flex	30 min VE Force Flex	**50 min VE** Flex
semaine 3	Repos Flex	**40 min :** ↗15 min Intervalles 2 x 6 min V42 [2 min VR] ↘10 min	Repos Force Flex	**40 min :** ↗15 min Intervalles 2 x 4 min V21 [3 min VR] ↘15 min	Repos Flex	30 min VE Force Flex	**55 min VE** Flex
semaine 4	Repos Flex	**40 min :** ↗15 min Intervalles 3 x 3 min V10 [2 min VR] ↘12 min	Repos Force Flex	**45 min :** ↗15 min Montées 6 x 1 min [2 min VR] ↘15 min	Repos Flex	30 min VE Force Flex	**60 min VE** Flex
semaine 5	Repos Flex	**45 min :** ↗15 min Pyramide 1 min V10 2 min V21 3 min V42 2 min V21 1 min V10 [2 min VR] ↘15 min	Repos Force Flex	**40 min :** ↗15 min Intervalles 2 x 6 min V21 [2 min VR] ↘10 min	Repos Flex	30 min VE Force Flex	**70 min VE** Flex

	Lundi	Mardi	Mercredi	Jeudi	Vendredi	Samedi	Dimanche
semaine 6	Repos Flex	**45 min :** ↗15 min Intervalles 3 x 2 min V5 [2 min VR] ↘10 min	Repos Force Flex	**40 min :** ↗15 min Intervalles 3 x 3 min V10 [2 min VR] ↘12 min	Repos Flex	40 min VE Force Flex	**60 min VE** Flex
semaine 7	Repos Flex	**45 min :** ↗15 min Pyramide 1 min V10 2 min V21 3 min V42 2 min V21 1 min V10 [2 min VR] ↘15 min	Repos Force Flex	**40 min :** ↗15 min Intervalles 2 x 6 min V21 [3 min VR] ↘10 min	Repos Flex	40 min VE Force Flex	**80 min VE**
semaine 8	Repos Flex	**50 min :** ↗15 min Pyramide 2 min V5 3 min V10 4 min V21 3 min V10 2 min V5 [2 min VR] ↘15 min	Repos Force Flex	**40 min :** ↗15 min Intervalles 3 x 4 min V10 [2 min VR] ↘10 min	Repos Flex	25 min VE Force Flex	**80 min :** ↗10 min fin rapide 50 min VE 20 min V21 sprint final
semaine 9	Repos Flex	**40 min :** ↗15 min Intervalles 3 x 3 min V21 [2 min VR] ↘12 min	Repos Force Flex	**45 min :** ↗15 min Montées 6 x 1 min [2 min VR] ↘15 min	Repos Flex	30 min VE Force Flex	**65 min VE** Flex
semaine 10	Repos Flex	**45 min :** ↗10 min Intervalles 2 x 10 min V42 [4 min VR] ↘10 min	Repos Force Flex	**50 min :** ↗15 min Intervalles 4 x 4 min V21 [3 min VR] ↘15 min	Repos Flex	40 min VE Force Flex	**80 min VE** Flex
semaine 11	Repos Flex	**50 min :** ↗10 min Pyramide 1 min V5 2 min V10 3 min V21 4 min V42 3 min V21 2 min V10 1 min V5 [2 min VR] ↘10 min	Repos Force Flex	**45 min :** ↗10 min Intervalles 3 x 5 min V21 [4 min VR] ↘10 min	Repos Flex	30 min VE Force Flex	**90 min VE** Flex

	Lundi	Mardi	Mercredi	Jeudi	Vendredi	Samedi	Dimanche
semaine 12	Repos Flex	45 min : ↗15 min Pyramide 1 min V10 2 min V21 3 min V42 2 min V21 1 min V10 [2 min VR] ↘15 min	Repos Force Flex	35 min : ↗15 min *Strides* 4 x 20 s [90 s VR] ↘15 min	Repos Flex	25 min VE Force Flex	↗10 TEST 10 km V10 ↘10 min
semaine 13	Repos Flex	35 min : ↗10 min Intervalles 2 x 6 min V42 [2 min VR] ↘10 min	Repos Force Flex	45 min : ↗15 min Intervalles 3 x 4 min V21 [2 min VR] ↘15 min	Repos Flex	35 min VE Force Flex	75 min VE Flex
semaine 14	Repos Flex	50 min : ↗10 min Pyramide 1 min V5 2 min V10 3 min V21 4 min V42 3 min V21 2 min V10 1 min V5 [2 min VR] ↘10 min	Repos Force Flex	45 min : ↗15 min Intervalles 5 x 2 min V10 [2 min VR] ↘12 min	Repos Flex	30 min VE Force Flex	100 min VE Flex
semaine 15	Repos Flex	50 min : ↗15 min Pyramide 1 min V10 2 min V21 3 min V42 2 min V21 1 min V10 [2 min VR] ↘18 min	Repos Force Flex	45 min : ↗15 min Intervalles 2 x 5 min V21 [2 min VR] ↘18 min	Repos Flex	30 min VE Force Flex	60 min VE Flex
semaine 16	Repos Flex	40 min : ↗15 min Pyramide 1 min V10 2 min V21 3 min V42 [2 min VR] ↘15 min	Repos Force Flex	35 min : ↗15 min *Strides* 4 x 20 s [2 min VR] ↘15 min	Repos Flex	20 min VE Force Flex	21,1 km

PROGRAMME : 42,2 KILOMÈTRES

(POUR UN (TEMPS ENTRE 2:30:00 ET 3:57:30)

VR Vitesse de récupération	VE Vitesse d'endurance fondamentale	V42 Vitesse du marathon	V21 Vitesse du demi-marathon	V10 Vitesse du 10 km	V5 Vitesse du 5 km	V3 Vitesse du 3 km
/km	/km	/km	/km	/km	/km	/km

	Lundi	Mardi	Mercredi	Jeudi	Vendredi	Samedi	Dimanche
semaine 1	Repos Flex	**45 min :** ↗15 min *Strides* 7 x 20 s [2 min VR] ↘15 min	Repos Force Flex	**50 min :** ↗20 min Intervalles 2 x 5 min V42 [2 min VR] ↘18 min	Repos Flex	35 min VE Force Flex	**55 min VE** Flex
semaine 2	Repos Flex	**50 min :** ↗15 min *Strides* 9 x 20 s [90 s VR] ↘20 min	Repos Force Flex	**50 min :** ↗15 min Montées 6 x 1 min [2 min VR] ↘20 min	Repos Flex	40 min VE Force Flex	**60 min VE** Flex
semaine 3	Repos Flex	**50 min :** ↗15 min Intervalles 3 x 5 min V21 [3 min VR] ↘15 min	Repos Force Flex	**55 min :** ↗15 min Intervalles 2 x 8 min V42 [RE 4 min] ↘20 min	Repos Flex	35 min VE Force Flex	**70 min VE** Flex
semaine 4	Repos Flex	**60 min :** ↗15 min Intervalles 4 x 5 min V21 [3 min VR] ↘15 min	30 min VE Force Flex	**55 min :** ↗15 min Montées 8 x 1 min [2 min VR] ↘18 min	Repos Flex	40 min VE Force Flex	**80 min VE** Flex
semaine 5	Repos Flex	**55 min :** ↗20 min Pyramide 1 min V10 2 min V21 3 min V42 2 min V21 1 min V10 [2 min VR] ↘20 min	30 min VE Force Flex	**70 min :** ↗20 min Intervalles 2 x 10 min V42 [4 min VR] ↘15 min	Repos Flex	40 min VE Force Flex	**90 min VE** Flex

	Lundi	Mardi	Mercredi	Jeudi	Vendredi	Samedi	Dimanche
semaine 6	Repos Flex	**65 min :** ↗20 min Intervalles 3 x 3 min V10 [2 min VR] ↘30 min	35 min VE Force Flex	**55 min :** ↗20 min Intervalles 3 x 6 min V21 [3 min VR] ↘15 min	Repos Flex	40 min VE Force Flex	**80 min VE** Flex
semaine 7	Repos Flex	**60 min :** ↗20 min Pyramide 1 min V10 2 min V21 3 min V42 2 min V21 1 min V10 [2 min VR] ↘22 min	35 min VE Force Flex	**55 min :** ↗15 min Intervalles 12 x 1 min V42 [1 min VR] ↘15 min	Repos Flex	30 min VE Force Flex	**100 min VE** Flex
semaine 8	Repos Flex	**80 min :** ↗25 min Intervalles 3 x 7 min V21 [3 min VR] ↘28 min	40 min VE Force Flex	**55 min :** ↗15 min Montées 8 x 1 min [2 min VR] ↘12 min	Repos Flex	30 min VE Force Flex	**120 min VE**
semaine 9	Repos Flex	**70 min :** ↗20 min Pyramide 2 min V5 3 min V10 4 min V21 3 min V10 2 min V5 [2 min VR] ↘27 min	45 min VE Force Flex	**55 min :** ↗10 min Intervalles 16 x 1 min V42 [1 min VR] ↘15 min	Repos Flex	35 min VE Force Flex	**100 min :** ↗10 min fin rapide 60 min VE 30 min V42 sprint
semaine 10	Repos Flex	**70 min :** ↗20 min 4 x 4 min V21 [3 min VR] ↘25 min	Repos Force Flex	**75 min :** ↗25 min Intervalles 2 x 10 min V42 [4 min VR] ↘25 min	Repos Flex	35 min VE Force Flex	**25 km VE**
semaine 11	Repos Flex	**75 min :** ↗20 min Pyramide 2 min V5 3 min V10 4 min V21 5 min V42 4 min V21 3 min V10 2 min V5 [2 min VR] ↘32 min	40 min VE Force Flex	**90 min :** ↗30 min Intervalles 2 x 15 min V42 [2 min VR] ↘28 min	Repos Flex	40 min VE Force Flex	**22 km VE** Flex

	Lundi	Mardi	Mercredi	Jeudi	Vendredi	Samedi	Dimanche
semaine 12	Repos Flex	**80 min :** ↗30 min Pyramide 2 min V5 3 min V10 4 min V21 5 min V42 [2 min VR] ↘30 min	45 min VE Force Flex	**60 min :** ↗25 min *Strides* 5 x 20 s [2 min VR] ↘25 min	Repos Flex	30 min VE Force Flex	**30 km VE**
semaine 13	Repos Flex	**60 min :** ↗15 min Intervalles 3 x 7 min V21 [3 min VR] ↘18 min	40 min VE Force Flex	**60 min :** ↗10 min Intervalles 21 x 1 min V42 [1 min VR] ↘10 min	Repos Flex	35 min VE Force Flex	**26 km VE**
semaine 14	Repos Flex	**80 min :** ↗25 min Pyramide 2 min V5 4 min V10 6 min V21 12 min V42 [2 min VR] ↘25 min	30 min VE Force Flex	**60 min :** ↗20 min Intervalles 3 x 4 min V21 [2 min VR] ↘23 min	Repos Flex	45 min VE Force Flex	**110 min VE** Flex
semaine 15	Repos Flex	**70 min :** ↗20 min Intervalles 3 x 3 min V10 [2 min VR] ↘23 min	Repos Force Flex	**60 min :** ↗15 min Intervalles 2 x 10 min V42 [4 min VR] ↘20 min	Repos Flex	30 min VE Force Flex	**75 min VE** Flex
semaine 16	Repos Flex	**40 min :** ↗15 min Pyramide 1 min V10 2 min V21 3 min V42 [2 min VR] ↘15 min	Repos Force Flex	**30 min :** ↗10 min *Strides* 3 x 20 s [2 min VR] ↘15 min	Repos Flex	20 min VE Flex	**42,2 km**

PROGRAMME : 42,2 KILOMÈTRES
(POUR UN TEMPS ENTRE 3:57:31 ET 5:25:00)

VR Vitesse de récupération	VE Vitesse d'endurance fondamentale	V42 Vitesse du marathon	V21 Vitesse du demi-marathon	V10 Vitesse du 10 km	V5 Vitesse du 5 km	V3 Vitesse du 3 km
/km	/km	/km	/km	/km	/km	/km

	Lundi	Mardi	Mercredi	Jeudi	Vendredi	Samedi	Dimanche
semaine 1	Repos Flex	**40 min :** ↗15 min *Strides* 5 x 20 s [2 min VR] ↘15 min	Repos Force Flex	**45 min :** ↗20 min Intervalles 2 x 4 min V42 [2 min VR] ↘15 min	Repos Flex	30 min VE Force Flex	**50 min VE** Flex
semaine 2	Repos Flex	**45 min :** ↗15 min *Strides* 7 x 20 s [90 s VR] ↘20 min	Repos Force Flex	**45 min :** ↗15 min Montées 4 x 1 min [2 min VR] ↘20 min	Repos Flex	40 min VE Force Flex	**55 min VE** Flex
semaine 3	Repos Flex	**50 min :** ↗15 min Intervalles 3 x 4 min V21 [3 min VR] ↘13 min	Repos Force Flex	**50 min :** ↗15 min Intervalles 2 x 6 min V42 [RE 4 min] ↘20 min	Repos Flex	35 min VE Force Flex	**65 min VE** Flex
semaine 4	Repos Flex	**60 min :** ↗15 min Intervalles 3 x 5 min V21 [3 min VR] ↘15 min	30 min VE Force Flex	**50 min :** ↗15 min Montées 6 x 1 min [2 min VR] ↘5 min	Repos Flex	35 min VE Force Flex	**75 min VE** Flex
semaine 5	Repos Flex	**60 min :** ↗15 min Pyramide 2 min V10 3 min V21 4 min V42 3 min V21 2 min V10 [2 min VR] ↘27 min	30 min VE Force Flex	**70 min :** ↗20 min Intervalles 2 x 10 min V42 [RE 4 min] ↘15 min	Repos Flex	40 min VE Force Flex	**90 min VE** Flex

	Lundi	Mardi	Mercredi	Jeudi	Vendredi	Samedi	Dimanche
semaine 6	Repos Flex	**70 min :** ↗20 min Intervalles 4 x 3 min V10 [2 min VR] ↘30 min	35 min VE Force Flex	**60 min :** ↗20 min Intervalles 3 x 6 min V21 [3 min VR] ↘16 min	Repos Flex	40 min VE Force Flex	**80 min VE** Flex
semaine 7	Repos Flex	**75 min :** ↗20 min Pyramide 3 min V10 4 min V21 5 min V42 4 min V21 3 min V10 [2 min VR] ↘32 min	35 min VE Force Flex	**60 min :** ↗15 min Intervalles 15 x 1 min V42 [RE 1 min] ↘15 min	Repos Flex	30 min VE Force Flex	**100 min VE** Flex
semaine 8	Repos Flex	**80 min :** ↗25 min Intervalles 3 x 7 min V21 [3 min VR] ↘28 min	40 min VE Force Flex	**60 min :** ↗15 min Montées 10 x 1 min [2 min VR] ↘17 min	Repos Flex	30 min VE Force Flex	**120 min VE** Flex
semaine 9	Repos Flex	**75 min :** ↗20 min Pyramide 2 min V5 3 min V10 4 min V21 3 min V10 2 min V5 [2 min VR] ↘32 min	45 min VE Force Flex	**65 min :** ↗10 min Intervalles 20 x 1 min V42 [1 min VR] ↘16 min	Repos Flex	45 min VE Force Flex	**110 min :** ↗10 min fin rapide 70 min VE 30 min V42 + sprint
semaine 10	Repos Flex	**80 min :** ↗25 min Intervalles 4 x 5 min V21 [3 min VR] ↘25 min	Repos Force Flex	**75 min :** ↗25 min Intervalles 2 x 10 min V42 [4 min VR] ↘25 min	Repos Flex	40 min VE Force Flex	**26 km VE**
semaine 11	Repos Flex	**75 min :** ↗20 min Pyramide 2 min V5 3 min V10 4 min V21 5 min V42 4 min V21 3 min V10 2 min V5 [2 min VR] ↘32 min	40 min VE Force Flex	**90 min :** ↗30 min Intervalles 2 x 15 min V42 [2 min VR] ↘28 min	Repos Flex	45 min VE Force Flex	**120 min VE** Flex

	Lundi	Mardi	Mercredi	Jeudi	Vendredi	Samedi	Dimanche
semaine 12	Repos Flex	**80 min :** ↗30 min Pyramide 2 min V5 3 min V10 4 min V21 5 min V42 [2 min VR] ↘30 min	45 min VE Force Flex	**60 min :** ↗25 min *Strides* 5 x 20 s [2 min VR] ↘25 min	Repos Flex	30 min VE Force Flex	**30 km VE**
semaine 13	Repos Flex	**65 min :** ↗15 min Intervalles 3 x 8 min V21 [3 min VR] ↘20 min	40 min VE Force Flex	**75 min :** ↗15 min Intervalles 26 x 1 min V42 [1 min VR] 10 min	Repos Flex	40 min VE Force Flex	**140 min VE**
semaine 14	Repos Flex	**90 min :** ↗25 min Pyramide 2 min V5 4 min V10 8 min V21 16 min V42 [2 min VR] ↘30 min	30 min VE Force Flex	**65 min :** ↗20 min Intervalles 3 x 5 min V21 [2 min VR] ↘25 min	Repos Flex	45 min VE Force Flex	**120 min VE** Flex
semaine 15	Repos Flex	**75 min :** ↗20 min Intervalles 4 x 3 min V10 [2 min VR] ↘25 min	Repos Force Flex	**60 min :** ↗15 min Intervalles 2 x 10 min V42 [4 min VR] ↘20 min	Repos Flex	30 min VE Force Flex	**90 min VE** Flex
semaine 16	Repos Flex	**45 min :** ↗15 min Pyramide 2 min V10 3 min V21 4 min V42 [2 min VR] ↘17 min	Repos Force Flex	**30 min :** ↗10 min *Strides* 3 x 20s [2 min VR] ↘15 min	Repos Flex	20 min VE Flex	**42,2 km**

7

LES EXERCICES
DU COUREUR

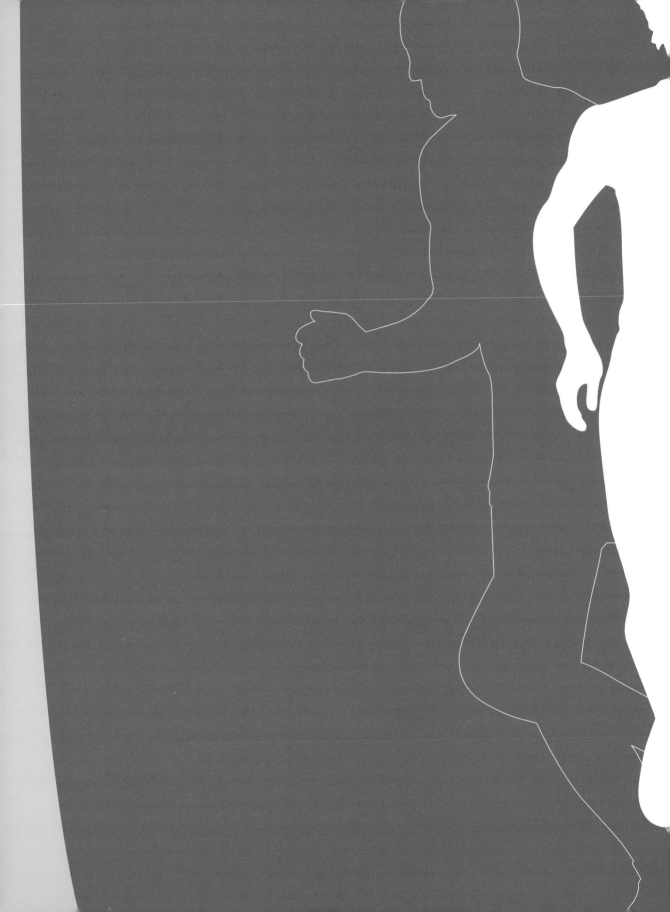

UN CORPS PRÊT POUR LA COURSE

LE COUREUR COMPLET

Le coureur doit idéalement posséder une bonne mobilité dans chacune de ses articulations, des muscles à la fois forts et souples, des fascias libres de toute contrainte, une bonne posture et une bonne respiration. Si certains de ces éléments sont problématiques, et même si votre entraînement est bien dosé, que vous récupérez bien et que vous avez une bonne technique de course, vous êtes à risque de blessure et votre performance sera affectée. Dans ce chapitre, vous trouverez une foule d'exercices conçus spécifiquement pour les besoins du coureur. Renforcement, flexibilité, mobilité, posture, respiration et exercices techniques composent votre menu. Au dessert, vous sont offerts des outils d'auto-entretien.

UN BON COUREUR EST AVANT TOUT UN BON ATHLÈTE

Ne faites pas que courir. Les personnes qui ne pratiquent que la course à pied sont plus souvent blessées que celles qui incorporent d'autres activités physiques à leur entraînement. Les exercices suivants sont un incontournable pour tout coureur. Également, l'ajout d'activités complémentaires (vélo, natation, ski, patin, foot, tennis, sports d'équipe...) varie les stimuli, permet d'améliorer certaines habiletés qui se transfèrent à la course (cardiovasculaire, équilibre, proprioception...) et apporte de la fraîcheur mentale durant les périodes d'entraînement de course qui peuvent à l'occasion sembler monotones (eh oui, il arrive à tout le monde d'avoir parfois moins de plaisir en s'entraînant !).

CIBLEZ VOS FAIBLESSES EN GARDANT UNE VISION GLOBALE

La course à pied teste votre corps. Le maillon le plus faible de votre condition physique, quel qu'il soit, est souvent le premier à céder. Il est important de concentrer votre entraînement sur vos faiblesses. Si vous êtes très souple mais avez peu de force musculaire, faites des exercices de renforcement. Si vous êtes fort mais peu souple, étirez-vous. Si vous avez de la difficulté avec votre équilibre, développez cet aspect. Si vous respirez mal, focalisez votre attention sur ce point. Cependant, ne tombez pas dans les excès ; vous occuper seulement de votre pied droit si celui-ci est douloureux ne sera pas bénéfique. Le corps fonctionne comme une unité. Il faut s'occuper de l'ensemble, et choisir des exercices qui sollicitent tout le corps.

LA BONNE COMBINAISON

Certains coureurs préfèrent faire les exercices avant ou après leur course. D'autres préfèrent s'y adonner les jours où ils ne courent pas. Il n'y a pas qu'une bonne façon de procéder. L'avantage de faire des exercices avant de courir (exception faite des étirements statiques) est de bien préparer le corps pour l'effort. Après la course, on est bien échauffé, et certains exercices sont plus faciles à exécuter (les étirements, entre autres). Les jours de repos de course, on peut en profiter pour faire des exercices plus sollicitants. En tout temps, on doit éviter de combiner entraînement de course difficile et entraînement de renforcement ou de flexibilité. Le tableau suivant vous indiquera à quel moment de l'entraînement chaque aspect est approprié.

DÉTERMINANT	ENTRAÎNEMENT DE COURSE FACILE		ENTRAÎNEMENT DE COURSE DIFFICILE		JOUR SANS COURSE
	AVANT	APRÈS	AVANT	APRÈS	
Renforcement	👎	👍	👎	👍	👍👍👍
Renforcement en pliométrie	👎	👍	👎	👎	👍👍👍
Flexibilité	👎	👍👍	👎	👎	👍👍👍
Mobilité	👍👍👍	👍	👍👍👍	👎	👍👍
Posture	👍👍	👍	👍👍	👍	👍👍
Respiration	👍👍	👍	👍👍	👍	👍👍
Exercices techniques	👍👍👍	👍	👍👍👍	👎	👍
Auto-entretien	👎	👍👍	👎	👎	👍👍👍

Légende : 👍👍👍 *moment idéal,* 👍👍 *fortement conseillé,* 👍 *conseillé,* 👎 *non conseillé*

LISTE DES EXERCICES

FLEXIBILITÉ

Les exercices de flexibilité (aussi appelés étirements) sont impératifs pour les coureurs. Dans les pages suivantes, vous trouverez des exercices qui ciblent les muscles le plus souvent tendus chez le coureur. Toutefois, rien ne prouve scientifiquement que les exercices d'étirement améliorent la performance ou préviennent les blessures ; selon certaines personnes, il serait donc inutile de « perdre son temps » à s'étirer. Je suis d'avis qu'aucune étude à ce jour n'a été assez bien menée pour arriver à démontrer ce postulat de façon significative. Quand on tient compte des études fondamentales réalisées sur le sujet des étirements et qu'on constate les changements apportés par ceux-ci sur la biomécanique du coureur, il ne fait aucun doute que les étirements sont primordiaux pour une course efficace et fluide.

GARE AUX MICRODÉCHIRURES !

Il est bien connu que les étirements ne doivent jamais être exécutés à froid. Ce qui l'est moins cependant, et qui est très important, c'est qu'ils ne doivent jamais non plus être exécutés après des entraînements de course intenses ou longs. Le mot à retenir est microdéchirure. Après un entraînement de type intervalles, sprints, saut, pliométrique ou longue distance, les muscles sont endommagés et présentent des microdéchirures. Rien ne sert d'étirer des tissus microdéchirés. C'est même risqué. Il faut donc attendre au moins quatre heures après un entraînement intense, et une journée complète après un entraînement très intense, avant d'étirer doucement les muscles concernés. En d'autres termes, si vous ressentez de fortes courbatures après un entraînement, allez-y doucement sur les étirements. Un coureur bien entraîné arrive à récupérer très rapidement de ses entraînements et souffre peu de courbatures, à moins de faire un entraînement très intense. Il est donc possible de faire des étirements après la majorité des entraînements, même ceux considérés comme difficiles.

ÉTIRER UNE ZONE BLESSÉE PEUT AGGRAVER SON ÉTAT

Comme on vient de le voir, certains exercices d'étirement ne doivent pas être faits lorsque le tendon ou le muscle concerné est douloureux ou blessé. L'étirement des mollets (et donc du tendon d'Achille) peut aggraver un problème de tendinopathie aiguë du tendon d'Achille. Étirer des muscles fortement contracturés donne peu de résultats, à moins d'y aller très doucement. Des ligaments ayant subi une entorse ne devraient jamais être étirés. Les étirements sont également contre-indiqués après un claquage musculaire. Avec le temps, lorsque la guérison est avancée, ils peuvent être réintégrés graduellement.

> Ne jamais étirer un muscle à froid, après un entraînement intense, ou si ce muscle a subi une blessure aiguë.

MIEUX VAUT TROIS QUE DEUX, QUE UN

Pour de meilleurs résultats, vous pouvez exécuter certains étirements deux ou trois fois. Il a été démontré que l'on peut aller plus loin à la première répétition, et encore plus loin à la deuxième. Il est peu utile d'en faire plus. Accordez plus d'importance aux muscles les plus tendus.

STATIQUE, OU CONTRACTION ET RÉSISTANCE?

Les exercices de flexibilité peuvent être faits de façon statique ou en mode contracter-résister. Un étirement statique est normalement maintenu pendant 30 à 60 secondes. Notez qu'il peut être intéressant de varier la durée, afin de diversifier les stimuli. Il peut être utile de maintenir l'étirement jusqu'à deux minutes, afin d'obtenir de meilleurs résultats. Cette pratique, que je recommande d'employer une fois par semaine, demande toutefois plus de temps. Le mode contracter-résister est différent. On se place dans une position d'étirement, et on applique une contraction d'intensité moyenne des muscles étirés durant 4 secondes. On relâche ensuite pour 4 secondes. On répète le cycle contraction et relâchement 4 fois. L'étirement est maintenu tout au long de l'exercice. Certaines méthodes préconisent des durées différentes, mais le principe demeure le même. Le principal avantage de cette forme d'étirement: l'impact plus grand sur la boucle neurologique qui maintient le muscle tendu. On relâche le muscle, oui, mais on calme également les nerfs qui envoient un influx anormal au muscle. Remarquez que durant l'étirement statique, la boucle neurologique est également ciblée.

Plusieurs questions restent encore à élucider, mais une chose est sûre, les étirements permettent d'acquérir une meilleure souplesse et de réguler le système nerveux, ce qui est loin d'être inutile pour le coureur. Un troisième type d'étirements, dits balistiques, peut aussi être bénéfique pendant l'échauffement. Ceux-ci consistent à faire des mouvements dynamiques à amplitude élevée. Vous retrouverez des exercices de ce type dans la section des exercices techniques.

Dans le cas des étirements statiques, il faut chercher à maintenir un étirement d'environ 90 à 95 % de son maximum, tout en étant capable d'un certain relâchement. Rien ne sert de trop forcer. On atteint de meilleurs résultats lorsqu'on est capable de se détendre et de bien respirer. La position d'étirement doit être installée de façon douce et graduelle.

Il est possible, et parfois profitable, de faire des étirements statiques avant une course, dans le cas où certaines tensions musculaires limitent la qualité du mouvement. Il faut alors bien s'échauffer avant de faire les étirements, puis s'échauffer de nouveau et faire des exercices destinés à stimuler le système nerveux (puisque les étirements l'endorment, en quelque sorte).

Les coureurs qui, avant leur course, exécutent des étirements en faisant des secousses (comme on en voit malheureusement trop souvent) provoquent un réflexe d'étirement, ce qui ne fait que tendre encore plus la région étirée. L'étirement ne doit pas être accompagné de douleur pendant ou après l'exercice. Il ne doit en aucun cas être accompagné d'une sensation d'engourdissement.

1

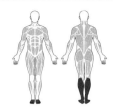

ÉTIREMENT RÉSISTÉ DES FLÉCHISSEURS DES ORTEILS

Les fléchisseurs des orteils sont fortement sollicités pendant la course. La plupart du temps, ils sont malheureusement oubliés.

Position initiale
Assis sur le sol, genou fléchi, les mains empoignant les orteils.

Action
Amener les orteils vers soi jusqu'à sentir un étirement. Maintenir l'étirement en appuyant le pied sur les doigts pendant 4 secondes. Maintenir l'étirement en relâchant la contraction pendant 4 secondes. Répéter le cycle de contraction et relâchement 4 fois.

À éviter
Permettre un mouvement du pied ou des orteils.

2

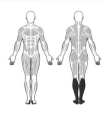

ÉTIREMENT RÉSISTÉ DU FLÉCHISSEUR DE L'HALLUX

Le fléchisseur de l'hallux (gros orteil) est le dernier à se contracter lors de votre propulsion et est un muscle clé pour le coureur.

Position initiale
La même que pour l'exercice précédent, excepté que l'on n'empoigne que l'hallux.

Action
La même que pour l'exercice précédent, excepté que l'on ramène vers soi l'hallux uniquement. On repousse ensuite nos doigts avec l'orteil. Répétez le cycle de contraction et relâchement 4 fois. Vous serez surpris de la force de ce petit muscle !

À éviter
Permettre un mouvement de l'hallux.

3

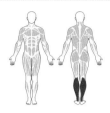

ÉTIREMENT DU SOLÉAIRE

Le soléaire, relié au tendon d'Achille, est très sollicité pendant la course. L'étirement devrait être perçu dans la partie basse et profonde du mollet. Choisissez la variante sur marche d'escalier (ci-dessous) si vous ne ressentez pas d'étirement.

Position initiale
Debout, le pied du côté à étirer loin derrière, mains sur un plan fixe. Les pieds sont à la largeur des hanches.

Action
Presser le talon au sol, avancer le bassin jusqu'à étirement, puis fléchir le genou.

Durée
45 secondes de chaque côté.

À éviter
Décoller le talon du sol.

VARIANTE SUR MARCHE D'ESCALIER

Position initiale
Le bout du pied du côté à étirer placé de façon stable sur le rebord d'une marche.

Action
Laisser descendre le talon du côté à étirer, en gardant le genou fléchi jusqu'à sentir l'étirement.

Durée
45 secondes de chaque côté.

À éviter
Trop forcer pour descendre le talon.

4

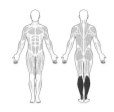

ÉTIREMENT DES JUMEAUX

Tout coureur devrait étirer ses jumeaux, lesquels s'attachent au talon par le tendon d'Achille. Les jumeaux sont parfois exagérément tendus. Ils méritent alors d'être traités séparément (voir ci-dessous), au moins quelques fois par semaine.

Position initiale
Debout, le pied du côté à étirer loin derrière, tourné vers l'extérieur de 20°.

Action
Presser le talon au sol et avancer le bassin jusqu'à sentir un étirement.

Durée
30 secondes de chaque côté.

À éviter
Décoller le talon du sol.

VARIANTES

Jumeau médial
Le pied tourné de 20° vers l'intérieur. Avancer jusqu'à étirement, puis écraser l'arche interne et maintenir 30 secondes.

Jumeau latéral
Le pied tourné de 30° vers l'extérieur. Avancer jusqu'à étirement, puis écraser l'arche externe et maintenir 30 secondes.

5

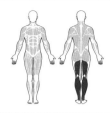

ÉTIREMENT DES ISCHIO-JAMBIERS DEBOUT

Lorsque tendus, les ischio-jambiers nuisent à une bonne technique de course et peuvent entraver le travail des quadriceps.

Position initiale
Debout, un pied sur un plan surélevé. Les bras le long du corps.

Action
Ramener les orteils vers soi et avancer le tronc en gardant le dos droit, avec la colonne bien allongée. Pousser l'arrière de la jambe à étirer vers le sol.

Durée
45 secondes de chaque côté.

À éviter
Arrondir le dos.

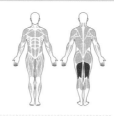

6

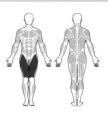

7

ÉTIREMENT DES ISCHIO-JAMBIERS COUCHÉ

Cet exercice propose une alternative intéressante. L'idéal est de varier, et d'étirer les ischio-jambiers autant debout que couché.

Position initiale
Couché sur le dos, les genoux fléchis.

Action
Appuyer le coude au sol et amener la cuisse dans la main. En gardant la cuisse bien appuyée sur la main, pousser le talon vers le ciel et ramener les orteils vers soi. Maintenir la colonne bien allongée.

Durée
45 à 60 secondes de chaque côté.

À éviter
Éloigner la cuisse de la main.
Laisser le menton monter vers le ciel.

ÉTIREMENT DES QUADRICEPS DEBOUT

La partie tendue des quadriceps est à peu près toujours le muscle droit antérieur de la cuisse. Si vous avez mal au genou, faites l'étirement en ramenant moins le pied vers la fesse.

Position initiale
Debout, la cheville ou le pied maintenu dans la main.

Action
Amener le talon vers la fesse, puis pousser le genou vers l'arrière, et finalement basculer le pubis vers le nombril (rétrobascule du bassin).
Maintenir la position en allongeant la colonne et en gardant un bon enracinement.

Durée
45 secondes de chaque côté.

À éviter
Arquer le dos.
Décoller le talon de la fesse.

8

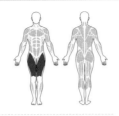

ÉTIREMENT RÉSISTÉ DES QUADRICEPS COUCHÉ

J'ai conçu cet étirement afin de soulager les tensions récalcitrantes des quadriceps. Et ça fonctionne !

Position initiale
Couché sur le côté, le pied maintenu par une main.

Action
Faire l'étirement précédent : talon vers la fesse, genou vers l'arrière et rétrobascule du bassin. Une fois dans la position, appuyer la plante de l'autre pied sur le dessus de la cuisse ou sur le genou. Maintenir cette position en poussant le genou vers le pied pendant 4 secondes, puis relâcher pour 4 secondes. Répéter 4 fois.

À éviter
Creuser le dos de façon excessive.
Décoller le talon de la fesse.

9

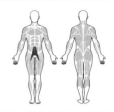

ÉTIREMENT DU PSOAS-ILIAQUE

Le psoas-iliaque est souvent raccourci et tendu, entre autres chez ceux qui passent beaucoup de temps en position assise (donc, la majorité d'entre nous). Cette tension affecte la technique de course.

Position initiale
En chevalier servant, avec appui sur une surface stable (débutant) ou non (avancé). Les pieds à la largeur des hanches. Le genou arrière est légèrement tourné vers l'intérieur. Un coussin peut être placé sous le genou, pour plus de confort.

Action
Avancer le bassin, avec le dos droit, jusqu'à sentir un étirement à l'avant de la hanche du côté allongé derrière. Tout en gardant la colonne bien droite, maintenir la position.
Pour un plus grand étirement, pousser le talon vers l'arrière en levant légèrement le genou.

Durée
30 à 45 secondes de chaque côté.

À éviter
Arrondir et pencher le dos.
Avoir les jambes trop peu éloignées l'une de l'autre.

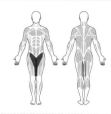
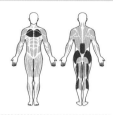

10 ÉTIREMENT RÉSISTÉ DES ADDUCTEURS DE LA HANCHE

Les muscles adducteurs de la hanche participent à la stabilisation latérale pendant la course.

Position initiale
Couché sur le dos, les genoux fléchis, les mains à l'intérieur des genoux.

Action
Écarter les genoux jusqu'à sentir un étirement. Une fois dans la position, pousser les genoux vers l'intérieur pendant 4 secondes, en exerçant une résistance avec les mains. Relâcher la contraction pendant 4 secondes en maintenant l'étirement. Répéter 4 fois.

À éviter
Permettre un mouvement des cuisses.

11 ÉTIREMENT DE LA CHAÎNE POSTÉRO-LATÉRALE

Un *must* pour les coureurs, cet étirement est cependant aussi inconfortable qu'il est efficace.

Position initiale (pour le côté gauche)
Couché sur le dos, amener la jambe gauche par-dessus la droite. Empoigner le pied avec la main droite (ou à l'aide d'un élastique ou d'une serviette). L'épaule gauche n'a pas besoin d'être en contact avec le sol.

Action
Allonger la jambe vers la tête, ramener les orteils vers soi (surtout le gros) et pousser le talon au loin.

Durée
45 secondes de chaque côté.

À éviter
Forcer pour appuyer les épaules au sol.

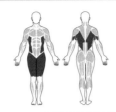

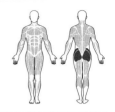

ÉTIREMENT DE LA CHAÎNE ANTÉRO-LATÉRALE

Lorsqu'une tension musculaire entraîne un phénomène de fermeture sur soi-même, cet étirement est le plus indiqué. Il doit toujours être exécuté doucement, sans effort.

Position initiale
Couché sur le dos, les genoux fléchis. Garder le bas du dos plaqué au sol.

Action
Saisir le pied avec la main opposée. Amener le genou au loin et le laisser descendre vers le sol. Amener ensuite le bras du même côté au-dessus de la tête, fléchi, et pousser le coude au loin.

Durée
45 secondes de chaque côté.

À éviter
Décoller le bas du dos.
Trop forcer.

ÉTIREMENT DES FESSIERS PROFONDS

Des fessiers profonds (entre autres, le muscle piriforme) tendus empêchent une bonne stabilisation du bassin.

Position initiale (pour le côté droit)
Couché sur le dos, jambe gauche fléchie, cheville droite posée sur la cuisse gauche. Les doigts entrelacés derrière la cuisse gauche.

Action
Ramener la cuisse vers l'abdomen, puis les orteils (surtout le petit) vers les genoux.

Durée
45 secondes de chaque côté.

À éviter
Avoir le cou en extension (placer un coussin sous la tête dans ce cas).

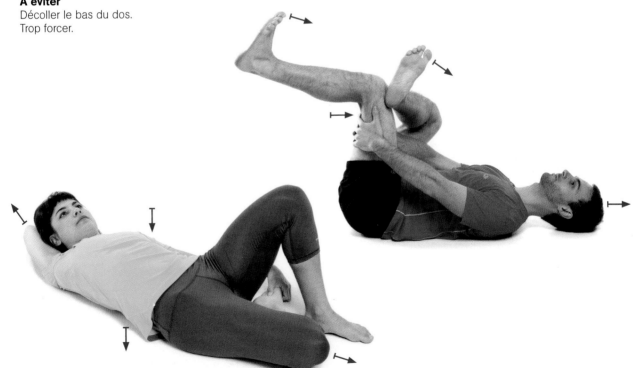

14

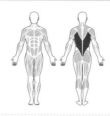

ÉTIREMENT DU GRAND DORSAL

Un grand dorsal libre permet une meilleure respiration et un mouvement plus libre du bassin et des épaules. Cet exercice étire aussi une partie du muscle carré des lombes, muscle très sollicité durant la course.

Position initiale (pour le côté gauche)
Assis sur le sol, la jambe gauche repliée vers l'avant, la droite repliée à l'arrière, le talon près de la fesse. Si la position est inconfortable, s'asseoir en tailleur.

Action
Pousser le talon de la main gauche vers le ciel en s'inclinant vers la droite, tout en gardant la colonne allongée.

Durée
45 secondes de chaque côté.

À éviter
S'incliner du mauvais côté.
S'écraser sur le côté.

15

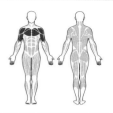

ÉTIREMENT DES GRANDS PECTORAUX

Particulièrement utile aux coureurs qui ont le dos voûté ou qui courbent les épaules vers l'avant.

Position initiale
Debout, les mains de chaque côté d'un cadre de porte.

Action
Avancer le tronc et chercher à ouvrir doucement la cage thoracique en respirant.

Durée
45 secondes.

À éviter
Placer les bras trop haut.
Projeter la tête vers l'avant.

16

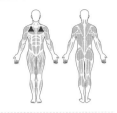

ÉTIREMENT DU PETIT PECTORAL

Le petit pectoral est le muscle par excellence à étirer pour les épaules trop courbées vers l'avant.

Position initiale (pour le côté gauche)
Debout, près d'un mur, les pieds en appui large. Le coude à la hauteur de l'épaule, plaquer l'avant-bras gauche au mur.

Action
Ramener les doigts de la main gauche vers le sol, tourner la tête et le tronc vers la droite, puis reculer l'épaule droite afin d'ouvrir le thorax. Répéter de l'autre côté. En cas d'engourdissement, diminuer la tension. Si l'engourdissement perdure, consultez un professionnel.

Durée
45 secondes de chaque côté.

À éviter
Trop forcer.

17

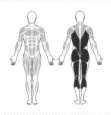

ÉTIREMENT DU BAS DU DOS

À faire quelques heures après les longues courses. Un bas du dos libre est une des clés de la bonne santé du coureur.

Position initiale
Couché sur le dos, les jambes en appui sur un mur. Se placer le plus près possible du mur, pourvu que le bassin reste appuyé au sol.

Action
Allonger la nuque et la colonne. Ramener les orteils vers le sol, l'arrière des jambes vers le mur et les talons vers le ciel. Placer les bras au-dessus de la tête et pousser les talons des mains loin du mur. Maintenir la position. Pour se relever, fléchir les genoux et se laisser rouler sur le côté.

Durée
On peut aussi garder la position sans étirement pendant 2 à 10 minutes pour favoriser le retour veineux. Maintenir l'étirement 1 minute.

À éviter
Placer le bassin trop près du mur.
Avoir le cou en extension.

VARIANTE UNILATÉRALE

Cet exercice peut être exécuté avec une seule jambe sur un mur et l'autre allongée au sol placé sur le bord d'un mur. Elle a l'avantage d'étirer en plus les muscles fléchisseurs de la hanche de la jambe au sol.

18

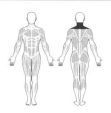

ÉTIREMENT DE L'ÉLÉVATEUR DE LA SCAPULA ET DU TRAPÈZE SUPÉRIEUR

Il s'agit de l'étirement par excellence si vous avez tendance à courir avec les épaules trop hautes.

Position initiale (pour le côté droit)
Debout, main gauche sur la tête, les doigts sur la tempe droite, la colonne droite et la paume de la main droite vers le sol (doigts vers le ciel).

Action
Pousser le talon de la main droite vers le sol en inclinant le cou vers la gauche et un peu vers l'avant.

Durée
45 secondes de chaque côté.

À éviter
Arrondir le dos.
Trop forcer pour incliner le cou.

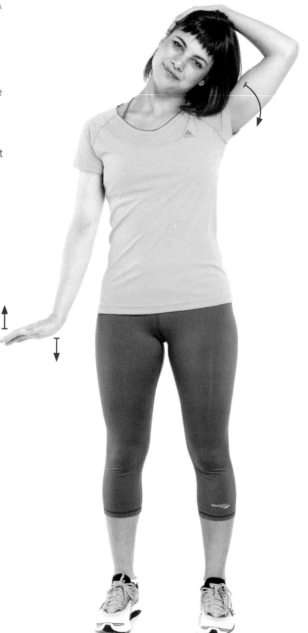

MOBILITÉ

La mobilité est l'amplitude de mouvement normalement présente dans les articulations. Les articulations les plus sollicitées pendant la course à pied sont les chevilles, les genoux, les hanches, les sacro-iliaques, les articulations vertébrales (entre les vertèbres), les épaules et, bien sûr, la trentaine de petites articulations comprises dans chacun des pieds.

MOUVEMENTS LIBRES ET SUSPENSIONS

Le bon fonctionnement de ces articulations permet un mouvement libre et efficace, lequel se transmet dans l'activité de la course. Un manque de mobilité dans toute articulation modifie la biomécanique de course. Cela peut affecter la performance, entraîner un changement de technique (compensation) et éventuellement favoriser une blessure. De plus, chacune de ces articulations est un véritable système de suspension. Comme nous l'avons vu, elles permettent de mieux absorber les impacts et de restituer l'énergie emmagasinée en énergie de propulsion. Une cheville peu mobile, par exemple, ne peut plus remplir correctement son rôle de ressort. Les forces d'impact seront ainsi transmises plus directement dans le tibia, le genou et le reste du corps. Que préférez-vous ? Une articulation mobile qui absorbe les chocs et permet un libre mouvement, ou une articulation figée qui subit les chocs et limite les mouvements ?

CONTRECARRER LES EFFETS DE NOTRE MODE DE VIE

Avec le vieillissement, on observe une diminution marquée de la mobilité. Les chevilles ont tendance à devenir plus raides, les vertèbres bougent moins… Ce dépérissement, dans une certaine mesure, est normal. Cependant, la majorité de la population, aujourd'hui, a opté pour un mode de vie sédentaire. Prenons le cas d'un coureur qui court 40 minutes trois fois par semaine, mais qui passe le reste de son temps assis devant l'ordinateur ou la télé, et qui a une mauvaise alimentation.

Heureusement qu'il court ! À cause de son mode de vie, son corps s'adapte au « non-mouvement » et devient progressivement de moins en moins mobile. Il devient alors primordial d'ajouter des exercices ciblant la mobilité, afin de retrouver une mobilité normale et de favoriser une meilleure biomécanique de course.

MOBILISER POUR ÉCHAUFFER

Les exercices de mobilité sont une excellente façon de s'échauffer et sont donc indiqués avant d'aller courir. Ils permettent d'augmenter la circulation liquidienne dans l'articulation, de stimuler les propriocepteurs et d'augmenter la température dans les articulations et les muscles.

SANS EFFORT

Rien ne sert de forcer ! Il faut exécuter les mouvements de façon fluide sans aller au maximum. L'amplitude maximale est de toute façon rarement nécessaire, et le corps réagit parfois mal à des mouvements poussés à la limite. Dans la course, des mouvements d'amplitude partielle sont réalisés. Plus vous êtes mobile, moins ces mouvements vous demanderont d'effort. Habituellement, 10 à 20 répétitions suffisent pour obtenir de bons résultats.

En aucun cas les exercices de mobilité ne doivent être accompagnés d'augmentation de la douleur, ni pendant ni après.

19

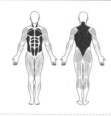

DOS ROND/DOS CREUX

Cet exercice est un incontournable pour la bonne santé de votre dos. À la fois simple et efficace, il permet d'améliorer votre capacité de flexion et d'extension de la colonne vertébrale.

Position initiale
À quatre pattes, les mains sous les épaules et les genoux sous les hanches.

Action
À l'inspiration, arrondir le dos en cherchant à le gonfler. À l'expiration, creuser le dos sans effort, en rythmant le mouvement sur la respiration. La tête reste dans le prolongement de la colonne, sans forcer.

Durée
15 répétitions.

À éviter
Tendre le cou.
Fléchir les coudes.

20

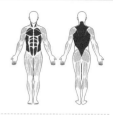

DOS ROND/DOS CREUX, DEBOUT

Cette version du dos rond/dos creux est adaptée au coureur et peut être utilisée comme exercice d'échauffement.

Position initiale
Debout.

Action
À l'inspiration, arrondir le dos en cherchant à le gonfler et à amener le pubis vers le nombril. À l'expiration, creuser le dos, en ramenant le pubis vers le sol et le coccyx vers le ciel. La tête reste dans le prolongement de la colonne, sans forcer.

Durée
10 répétitions.

À éviter
Trop forcer avec les muscles du dos.

21

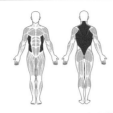

CHIEN AGITANT LA QUEUE

Une des meilleures façons de détendre votre dos et de le stimuler en même temps. Les inclinaisons latérales sont ciblées.

Position initiale
À quatre pattes, les mains et les genoux bien alignés, les pieds légèrement soulevés.

Action
Amener sans effort les pieds et la tête l'un vers l'autre sur un côté. Alterner d'un côté à l'autre de manière dynamique sans effort.

Durée
30 secondes.

À éviter
Mouvements saccadés ou trop forcés.

22

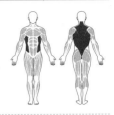

INCLINAISON DU DOS, DEBOUT

Une autre façon d'améliorer les inclinaisons latérales, qui peut être utilisée comme exercice d'échauffement.

Position initiale
Debout.

Action
Amener sans effort la tête et la hanche l'une vers l'autre. Alterner d'un côté à l'autre de manière dynamique.

Durée
20 secondes.

À éviter
Trop forcer le mouvement.

23

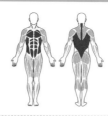

TORSION DU DOS

Pour améliorer la dissociation entre vos ceintures, c'est l'exercice idéal. Il permet aussi d'améliorer la mobilité de tout votre thorax.

Position initiale
Couché sur le dos, les genoux fléchis et collés, les pieds collés et chaque main saisissant le coude opposé.

Action
À l'inspiration, tourner la tête et les bras d'un côté et envoyer les genoux de l'autre côté. À l'expiration, tout ramener au centre, en activant votre unité centrale. Alterner d'un côté à l'autre.

Durée
10 répétitions de chaque côté.

À éviter
Mouvement de trop grande amplitude.

24

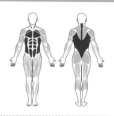

TORSION DU DOS, DEBOUT

Cet exercice de qi gong, en plus de permettre la dissociation des ceintures, est une bonne façon de vous échauffer et de stimuler vos glandes surrénales (lesquelles sécrètent l'adrénaline).

Position initiale
Debout, les pieds plus écartés que la largeur des hanches.

Action
Tourner le tronc d'un côté et de l'autre en laissant pendre les bras. En tournant vers la gauche, la main gauche devrait taper doucement sur le bas des côtes droites (zone des surrénales), et vice-versa. Gardez les mains relâchées.

Durée
30 secondes.

À éviter
Taper fort dans le dos.
Taper sous les côtes (zone du rein).

25

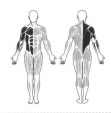

PENDULE DU BRAS

L'exercice idéal pour délier tout un côté du thorax et du cou, ainsi que le bras.

Position initiale
Debout.

Action
Imaginer que le bras est un pendule. La main est un poids, suspendu à l'épaule par une ficelle. Avec un mouvement de rotation du thorax, faire osciller le bras vers l'avant et l'arrière alternativement. Le bras devrait être complètement détendu.

Durée
10 répétitions pour chaque bras.

À éviter
Forcer avec le bras.

26

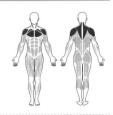

ROTATION ALTERNATIVE DES ÉPAULES

Un classique, utile pour mobiliser vos épaules, votre thorax et vos vertèbres thoraciques. Il est aussi indiqué pour relâcher le cou.

Position initiale
Debout.

Action
Tourner les épaules vers l'arrière l'une après l'autre.

Durée
15 répétitions de chaque côté.

À éviter
Soulever les épaules trop haut.
Crisper la nuque.

27

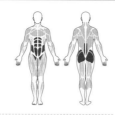

LES HUIT DU BASSIN

Une bonne façon d'échauffer et de stimuler les muscles du bassin et la colonne lombaire. Les hanches sont aussi sollicitées.

Position initiale
Debout.

Action
Dessiner des huit latéraux (∞) avec le bassin, et des huit de l'avant à l'arrière (8).

Durée
5 répétitions dans chaque direction pour les ∞ et les 8.

À éviter
Forcer pour faire des mouvements de trop grande amplitude.

28

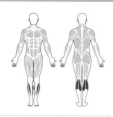

LES HUIT DU PIED

Excellent pour échauffer les pieds et les chevilles.

Action
Même principe que l'exercice précédent. Faire des huit latéraux (∞) et des huit de l'avant à l'arrière (8) avec les orteils. Vous pouvez vous amuser à cibler un orteil à la fois. Faire les huit aussi bien avec la jambe allongée qu'avec le genou fléchi.

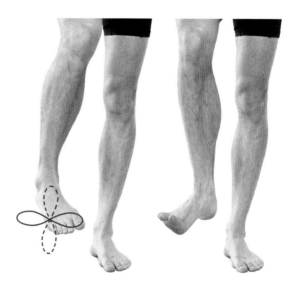

29

ESSUIE-GLACES

Une excellente façon de détendre les hanches et d'améliorer leur mobilité. Cet exercice ne demande aucun effort et est conseillé à tout coureur.

Position initiale
Couché sur le dos, les pieds à la largeur des hanches.

Action
Version 1 : Amener les pieds d'un côté puis de l'autre.

Version 2 : Amener les pieds l'un vers l'autre, puis les éloigner l'un de l'autre, de façon rythmique.

Durée
15 à 30 secondes pour chaque version (environ un aller-retour par seconde).

À éviter
Trop forcer.
Crisper les jambes.

Version 1

Version 2

POSTURE

Améliorer sa posture, c'est améliorer sa capacité à s'exprimer dans son environnement externe, mais aussi interne. Les répercussions d'une meilleure posture se font sentir dans toutes les activités. Les exercices posturaux permettent de favoriser une meilleure élongation de la colonne vertébrale, en stimulant et renforcissant les muscles profonds de la colonne et tous les muscles (quadriceps, mollets, fessiers...) qui nous maintiennent dans la gravité.

AMÉLIORER SA POSTURE POUR MIEUX COURIR...

Si tous les coureurs bénéficient d'exercices posturaux, ceux qui ont une posture particulièrement déficiente voient quant à eux des changements radicaux et parfois spectaculaires dans leur course à la suite de ces exercices. Leur technique s'en trouve modifiée de la tête aux pieds. Arriver à de bons résultats ne demande que quelques minutes par jour.

... ET COURIR POUR AMÉLIORER SA POSTURE

Une fois le principe d'élongation de la colonne bien maîtrisé et les muscles posturaux bien éveillés, il devient plus facile d'appliquer ces modifications à la course. Celle-ci devient alors une des meilleures façons de développer une bonne posture. C'est un des bons côtés de la course, que l'on ne retrouve pas, par exemple, à vélo ou en natation.

POSTURE ET MOBILITÉ DU DOS

La condition primaire d'une bonne posture est une colonne vertébrale mobile et souple. Il peut être difficile (voire impossible) de maintenir une bonne élongation de la colonne si celle-ci est voûtée et rigide. Des exercices de mobilité (dos rond/dos creux, chien agitant la queue, torsion du dos) devraient ainsi toujours être inclus à l'entraînement, dans le but d'optimiser les résultats. Certains exercices de flexibilité (ischio-jambiers, pectoraux, jumeaux...) permettent aussi de libérer les tensions qui entravent une bonne posture. Plusieurs coureurs cherchent sans succès à se tenir droits, étant limités principalement par leur dos.

Pour obtenir une bonne posture, il est aussi nécessaire d'avoir des propriocepteurs efficaces. Ceux-ci vous donneront les bonnes informations pendant la course, et votre corps pourra réaliser les ajustements nécessaires afin de garder une posture et un alignement des segments optimaux.

30

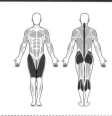

REBONDS

Très bonne façon de commencer un échauffement, les rebonds stimulent les muscles posturaux. Le mécanisme d'étirement réflexe des quadriceps est ciblé.

Position initiale
Debout, pieds à la largeur des hanches, la colonne allongée.

Action
En pliant les jambes, s'abaisser vers le sol et se relever aussitôt, avec un rythme rapide naturel.

Durée
15 à 30 secondes.

À éviter
Mouvement trop lent.

31

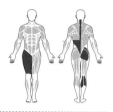

REBONDS SUR UNE JAMBE

Cette variante des rebonds développe l'équilibre et stimule les propriocepteurs. Un *must* pour les coureurs.

Position initiale
Debout en appui sur un pied, la colonne allongée.

Action
En pliant la jambe, s'abaisser vers le sol et se relever aussitôt, avec un rythme rapide naturel. Gardez la colonne allongée et assurez-vous d'avoir un bon enracinement du pied dans le sol.

Durée
15 secondes de chaque côté.

À éviter
Laisser le genou aller vers l'intérieur ou vers l'extérieur.

32

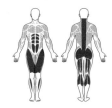

ALLONGEMENT/OSCILLATION

Cet exercice postural développe la capacité à activer les muscles profonds de la colonne ainsi que les chaînes musculaires postérieure et antérieure. Les pieds sont aussi stimulés.

Position initiale
Debout, les pieds à la largeur des hanches.

Action
Allonger la colonne en visualisant une ficelle qui tire le sommet du crâne vers le ciel. En maintenant cette posture, laisser le corps osciller vers l'avant (jusqu'à sentir l'appui sous les coussins à la base des orteils), puis vers l'arrière (appui sur talon).

Durée
30 à 60 secondes, ou 5 à 10 oscillations.

À éviter
Aller trop loin devant ou derrière.

VARIANTE

Pour augmenter la difficulté, faites cet exercice sur une jambe.

33

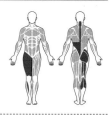

ÉQUILIBRE SUR UNE JAMBE

Tout coureur devrait avoir un excellent équilibre sur une jambe. Si ce n'est pas le cas, insistez sur cet exercice, ainsi que sur tous les exercices exécutés sur une jambe.

Position initiale
Debout, en appui sur un pied, la colonne allongée.

Action
Maintenir un équilibre sur une jambe le plus longtemps possible, en imaginant que le pied s'enracine dans le sol et que le sommet du crâne est tiré vers le haut par une ficelle.

Durée
30 secondes à 2 minutes sur chaque jambe.

VARIANTE

Pour augmenter la difficulté, vous pouvez fermer les yeux, ou encore faire cet exercice sur une surface déstabilisante (bosu, disque proprioceptif…).

34

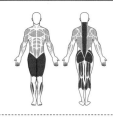

ÉQUILIBRE SUR PLANCHE PROPRIOCEPTIVE

Avec une surface instable, l'équilibre est plus difficile à maintenir et le travail postural est plus exigeant. Il est conseillé de commencer avec une planche qui permet des mouvements d'un côté et de l'autre. Une fois maîtrisé, vous pouvez essayer avec une planche qui permet des mouvements dans tous les plans de l'espace.

Position initiale
Debout, les pieds à la largeur des hanches, sur une planche proprioceptive. Augmenter la distance entre les pieds pour diminuer la difficulté, et l'inverse pour augmenter la difficulté.

Action
Activer l'unité centrale et allonger la colonne vertébrale. Se maintenir en équilibre sur la planche le plus longtemps possible.

Durée
1 à 2 minutes.

À éviter
Se crisper.

35

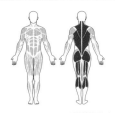

POSTURE DU COUREUR

Cet exercice active les muscles posturaux de façon spécifique à la course.

Position initiale
Debout, les pieds à la largeur des hanches. Les membres supérieurs sont en position de course.

Action
Laisser aller le corps entier vers l'avant, en gardant la colonne bien allongée, jusqu'à sentir le poids sous les coussins à la base des orteils. Dans cette position, faire un mouvement rythmique des membres supérieurs comme pendant la course.

Durée
30 secondes.

À éviter
Perdre l'allongement de la colonne.

36

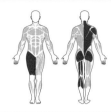

DIAGONALE SUR UNE JAMBE

Cet exercice sollicite les muscles spinaux et le grand fessier de façon spécifique à la course.

Position initiale
Debout, les pieds à la largeur des hanches, la colonne allongée.

Action
Se placer en appui sur un pied, genou fléchi, et se pencher en allongeant jambe et bras opposés.

Durée
Maintenir 30 secondes ou faire 5 à 10 répétitions en revenant chaque fois à la position de départ.

À éviter
Perdre l'alignement de la colonne.

37

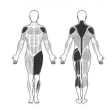

ÉLONGATION DORSALE

Inspiré d'une posture de yoga, cet exercice est adapté spécifiquement pour le coureur.

Position initiale
Debout, en appui sur un pied.

Action
Placer les mains au-dessus de la tête, paume contre paume, les majeurs vers le ciel. Ouvrir les coudes pour les aligner avec les mains, les épaules et les oreilles. Pousser les mains vers le ciel en allongeant la colonne.

Durée
30 secondes de chaque côté.

À éviter
Laisser la tête se déjeter vers l'avant.
Arrondir le dos.
Perdre l'alignement de la colonne.

Posture

38

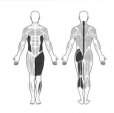

ÉLONGATION HÉLICOÏDALE SUR UNE JAMBE

Cet exercice d'entraînement spinal stimule les muscles posturaux, en particulier les muscles rotateurs. Vous sentirez vos fessiers travailler en profondeur comme jamais.

Position initiale
Debout, en appui sur un pied.

Action
À l'inspiration, pousser le sommet du crâne vers le ciel en tournant vers un côté. Vous vous agrandissez. À l'expiration, revenir à la taille normale en reprenant la position initiale.
Répéter en tournant vers l'autre côté.

Durée
5 à 10 répétitions dans chaque direction.

À éviter
Perdre l'alignement de la colonne.

39

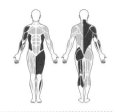

SPIRALE DES MEMBRES SUPÉRIEURS ET INFÉRIEURS

Le centre doit demeurer stable tandis que les membres sont mobiles, ce qui est le cas durant la course. Les mouvements de spirale sont ici ciblés.

Position initiale
Debout, en appui sur un pied.

Action (en appui sur la jambe gauche)
À l'expiration, ramener le bras gauche vers l'intérieur (en tournant le pouce vers vous) en même temps que la jambe droite (en tournant le gros orteil vers vous).
À l'inspiration, ouvrir le bras gauche (le pouce allant vers l'arrière) en même temps que la jambe droite (le petit orteil allant vers l'arrière).

Durée
5 répétitions sur chaque jambe.

À éviter
Perdre l'alignement de la colonne.

40

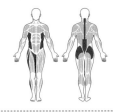

BALANCEMENT LATÉRAL DE LA JAMBE

L'objectif est ici de garder une bonne stabilisation latérale, avec le centre stable et la colonne allongée. Les moyens fessiers sont ciblés.

Position initiale
Debout, en appui sur un pied.

Action
Faire un mouvement de pendule latéral avec la jambe, en la faisant passer devant l'autre jambe. Respirer normalement.

Durée
15 répétitions pour chaque jambe.

À éviter
Perdre l'alignement de la colonne.

41

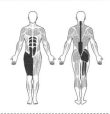

BALANCEMENT AVANT-ARRIÈRE DE LA JAMBE

Très utile pour développer la stabilité avant-arrière, primordiale pour le coureur. Les fléchisseurs des hanches et le grand fessier sont ciblés.

Position initiale
Debout, en appui sur un pied, le genou légèrement fléchi. On peut poser les mains sur les hanches pour bien sentir la position du bassin.

Action
Activer l'unité centrale et allonger la colonne. Amener la jambe vers l'arrière puis la ramener vers l'avant de façon dynamique.

Durée
15 répétitions sur chaque jambe.

À éviter
Perdre l'alignement de la colonne.
Laisser le bassin basculer vers l'avant.

RENFORCEMENT

Dans cette section, vous trouverez des exercices de renforcement adaptés pour le coureur. La majorité des coureurs élites accordent une place importante au renforcement dans leur programme d'entraînement. Tout coureur peut en bénéficier et devrait avoir en tête que les retombées de tels exercices dépassent le cadre de la course.

SPÉCIFIQUE OU GÉNÉRAL

Les exercices de renforcement ont deux objectifs. Premièrement, vous préparer aux exigences de la course à pied, laquelle demande force et endurance musculaires. Bien préparé, vous maximisez les chances de bien performer et diminuez les risques de vous blesser. On parle alors de renforcement spécifique. Deuxièmement, permettre de vous équilibrer et de pallier les faiblesses résultant de la course. En effet, même si la course entraîne une multitude d'effets positifs, elle n'en demeure pas moins une activité qui ne sollicite pas le corps dans tout son spectre de mouvements. Les mouvements latéraux, entre autres, y sont pratiquement inexistants. Et les membres supérieurs, même s'ils sont importants au niveau technique, sont peu sollicités. Les exercices de renforcement visent donc à améliorer globalement votre force. On parle alors d'entraînement général. Dans les exercices suivants, nous nous concentrerons davantage sur les jambes et le centre du corps. Pour les membres supérieurs, il suffit de demander conseil à un entraîneur qualifié et de privilégier les exercices sollicitant des chaînes de muscles plutôt que des muscles ciblés.

PROGRESSER OU MAINTENIR

La période hors saison, de novembre à mars habituellement, est le temps idéal pour mettre un peu plus d'effort dans le renforcement. Vous pouvez alors réaliser deux à quatre entraînements par semaine. Une fréquence de trois entraînements par semaine représente le dosage

idéal pour un coureur. L'objectif est alors d'améliorer votre force, votre puissance et votre endurance musculaires. Je vous conseille de diminuer progressivement l'entraînement en renforcement un mois avant votre première compétition. En période plus intensive de course à pied, et surtout en période de compétition, un seul entraînement en renforcement par semaine suffit pour maintenir les acquis. De cette façon, vous pouvez concentrer votre énergie sur la course. Si vous avez l'énergie et le temps de continuer à faire deux ou trois entraînements en renforcement par semaine, tant mieux. Mais si vous voulez progresser avec des entraînements plus intenses de course à pied, mieux vaut diminuer l'intensité de la musculation.

COMBIEN DE RÉPÉTITIONS ET DE SÉRIES ?

Le coureur a principalement besoin d'améliorer son endurance musculaire. Il est recommandé, si tel est votre objectif, de faire deux à trois séries composées de 12 à 20 répétitions. Une plus grande force musculaire peut aussi faire une différence considérable. Les séries de 8 à 12 répétitions sont alors une bonne option. Pour la course, l'inconvénient de cette dernière option est qu'elle favorise une plus grande hypertrophie musculaire (gain de masse musculaire). Certains athlètes travaillent alors en force maximale, avec trois à cinq séries de deux à quatre répétitions. Pour cela, des charges très élevées sont nécessaires. L'avantage de cette approche est de favoriser des gains importants en force musculaire et d'améliorer les connexions neuromusculaires, sans amener d'hypertrophie significative. Toutefois, elle demande une excellente condition physique et un grand contrôle, sans quoi les risques de blessure sont élevés.

LA QUALITÉ AVANT LA QUANTITÉ

Le but n'est pas de battre des records de musculation. Rien ne sert de chercher à augmenter les charges au détriment de la qualité d'exécution. Le coureur doit plutôt viser à développer un meilleur contrôle et une meilleure fluidité de mouvement. Les exercices de renforcement sont une bonne occasion pour repousser ses propres limites, mais il faut respecter et écouter son corps. Si vous vous sentez moins en forme une journée, ne vous sentez pas coupable de diminuer l'intensité de vos exercices de renforcement.

AMÉLIORER SA POSTURE EN SE RENFORÇANT

Pourquoi ne pas en profiter pour travailler vos muscles posturaux en vous renforçant ? C'est une des meilleures façons de mettre votre corps au défi, tout en vous entraînant de la bonne manière. Il suffit de mettre l'accent sur les exercices debout ou assis, en s'assurant de maintenir un bon allongement de la colonne et un bon enracinement. Les accessoires proprioceptifs viennent ajouter un défi supplémentaire.

DANS LA DÉTENTE

Assurez-vous de relâcher les muscles qui n'ont pas besoin de travailler. La mâchoire, les muscles du visage et les muscles qui soulèvent vos épaules n'ont pas besoin de se contracter pour vous aider à faire un *squat* ou une planche frontale. Quand vous devenez maître dans l'art de vous détendre en faisant des exercices de renforcement, la détente en courant devient facile.

LE CENTRE D'ABORD

Dans toute activité physique, le centre du corps est la première zone à renforcer. La force des membres supérieurs et inférieurs est augmentée grâce à un centre fort et stable. Votre unité centrale représente donc la base à maîtriser. Quand vous faites un exercice de renforcement, peu importe ce que vous ciblez, vous devez activer les muscles de l'unité centrale. Ce principe, comme nous l'avons vu précédemment, s'applique aussi à la course à pied. Vous ne pouvez tout simplement pas exécuter des mouvements efficaces avec un centre endormi.

ALIGNEMENT

Pour le coureur, l'alignement du genou est particulièrement important. Le genou devrait toujours se trouver directement au-dessus du pied, ni tourné vers l'intérieur ni tourné vers l'extérieur. En faisant vos exercices, assurez-vous de garder les genoux bien alignés. Le positionnement des pieds est également important. Il est inutile et contre nature de chercher à garder les pieds parallèles. Tâchez de les garder en position anatomiquement neutre, soit légèrement ouverts. De cette façon, vous améliorez la fonction de vos muscles stabilisateurs et développez votre corps d'une façon alignée, ce qui se transpose ensuite à votre biomécanique de course.

ÉVITEZ DE RENFORCER UNE RÉGION QUI N'EST PAS MOBILE

Il s'agit d'un principe de base en renforcement, mais il semble encore bien mal appliqué. Il est inutile, voire nuisible, de renforcer une région qui manque de mobilité ou de souplesse. Il faut plutôt faire des exercices de flexibilité et de mobilité, en plus de recevoir un traitement si nécessaire, jusqu'à retrouver une bonne mobilité de la région. Par exemple, un coureur a la cheville très raide après avoir subi une entorse. Rien ne lui sert de renforcer hâtivement les mollets. Le renforcement sera meilleur et beaucoup plus profitable une fois la cheville redevenue plus mobile. Un autre exemple classique est le renforcement des quadriceps visant à régler un problème de genou. Cette mesure aura l'effet d'un coup d'épée dans l'eau si les muscles entourant le genou sont tendus (ce qui est souvent le cas) et si le genou ou ses articulations voisines (hanche et cheville) sont peu mobiles.

ÉVITEZ LES MACHINES

Les appareils de musculation peuvent être utiles si vous voulez travailler avec des charges très élevées. Cela n'est généralement pas le cas du coureur. De plus, l'entraînement sur appareil ne sollicite pratiquement pas les muscles stabilisateurs. Or, ceux-ci sont d'une importance capitale pour la course. Il importe également de considérer que plusieurs appareils permettent des mouvements dans des axes inadaptés au gabarit de personnes de petite ou de grande taille, ce qui est illogique. Privilégiez l'entraînement nécessitant peu d'équipements. Des poids libres, une planche de proprioception, des élastiques, c'est tout ce qu'il vous faut pour exécuter la plupart de vos exercices. Certains appareils peuvent être utilisés, mais la majorité de l'entraînement devrait être accomplie sans eux.

LA PLIOMÉTRIE, SECRET BIEN GARDÉ

Une des meilleures façons d'augmenter votre force et votre «explosivité», c'est de faire des exercices pliométriques. Ils consistent essentiellement en sauts suivant des atterrissages, alternés de façon rapide et dynamique. La clé est d'utiliser l'énergie emmagasinée lors d'un atterrissage pour ensuite la transformer en énergie de propulsion. Pour ce faire, il faut chercher à passer le moins de temps possible en contact avec le sol. En plus d'augmenter la force explosive, l'entraînement pliométrique est donc une excellente façon d'améliorer vos systèmes de ressort et d'élastiques. Veuillez noter que ce type d'entraînement, très exigeant, entraîne beaucoup de microdéchirures musculaires et nécessite une

récupération allant jusqu'à 72 heures. Je recommande de se livrer à un renforcement musculaire traditionnel pendant une période d'au moins deux mois avant de s'attaquer à la pliométrie. La période hors saison est indiquée pour ce type d'entraînement (une à deux fois par semaine). Un entraînement de pliométrie par semaine (pas plus) peut être réalisé durant la saison de course.

FAITES-VOUS CONSEILLER

Les exercices contenus dans ce livre ne sont pas les seuls à pouvoir contribuer à développer la vigueur musculaire du coureur. N'hésitez pas à recourir aux services d'un entraîneur qualifié pour vous guider. Choisissez un spécialiste qui soit au fait des exigences particulières de la course à pied.

AUGMENTEZ LA RÉSISTANCE

Les exercices suivants requièrent un minimum d'équipement. Pour augmenter la difficulté d'un exercice, vous n'avez qu'à ajouter la résistance, en tenant des poids libres dans vos mains, en utilisant des élastiques exerciseurs ou des machines à poulie (comme on en trouve dans les gyms), ou encore en portant une veste lestée de poids.

Les exercices de renforcement ne doivent pas être accompagnés de douleur, ni pendant ni après. Ces exercices ne sont pas conseillés si vous souffrez de douleurs aiguës.

42

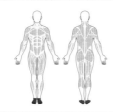

FLEXION ET EXTENSION DISSOCIÉE DES ORTEILS

Tout coureur a besoin des pieds les plus éveillés possible. Cet exercice saura solliciter des muscles endormis depuis longtemps pour la plupart d'entre vous. Votre cerveau travaillera autant que vos orteils.

Position initiale
Debout, pieds nus.

Action
Soulever l'hallux (gros orteil) du sol tandis que les autres orteils appuient dans le sol. Puis, appuyer l'hallux dans le sol tandis que les autres orteils se soulèvent.

Durée
15 répétitions pour chaque pied.

À éviter
Crisper le pied.

43

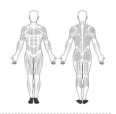

ABDUCTION DES ORTEILS

Muscles trop souvent endormis, les abducteurs de l'hallux et du petit orteil gagnent à être activés, pour un pied plus fonctionnel.

Position initiale
Debout, pieds nus.

Action
À l'expiration, écarter les orteils pour les éloigner les uns des autres. À l'inspiration, les laisser revenir en position normale.

Durée
10 répétitions pour chaque pied.

À éviter
Crisper le pied.

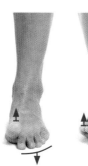

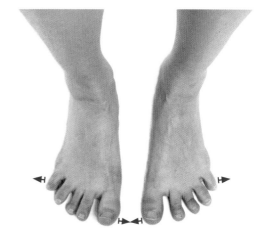

44

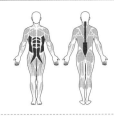

CERCLES DE JAMBE

Le coureur a besoin d'un bassin stable ainsi que de hanches mobiles. Ce classique de Pilates répond à ce besoin.

Position initiale
Couché sur le dos, genou fléchi à 90° au-dessus de la hanche.

Action
Tracer un cercle au-dessus de la hanche avec le genou. Inspirer en tournant le genou vers l'extérieur et expirer en le ramenant vers l'intérieur. Garder le bassin immobile et bien aligné.

Durée
5 répétitions dans chaque direction, pour chacune des jambes.

À éviter
Laisser basculer le bassin sur le côté.
Faire des cercles de rayons irréguliers.

45

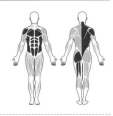

TABLE AVEC JAMBE EN EXTENSION

Dans cette version modifiée de la table, le bassin et la colonne doivent rester stables, tandis que la hanche fait une extension.

Position initiale
À quatre pattes, les mains sous les épaules et les genoux sous les hanches.

Action
À l'expiration, allonger la jambe en poussant le pied vers le ciel. En même temps, allonger le bras opposé à l'horizontale. À l'inspiration, revenir en position initiale.

Alterner d'un côté et de l'autre.

Durée
10 répétitions de chaque côté.

À éviter
Creuser le dos.
Perdre l'alignement de la colonne.

46

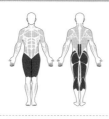

DEMI-PONT AVEC FLEXION PLANTAIRE

Cette version du demi-pont est adaptée spécifiquement aux besoins du coureur. La clé est d'arriver à bien redescendre une vertèbre à la fois.

Position initiale
Couché sur le dos, les genoux fléchis et les pieds à la largeur des hanches.

Action
À l'inspiration, soulever le bassin jusqu'à ce qu'il forme une ligne avec les épaules et les genoux. Terminer le mouvement en soulevant les talons pour augmenter le poids sur les orteils.
À l'expiration, redescendre les talons, puis le bassin, en appuyant le dos au sol une vertèbre à la fois.

Durée
15 répétitions.

À éviter
Trop soulever, ou pas assez, le bassin.
Redescendre sans dérouler la colonne.

47

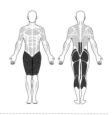

DEMI-PONT SUR UNE JAMBE

Cet exercice teste votre grand fessier, vos spinaux et vos abdominaux. Tout coureur devrait être capable de l'exécuter correctement.

Position initiale
Couché sur le dos, les genoux fléchis et les pieds à la largeur des hanches.

Action
À l'inspiration, soulever le bassin en s'appuyant sur les deux pieds. Une fois le bassin en position, allonger une jambe en gardant les cuisses parallèles.
À l'expiration, redescendre le bassin en appuyant les vertèbres au sol une à la fois.
Déposer le pied et recommencer de l'autre côté.

Durée
10 répétitions de chaque côté.

À éviter
Laisser basculer le bassin sur le côté.
Perdre l'alignement des cuisses.

48

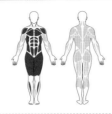

PLANCHE FRONTALE

Cet exercice fait partie du coffre à outils de base du coureur. Il permet de renforcer les muscles de l'unité centrale. Tout coureur devrait le maîtriser. En cas de problèmes de dos, faire la demi-planche (en appui sur les genoux) selon ses capacités.

Position initiale
Face au sol, en appui sur les genoux, les mains jointes formant un triangle avec les coudes.

Action
Glisser les omoplates vers le bassin, puis allonger la colonne et activer l'unité centrale. Enfoncer ensuite les coudes dans le sol pour soulever le bassin. Maintenir cette position en respirant bien.

Durée
5 à 60 secondes (augmenter progressivement la durée, sans aller au maximum au début).

À éviter
Creuser le dos et lever les épaules.

49

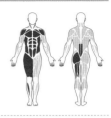

PLANCHE FRONTALE SUR UNE JAMBE

Cette version de la planche développe la stabilité sur une jambe, primordiale pour le coureur.

Position initiale
La même que pour l'exercice précédent.

Action
Une fois installé en position de planche, soulever une jambe (talon loin vers l'arrière) en expirant, et la ramener au sol en inspirant. Alterner d'une jambe à l'autre.

Durée
3 à 10 répétitions de chaque côté.

À éviter
Creuser le dos.
Laisser le bassin basculer sur le côté.

50

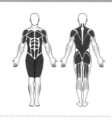

PLANCHE LATÉRALE

Complémentaire à la planche frontale, la planche latérale demande beaucoup de contrôle. Attendez de bien la maîtriser avant d'augmenter la durée, quitte à débuter par la demi-planche (en appui sur un genou). La stabilité latérale est ici développée.

Position initiale
Couché sur le côté, le coude sous l'épaule.

Action
Glisser les omoplates vers le bassin, allonger la colonne et activer l'unité centrale. Enfoncer le coude dans le sol et soulever le bassin jusqu'à avoir le corps en ligne droite. Maintenir cette position en respirant bien.

Durée
5 à 60 secondes (augmenter progressivement la durée, sans aller au maximum au début).

À éviter
Incliner le dos.
Tourner le tronc.

51

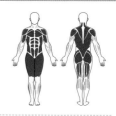

PLANCHE LATÉRALE EN OUVERTURE

Cette version de la planche latérale est un test en soi. Les muscles abducteurs des hanches y sont particulièrement sollicités.

Position initiale
Couché sur le côté, le coude sous l'épaule.

Action
Une fois installé en position de planche latérale, expirer et ouvrir la jambe et le bras libres. Inspirer et revenir en position de planche. Répéter selon votre capacité.

Durée
1 à 5 répétitions de chaque côté.

À éviter
Perdre l'alignement de la colonne vertébrale.

52

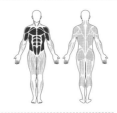

DEMI-REDRESSEMENT ASSIS OBLIQUE DU COUREUR

Cette variante du redressement assis classique a été conçue spécifiquement pour le coureur. Il s'agit de faire un mouvement de balancier avec les bras, comme pour la course.

Position initiale
Couché sur le dos, genoux fléchis et pieds à la largeur des hanches. Les coudes sont fléchis à 90°.

Action
À l'expiration, amener le pubis vers le nombril et activer l'unité centrale. Allonger la colonne et soulever le tronc jusqu'à décoller les omoplates. Dans cette position, respirer normalement en faisant un mouvement de balancier avec les bras.

Durée
Balancer les bras 5 à 10 secondes, puis redescendre le tronc. Répéter de 1 à 5 fois.

À éviter
Monter trop haut.
Lever les épaules et creuser le cou.

53

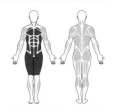

CRISS CROSS

Cet exercice classique sollicite les muscles obliques ainsi que les fléchisseurs des hanches. Particulièrement utile pour la course en montée.

Position initiale
Couché sur le dos, les genoux fléchis au-dessus des hanches.

Action
Amener le genou gauche et le coude droit l'un vers l'autre, en allongeant la jambe droite. Alterner d'un côté puis de l'autre.

Durée
10 à 20 répétitions de chaque côté.

À éviter
Trop monter le tronc.
Cou en extension.

54

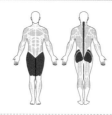

FENTE

La fente (*lunge,* en anglais) est un exercice de base pour le coureur. Elle permet de renforcer efficacement les quadriceps.

Position initiale
Debout, les pieds à la largeur des hanches. Avancer un pied loin devant (longue enjambée). Maintenir le bassin bien aligné et le dos droit.

Action
À l'inspiration, descendre jusqu'à ce que la cuisse avant soit à l'horizontale, en gardant le dos droit et la colonne allongée. Remonter en ligne droite à l'expiration. Garder le genou avant bien aligné.

Durée
10 à 20 répétitions de chaque côté.

À éviter
Laisser le genou avant aller vers l'intérieur ou vers l'extérieur.
Pencher le tronc.
Avancer le genou avant plus loin que le pied.

VARIANTES

Vous pouvez faire des fentes en marchant vers l'avant ou vers l'arrière, ce qui ajoute un élément intéressant à l'exercice, pourvu que vous disposiez de l'espace nécessaire.

55

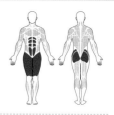

FENTE AVEC FLEXION DE LA HANCHE

Cette version de la fente convient spécifiquement au coureur et demande plus d'équilibre et de coordination. Elle permet aussi une contraction excentrique (en allongement) du quadriceps, laquelle doit être bien contrôlée chez le coureur.

Position initiale
Debout, les pieds à la largeur des hanches.

Action
À l'inspiration, prendre la position de fente.
À l'expiration, revenir en position initiale, puis soulever le genou à la hauteur de la hanche.
De cette position, retourner en fente, et ainsi de suite.

Durée
10 répétitions de chaque côté.

À éviter
Laisser le genou avant aller vers l'intérieur ou vers l'extérieur.
Pencher le tronc.
Avancer le genou avant plus loin que le pied.

56

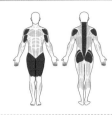

SQUAT/ÉLONGATION

Exercice bien connu, le *squat* est ici exécuté tout en maintenant une élongation de la colonne. Les quadriceps et les fessiers sont ciblés.

Position initiale
Debout, les pieds un peu plus écartés que la largeur des hanches. Les bras à la hauteur des épaules, la colonne allongée.

Action
À l'inspiration, fléchir les genoux à 90° en gardant la colonne allongée. À l'expiration, revenir à la position initiale en poussant dans le sol avec les pieds, ceux-ci exerçant tous deux une force égale.

Durée
10 à 15 répétitions.

À éviter
Arrondir le dos.
Laisser les genoux aller vers l'intérieur ou l'extérieur.

57

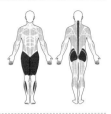

SQUAT SUR UNE JAMBE

Cette version demande un plus grand travail de stabilisation. Tout coureur devrait arriver à faire un *squat* sur une jambe bien contrôlé. La flexibilité des mollets y est aussi mise à l'épreuve.

Position initiale
Debout, en appui sur un pied.

Action
À l'inspiration, fléchir le genou à 90°. À l'expiration, pousser dans le sol et revenir à la position initiale.

Durée
10 répétitions de chaque côté.

À éviter
Arrondir le dos.
Laisser le genou aller vers l'intérieur ou l'extérieur.

58

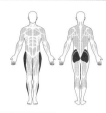

59

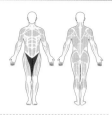

ABDUCTION DE LA HANCHE

Les muscles abducteurs des coureurs seront affaiblis si ceux-ci ne complètent pas leur entraînement avec des activités qui comportent des mouvements latéraux. Il est primordial d'entraîner les abducteurs. Le moyen fessier est ici ciblé.

Position initiale
Debout, en appui sur un pied, le genou légèrement fléchi, un élastique ou un câble avec poulie, attaché à la cheville libre.

Action
Activer l'unité centrale et allonger la colonne, puis ouvrir la jambe en expirant. Revenir à la position initiale en inspirant.

Durée
10 à 15 répétitions de chaque côté.

À éviter
Perdre l'alignement de la colonne.
Faire un mouvement de trop grande amplitude.

ADDUCTION DE LA HANCHE

Cet exercice est complémentaire au précédent.

Position initiale
Même principe que pour l'exercice précédent, mais en se tournant de l'autre côté.

Action
Activer l'unité centrale et allonger la colonne, puis amener la jambe vers l'intérieur en expirant. Revenir à la position initiale en inspirant.

Durée
10 à 15 répétitions de chaque côté.

À éviter
Perdre l'alignement de la colonne.
Faire un mouvement de trop grande amplitude.

60

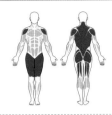

GRAND FESSIER DU COUREUR

Le grand fessier est le muscle le plus puissant du corps. Il permet une bonne extension de la hanche, élément important durant la course.

Position initiale
Debout, en appui sur un pied, le genou fléchi, un élastique ou un câble avec poulie attaché à la cheville libre. La résistance se trouve devant le corps. Les bras sont en position de course.

Action (pour le côté droit)
À l'expiration, allonger la jambe droite loin derrière. Les bras suivent en mouvement de course (coude gauche vers l'arrière).
À l'inspiration, revenir en position initiale.

Durée
10 répétitions de chaque côté.

À éviter
Creuser le dos.
Perdre l'alignement du genou avant.

61

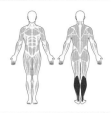

FLEXION PLANTAIRE

Ces fameux mollets, si sollicités lors de la course. L'exercice suivant les entraîne de façon à développer leur flexibilité. L'équilibre est aussi ciblé. Idéalement, vous devriez pouvoir faire cet exercice en équilibre sur un pied.

Position initiale
Debout sur une marche d'escalier, en appui sur le devant des pieds. Une main peut être posée sur une surface pour plus de soutien.

Action
À l'inspiration, laisser descendre les talons.
À l'expiration, se relever sur les orteils.

Durée
10 à 15 répétitions.

À éviter
Concentrer le poids sur un seul pied – le poids doit être équitablement réparti sur les deux pieds.

Renforcement pliométrique

62

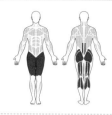

SAUTS VERTICAUX

L'exercice pliométrique classique.

Position initiale
Debout, les pieds un peu plus écartés que la largeur des hanches.

Action
Laisser les genoux plier rapidement et sauter le plus haut possible. Atterrir et sauter de nouveau en cherchant à passer le moins de temps possible au sol.

Durée
8 à 15 répétitions.

À éviter
Arrondir ou creuser le dos.
Perdre le bon alignement des genoux.
Passer trop de temps au sol entre les sauts.

VARIANTE

Pour augmenter la difficulté, faire l'exercice sur une jambe, ou encore en gardant les mains sur les hanches.

Durée
5 à 10 répétitions.

63

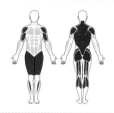

FENTES PLIOS

Beaucoup de contrôle ainsi que de puissance sont nécessaires afin de réaliser cet exercice.

Position initiale
Debout, les pieds à la largeur des hanches. Avancer un pied loin devant (longue enjambée). Maintenir le bassin bien aligné et le dos droit.

Action
Faire des sauts verticaux rapides en alternant d'une jambe à l'autre à chaque saut.

Durée
6 à 12 répétitions de chaque côté.

À éviter
Laisser le genou avant aller vers l'intérieur ou vers l'extérieur.
Pencher le tronc.
Avancer le genou avant plus loin que le pied.
Passer trop de temps au sol entre les sauts.

64

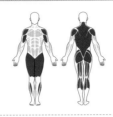

PLIO SUR BANC

Position initiale
Debout, les pieds un peu plus écartés que la largeur des hanches.

Action
Cet exercice se fait en deux étapes :
1- Face à un banc, sauter le plus haut possible et atterrir sur le banc en finissant en position de *squat,* tout en contrôle.
2- Se retourner, se laisser tomber sur le sol, puis sauter le plus haut possible.
Répétez les deux étapes.

Durée
5 à 10 répétitions.

À éviter
Perdre le bon alignement des genoux.
Passer trop de temps au sol entre les sauts.

65

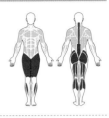

SAUTS LATÉRAUX

Position initiale
Debout, les pieds près l'un de l'autre.

Action
Faire des sauts latéraux de part et d'autre d'une ligne imaginaire (ou réelle si c'est possible). Imaginez que vous devez sauter par-dessus un objet haut d'une dizaine de centimètres. Pour plus de difficulté, utiliser un objet plus ou moins haut. Garder une posture droite.

Durée
8 à 15 répétitions.

À éviter
Passer trop de temps au sol entre les sauts.

Attention ! Allez-y graduellement et assurez-vous de pouvoir passer par-dessus l'objet.

Renforcement pliométrique

66
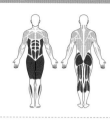

SAUTS DE HAIES

Position initiale
Debout, les pieds un peu plus écartés que la largeur des hanches. L'exercice peut se faire avec une série de haies placées à une distance de deux mètres les unes des autres. On peut aussi n'utiliser aucun matériel, et imaginer des haies.

Action
Passer par-dessus les haies avec des sauts dynamiques, genoux levés. Garder une bonne posture et avancer en ligne droite.

Durée
6 à 12 répétitions.

À éviter
Se déplacer d'un côté puis de l'autre.
Passer trop de temps au sol entre les sauts.

67
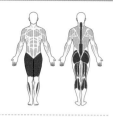

FENTES/*SQUATS*

Combinaison intéressante de fentes et de *squats,* cet exercice demande une bonne coordination.

Position initiale
Debout, les pieds un peu plus écartés que la largeur des hanches.

Action
Sauter en alternant atterrissage en *squat* et atterrissage en fente.

Durée
8 à 15 répétitions.

À éviter
Perdre un bon alignement des genoux.
Passer trop de temps au sol entre les sauts.

68

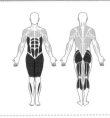

69

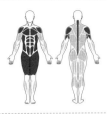

GRANDES FOULÉES

Cet exercice est très spécifique à la course et est un *must* pour obtenir des foulées plus puissantes.

Action
Courir en allongeant les foulées, comme si on était sur des charbons ardents. Chercher à atterrir sur le mi-pied ou l'avant-pied.

Durée
10 à 20 secondes.

À éviter
Atterrir sur le talon.
Se déplacer trop à la verticale.

POMPE (*PUSH-UP*)

Après avoir vu mon père faire 50 pompes avant chacune de ses courses tout au long de mon enfance, je ne pouvais passer à côté de cet exercice, lequel, en passant, fait partie de la routine de plusieurs coureurs élites. Bien fait, cet exercice est bénéfique.

Position initiale
Les mains plus larges que les épaules, et les pieds collés, en position de triangle. Le dos est droit et la colonne allongée.

Action
À l'inspiration, descendre tout le corps en fléchissant les coudes jusqu'à 90°.
À l'expiration, remonter en poussant également sur les deux mains.
La clé est d'activer préalablement votre unité centrale.

Durée
10 à 30 répétitions (50 pour les purs et durs !).

À éviter
Creuser le dos.
Amener les épaules vers la tête.
Descendre trop bas.

RESPIRATION

La respiration est au cœur de la course à pied. Bien maîtrisée, elle permet de maximiser la consommation d'oxygène, tout en demandant un minimum d'effort. Courir mieux, c'est aussi respirer mieux.

La posture modifie directement la qualité de la respiration. Un dos voûté entrave le mouvement du muscle diaphragme et empêche un libre mouvement du thorax. La pression thoracique et abdominale est augmentée, ce qui affecte la respiration. Une posture projetée vers l'avant (le torse bombé) referme la partie arrière du thorax et empêche les poumons de bien se gonfler. Les muscles postérieurs sont alors souvent utilisés, à tort, afin d'arriver à augmenter le volume du thorax. Une posture en fermeture limite l'amplitude de la respiration, en empêchant le thorax de prendre une expansion normale. Bref, tout déséquilibre postural a un impact sur la respiration. La première chose à faire pour améliorer votre respiration, c'est améliorer votre posture.

BIEN RESPIRER, MÊME PENDANT L'EFFORT

Pour le coureur, la clé est d'arriver à bien respirer à l'effort. En plus de faire des exercices de respiration au repos, il faut donc chercher à améliorer sa respiration en courant. Pour ce point, veuillez consulter la page 103.

UN DIAPHRAGME, ÇA S'ENTRAÎNE

Le diaphragme est parfois considéré comme le muscle le plus important du corps, et est assurément l'un des plus importants à entraîner chez le coureur. Exercez votre diaphragme afin de le rendre plus souple et fort, et vous constaterez que la respiration est plus facile en courant. Avantage non négligeable, vous constaterez aussi un impact significatif sur les points de côté.

RESPIRER AFIN DE MIEUX RÉCUPÉRER

Les exercices de respiration sont une façon simple d'équilibrer le système nerveux et de le mettre en mode récupération. En résumé, ils permettent de passer plus facilement du mode sympathique (urgence, action) au mode parasympathique (récupération, régénération). Ce n'est pas pour rien que la respiration est au cœur de toutes les techniques de méditation et de relaxation.

VARIER LES STIMULI

Respirer dans le ventre pendant deux minutes par jour peut être bénéfique, mais on atteint vite un plateau. Il est beaucoup plus efficace de varier les exercices de respiration. Choisissez un exercice au hasard parmi les suivants, ou faites une série comprenant plusieurs exercices de respiration. Vous serez surpris des résultats.

Respiration

70
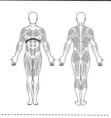

RESPIRATION ABDOMINALE

Pour les personnes qui ont de la difficulté à respirer en gonflant le ventre. Le diaphragme thoracique doit pour cela bien bouger.

Position initiale
Plus facile en position couchée. Une fois l'exercice maîtrisé, essayer en position debout.

Action
À l'inspiration, laisser le ventre se gonfler sans forcer.
À l'expiration, le relâcher.

Durée
10 respirations, ou 1 à 2 minutes.

À éviter
Forcer pour gonfler le ventre.

71
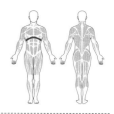

RESPIRATION STERNALE ET THORACIQUE

Le coureur doit pouvoir respirer en utilisant le volume de son thorax. Cet exercice est indiqué pour les coureurs qui y arrivent difficilement.

Position initiale
Plus facile en position couchée. Une fois l'exercice maîtrisé, essayer en position debout.

Action
À l'inspiration, laisser le sternum se soulever et le thorax se gonfler.
À l'expiration, laisser passivement le sternum s'abaisser et le thorax revenir à la position initiale.

Durée
10 respirations, ou 1 à 2 minutes.

À éviter
Arquer le dos pour arriver à soulever le sternum.

72

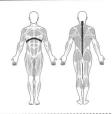

POSITION DE L'ENFANT

Cette position classique permet d'améliorer la respiration dans le dos. N'oubliez pas que vos poumons occupent plus d'espace dans votre dos que dans votre poitrine.

Position initiale
Agenouillé, laisser tout le corps aller vers le sol, les bras au-dessus de la tête.

Action
À l'inspiration, laisser le dos s'ouvrir et le thorax se gonfler.
À l'expiration, imaginer que le corps s'enfonce dans le sol.

Durée
1 à 2 minutes.

À éviter
Forcer pour s'appuyer au sol.

73

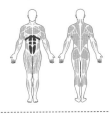

EXPIRATION PROFONDE

Certains coureurs utilisent ce truc au moment d'un effort. Faire une respiration rapide et profonde permet de vider une partie du volume non utilisé, le rendant plus facilement disponible. Cela permet aussi de relâcher le diaphragme.

Position initiale
Debout.

Action
Expirer de façon explosive, puis inspirer de façon lente et profonde.

Durée
3 à 5 répétitions.

À éviter
Crisper les lèvres ou trop fermer la bouche lors de l'expiration.

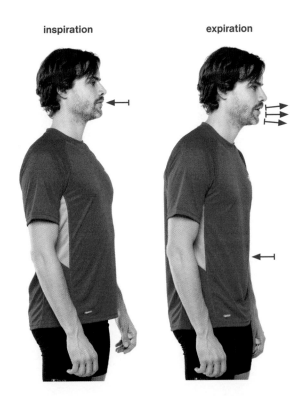

inspiration   expiration

Respiration

74

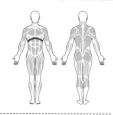

RESPIRATION ABDOMINALE CONTRE RÉSISTANCE

Cet exercice permet d'offrir une résistance au mouvement du diaphragme thoracique et, donc, de le renforcer. Il est normalement suivi d'un bon relâchement du diaphragme.

Position initiale
Couché sur le dos, les mains appuyées fermement sur le ventre. La colonne est allongée. Une fois l'exercice maîtrisé, essayer en position debout.

Action
Inspirer profondément en maintenant l'appui des mains de façon à empêcher le ventre de se gonfler. Expirer normalement.

Durée
10 répétitions.

À éviter
Arrondir ou creuser le dos.

75

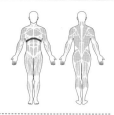

RESPIRATION HALETANTE

Une des meilleures façons de stimuler votre diaphragme tout en le relâchant.

Position initiale
Debout ou couché.

Action
Respirer de façon haletante (rapidement, comme un petit chien) par le nez. Faire ensuite la même chose avec la bouche.

Durée
15 à 30 secondes par le nez, puis par la bouche.

À éviter
Chercher à respirer trop profondément.

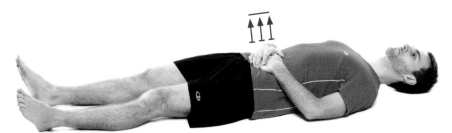

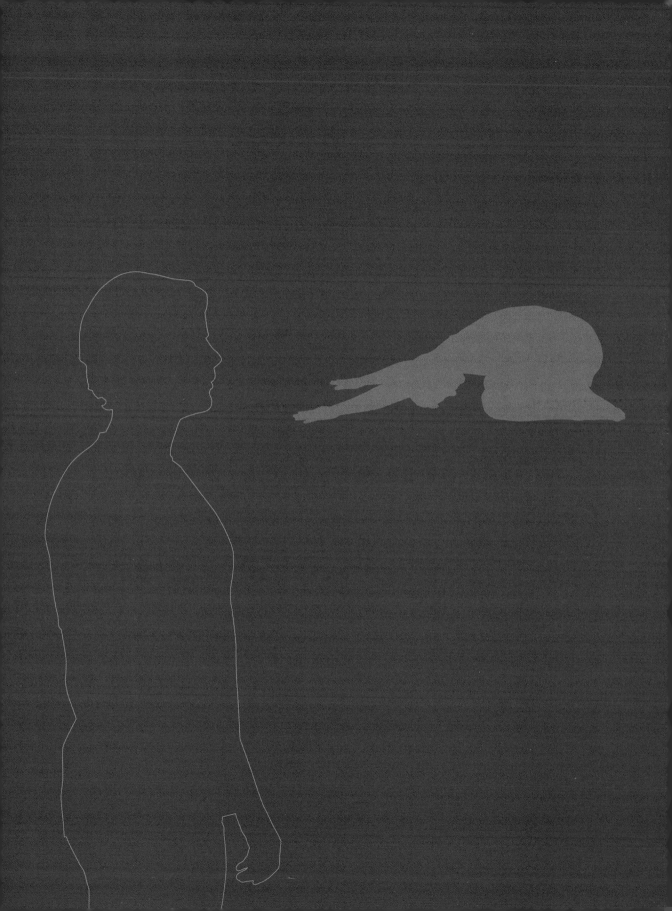

EXERCICES
TECHNIQUES

Les coureurs débutants passent tout leur temps à essayer de courir, tandis que la majorité des coureurs élites passent beaucoup de temps à s'entraîner à courir, en plus de courir. Les exercices techniques, communément appelés *drills,* sont partie intégrante de tout programme d'entraînement digne de ce nom. Ils permettent de cibler les différentes actions et étapes composant la course à pied, et de les rendre plus faciles et plus efficaces.

ÉCHAUFFEMENT

Les exercices techniques servent de préparation avant d'aller courir. Puisque certains sont exigeants, un échauffement préalable est nécessaire. Des coureurs utilisent les exercices techniques afin de s'échauffer. Ils ne peuvent alors pas profiter à fond de ceux-ci et, parfois, risquent même de se blesser.

AVANT LES ENTRAÎNEMENTS CLÉS

En théorie, l'idéal est de toujours faire des exercices techniques avant de courir. En pratique, peu d'entre nous avons le temps de le faire. Les entraînements clés (intensité et longue distance) sont ceux pour lesquels les exercices techniques sont le plus importants. De cette façon, vous pourrez profiter pleinement de ces entraînements. Si vous n'avez pas davantage de temps à consacrer aux exercices quand vous faites une longue course, c'est tout à fait compréhensible. Nous ne sommes pas des athlètes professionnels. Mais pour les entraînements d'intensité, prenez ne serait-ce que cinq minutes pour faire les exercices techniques. Vous serez plus efficace par la suite.

COMPLEXITÉ

Plusieurs exercices techniques parmi ceux que je vous recommande sont assez complexes. Il est difficile de les présenter clairement dans un livre. Sur le site Internet www.courirmieux.com, des vidéos expliquant les exercices techniques vous sont présentées.

Certains exercices sont très exigeants. Il est conseillé d'y aller progressivement. Des courbatures peuvent être ressenties dans les jours suivant les premiers entraînements.

76
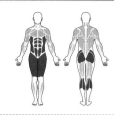

77
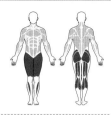

GENOUX HAUTS

Cet exercice est particulièrement indiqué pour les coureurs qui ne lèvent pas suffisamment les genoux. Il permet de développer les muscles psoas-iliaques.

Action
Courir en soulevant les genoux bien haut, en activant les muscles de l'unité centrale et en «restant grand».

Durée
15 à 30 secondes.

À éviter
Arrondir le dos.

TALONS-FESSES

Indiqué pour les coureurs qui ne soulèvent pas assez le talon, cet exercice active les ischio-jambiers.

Action
Courir en amenant les talons vers les fesses. La clé est de laisser le genou aller un peu vers l'avant, au lieu de chercher à taper les fesses très fort.

Durée
15 à 30 secondes.

À éviter
Taper fort les fesses avec les talons.

78

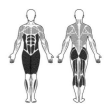

PAS CHASSÉS

Ce mouvement permet d'activer les muscles latéraux, essentiels à une bonne technique de course. Les muscles des pieds sont aussi sollicités.

Action
Courir de côté en faisant des pas chassés. Les pieds se rapprochent l'un de l'autre, puis s'éloignent. Garder l'unité centrale activée et la colonne allongée. Courir vers la droite, puis vers la gauche.

Durée
15 à 30 secondes dans chaque direction.

À éviter
Arrondir au creuser le dos.

79

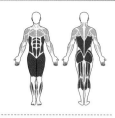

PAS CHASSÉS-CROISÉS

La dissociation des ceintures est ici ciblée, ainsi qu'un travail des muscles latéraux et des muscles des pieds.

Action

Courir en faisant des pas chassés et en ajoutant un croisement : un pied va devant l'autre, puis derrière. Garder l'unité centrale activée et la colonne allongée. Courir vers la droite, puis vers la gauche.

Durée

15 à 30 secondes dans chaque direction.

À éviter

Arrondir ou creuser le dos.

80

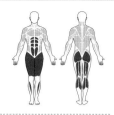

PAS ULTRA-RAPIDES

Cet exercice améliore la vitesse de réaction des pieds au sol. Il peut être exécuté avec ou sans chaussures.

Action

Courir en faisant des pas le plus rapides possible. Imaginez que vous courez sur des charbons ardents.

Durée

10 à 20 secondes.

À éviter

Appuyer sur les talons.

81

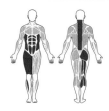

COURSE SUR UNE JAMBE

Afin de développer la stabilité sur une jambe spécifiquement pour la course, cet exercice n'a pas son pareil. À
incorporer progressivement, car il est très exigeant.

Action
Courir sur une jambe, en gardant l'unité centrale activée
et une bonne posture.

Durée
10 à 20 secondes sur chaque jambe.

À éviter
Laisser le genou aller vers l'intérieur ou vers l'extérieur.

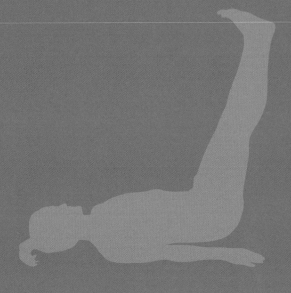

AUTO-ENTRETIEN

Dans cette section, vous trouverez des exercices et techniques destinés à compléter votre coffre à outils du coureur. Avec les années, j'ai donné plusieurs trucs à mes patients coureurs, afin qu'ils soient autonomes et ne dépendent pas de mes traitements. Voici ceux qui, à mon avis, fonctionnent le mieux.

PLUS QUE DE L'ENTRETIEN

Entretenir, au sens littéral, signifie maintenir en bon état. Le terme «maintien» suppose un état stable. Les exercices d'auto-entretien, en plus de contribuer au maintien, permettent d'améliorer la condition de certains tissus, de les assouplir, de les relâcher et de les chouchouter.

VOUS CONNAISSEZ L'ADAGE...

Mieux vaut prévenir que guérir. Ces exercices peuvent être utiles quand vous faites face à un problème, mais il vaut mieux en incorporer quelques-uns de manière préventive. Accordez-vous ne serait-ce que quelques minutes pour relâcher des zones particulièrement tendues, afin d'éviter d'accumuler des tensions. Un de mes patients a eu l'idée de se donner 5$ à chaque session d'auto-entretien. Il utilise ensuite l'argent amassé pour se faire traiter ou masser, ou encore pour se faire plaisir si tout va bien. En bout de ligne, il a besoin de moins de traitements, et il se paie de bons repas au resto…

Si vous avez des douleurs aiguës et que les exercices suivants ne donnent aucun résultat ou même augmentent les douleurs, cessez les exercices et consultez un thérapeute.

82

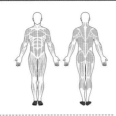

AUTOMASSAGE DU PIED AVEC BALLE

L'idéal est d'utiliser une balle plus petite qu'une balle de tennis et un peu plus grosse qu'une balle de ping-pong.

Position initiale
Assis sur une chaise, le pied sur une balle.

Action
Rouler la balle sous la face plantaire du pied en faisant des ronds. Insister sur les zones sensibles et tendues.

Durée
30 à 60 secondes pour chaque pied.

À éviter
Persister si la douleur est vive et perdure.

83

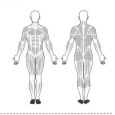

AUTOMASSAGE DU PIED

On est jamais si bien servi que par soi-même. Traitez vos pieds aux petits oignons en les massant régulièrement.

Position initiale
Assis sur une chaise ou sur le sol.

Action
Massez la face plantaire de vos pieds en faisant des mouvements circulaires. Allez-y doucement au début et augmentez la pression progressivement.

Durée
1 à 2 minutes par pied.

À éviter
Persister si la douleur est vive et perdure.

84
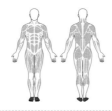

RELÂCHEMENT PROFOND DU PIED

Une excellente façon de prendre son pied… en le relâchant en profondeur.

Position initiale
Assis sur le sol, genoux fléchis, pieds nus… et ongles courts.

Action
Placer le bout des doigts d'une main entre les quatrième et cinquième métatarses (os longs situés au milieu du pied), et l'autre main entre les troisième et quatrième. Reculez votre tronc pour induire une tension avec vos doigts. Faites ensuite la même chose avec une main entre les deuxième et troisième métatarses, et l'autre entre les premier et deuxième.

Durée
30 secondes dans chacune des deux positions.

85
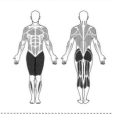

DRAINAGE VEINEUX DES MEMBRES INFÉRIEURS

Particulièrement indiqué le soir avant de se coucher, après une longue course ou plusieurs heures passées debout, cet exercice permet de favoriser le retour veineux.

Position initiale
Couché, face à un mur, le bassin bien appuyé au sol.

Action
Les genoux fléchis, pieds sur le mur, faites 10 flexions plantaires (se placer sur le bout des orteils).
Allongez ensuite les jambes et maintenez 20 secondes.
Ramenez les genoux sur vous et tournez-vous sur le côté. Gardez cette position 10 secondes.
Répétez ce cycle 10 fois, en vous tournant vers la gauche et vers la droite, en alternance.

86

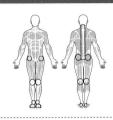

GRATTAGE DES ARTICULATIONS

Le grattage permet d'augmenter la circulation et d'activer les propriocepteurs articulaires de façon réflexe. Il est indiqué pour échauffer une zone. Toutes les articulations (entre deux os) peuvent être grattées.

Action
Gratter le dessous du pied, le dessus du pied, la cheville, le genou, la hanche et le bas du dos. Faire une jambe, puis l'autre.

Durée
5 à 10 secondes par articulation.

87

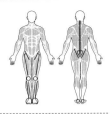

TAPOTAGE DES OS

Excellente façon de stimuler vos propriocepteurs, le tapotage des os est simple et entraîne une toute nouvelle sensation corporelle. Faites une jambe seulement, puis comparez la sensation entre les deux jambes. Vous serez surpris de la différence.

Action
Tapoter doucement avec le bout des doigts le dessous du pied, le dessus du pied, le tibia (devant la jambe), la fibula (sur le côté de la jambe), le fémur (devant la cuisse, en tapotant plus fort), l'os iliaque et le bas du dos. Le tapotage ne devrait pas être accompagné de douleurs.

Durée
Tapoter une jambe devrait prendre de 30 à 60 secondes.

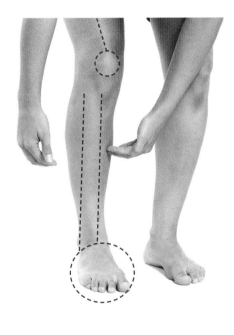

88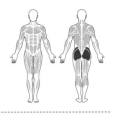

RELÂCHEMENT DES FESSIERS PROFONDS AVEC BALLE

Pour soulager les tensions en profondeur dans la fesse, cet exercice est sans pareil.

Position initiale
Couché, avec un appui sur les mains, une fesse sur une balle de 5 à 10 cm de diamètre.

Action
Rouler doucement la fesse sur la balle, en insistant sur les endroits sensibles. Garder les fesses relâchées tout au long de l'exercice.

Durée
30 secondes.

À éviter
Persister si l'inconfort est trop élevé ou est augmenté par l'exercice.

89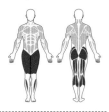

ROULEAU À PÂTE

Tout le monde a un rouleau à pâte, mais peu de gens l'utilisent en cuisine. Voici enfin une façon de le rendre utile. Roulez vos muscles, et relâchez-les de manière contrôlée. Cette approche a l'avantage d'être plus douce que l'automassage avec rouleau-mousse (exercice suivant).

Action
Rouler les muscles en faisant des allers et retours, et en augmentant la pression graduellement, dans les zones suivantes : quadriceps (devant la cuisse), jambiers antérieurs (devant la jambe), abducteurs de la cuisse (intérieur de la cuisse), mollets, ischio-jambiers (derrière la cuisse), BIT (bandelette ilio-tibiale latérale à la cuisse).

Durée
15 secondes par zone.

90

AUTOMASSAGE AVEC ROULEAU-MOUSSE

Le rouleau-mousse permet de faire un automassage en profondeur sur une foule de muscles. La série ci-contre est spécialement indiquée pour les coureurs. Il est conseillé de ne pas masser qu'un seul muscle, pour éviter de perdre la globalité du corps. Il est normal de ressentir des inconforts au début, principalement au niveau de la BIT et des quadriceps.

Action
S'appuyer sur le rouleau-mousse et faire des mouvements d'aller et retour afin de masser chaque zone.

Durée
10 mouvements d'aller et retour.

À éviter
Persister si l'inconfort perdure ou augmente.

1- Mollets
2- Ischio-jambiers
3- Fessiers
4- Jambiers antérieurs
5- Quadriceps
6- BIT (bandelette ilio-tibiale)

1

2

3

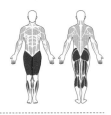

4

5

6

ENCHAÎNEMENTS

DES RÉSULTATS EN PEU DE TEMPS

Tout coureur devrait faire un minimum d'échauffement, de flexibilité et de renforcement.

Lorsqu'on fait des exercices bien choisis et bien faits, il ne suffit que de quelques minutes pour avoir des effets intéressants. Il ne vous faudra que de 3 à 20 minutes pour compléter les enchaînements suivants (à l'exception d'un seul, qui nécessite 40 minutes), et ceux-ci conviennent à la majorité des coureurs. Normalement, il suffit de deux semaines à fréquence régulière pour ancrer cette habitude. Il est fort probable que vous preniez goût à ces séries d'exercices lorsque vous constaterez que votre foulée devient plus fluide, que votre corps s'assouplit, et que vous avez plus de ressort que jamais dans les jambes.

LA FRÉQUENCE, PLUS QUE LA DURÉE

Pour de meilleurs résultats, réalisez les enchaînements à une bonne fréquence.

- Les **échauffements** sont à privilégier avant de courir ; leur fréquence dépendra donc de votre fréquence de course.
- La flexibilité peut être entraînée presque quotidiennement, toutefois, évitez les enchaînements **Flex** après des entraînements intenses ou très longs.
- Le renforcement est un bon complément à la course : les enchaînements **Force** peuvent être réalisés jusqu'à deux fois par semaine durant la saison de course, et de deux à quatre fois par semaine le reste de l'année.

FAITES VOTRE PROPRE MENU

Vous trouverez en page 265 un enchaînement complet, adapté aux besoins du coureur. Différents enchaînements peuvent aussi être combinés pour obtenir un entraînement plus complet, selon vos besoins. L'idéal est alors de commencer avec un échauffement, d'enchaîner avec le renforcement (Force), puis de terminer en flexibilité (Flex).

L'EXCEPTION DU PLIOMÉTRIQUE

L'enchaînement en puissance et vitesse (voir p. 265), composé d'exercices pliométriques, est indiqué pour les personnes qui possèdent une bonne capacité musculaire. Il n'est donc pas recommandé de commencer un renforcement avec ce type d'exercices. Assurez-vous plutôt de bien maîtriser les enchaînements Force au préalable. En pliométrie, un à deux entraînements par semaine suffisent. On obtient ainsi souvent des résultats spectaculaires !

Flex course 1 (8 minutes)
Les étirements essentiels à tout coureur.

4 45 secondes
Étirement
des jumeaux

3 45 secondes
Étirement
du soléaire

5 45 secondes
Étirement des
ischio-jambiers debout

7 45 secondes
Étirement des
quadriceps debout

9 45 secondes
Étirement
du psoas-iliaque

Flex course 2 (20 minutes)
Un enchaînement complet qui sollicite les principaux muscles tendus chez les coureurs.

1 4 x 4 secondes
Étirement résisté des
fléchisseurs des orteils

4 45 secondes
Étirement
des jumeaux

3 45 secondes
Étirement
du soléaire

6 45 secondes
Étirement des
ischio-jambiers couché

7 45 secondes
Étirement des
quadriceps debout

15 45 secondes
Étirement des grands
pectoraux

9 45 secondes
Étirement
du psoas-iliaque

14 45 secondes
Étirement
du grand dorsal

10 45 secondes
Étirement résisté des
adducteurs de la hanche

13 45 secondes
Étirement
des fessiers profonds

11 45 secondes
Étirement de la chaîne
postéro-latérale

12 45 secondes
Étirement de la chaîne
antéro-latérale

17 1 minute
Étirement du bas du dos

Force course 1 (5 minutes)

On cible ici les muscles de l'unité centrale, pour un travail en profondeur.

54 10 à 20 répétitions	**46** 15 répétitions	**50** 5 à 60 secondes	**48** 5 à 60 secondes	**50** 5 à 60 secondes	**52** 5 x 5 secondes
Fente	Demi-pont avec flexion plantaire	Planche latérale droite	Planche frontale	Planche latérale gauche	Demi-redressement assis oblique du coureur

Force course 2 (15 minutes)

Plus de force, pour une meilleure performance et davantage de plaisir.

54 10 à 20 répétitions	**44** 10 répétitions	**46** 15 répétitions	**51** 1 à 5 répétitions	**49** 3 à 10 répétitions	**45** 10 répétitions
Fente	Cercles de jambe	Demi-pont avec flexion plantaire	Planche latérale en ouverture droite	Planche frontale sur une jambe	Table avec jambe en extension

51 1 à 5 répétitions	**53** 10 à 20 répétitions	**56** 10 à 15 répétitions	**58** 10 à 15 répétitions	**59** 10 à 15 répétitions	**69** 10 à 30 répétitions
Planche latérale en ouverture gauche	Criss cross	*Squat*/élongation	Abduction de la hanche	Adduction de la hanche	Pompe (push-up)

61 10 à 15 répétitions	**51** 1 à 5 répétitions	**49** 3 à 10 répétitions	**51** 1 à 5 répétitions	**53** 10 à 20 répétitions
Flexion plantaire	Planche latérale en ouverture gauche	Planche frontale sur une jambe	Planche latérale en ouverture droite	Criss cross

Force hors saison (25 minutes)

Préparez-vous efficacement pour une longue et belle saison de course.

54 10 à 20 répétitions
Fente

58 10 à 15 répétitions
Abduction de la hanche

59 10 à 15 répétitions
Adduction de la hanche

56 20 à 30 répétitions
Squat/élongation

61 10 à 15 répétitions
Flexion plantaire

45 10 répétitions
Table avec jambe en extension

49 3 à 10 répétitions
Planche frontale sur une jambe

50 5 à 60 secondes
Planche latérale droite

47 10 répétitions
Demi-pont sur une jambe

50 5 à 60 secondes
Planche latérale gauche

48 5 à 60 secondes
Planche frontale

57 10 répétitions
Squat sur une jambe

69 10 à 30 répétitions
Pompe *(push-up)*

60 10 répétitions
Grand fessier du coureur

51 1 à 5 répétitions
Planche latérale en ouverture gauche

48 5 à 60 secondes
Planche frontale

51 1 à 5 répétitions
Planche latérale en ouverture droite

53 10 à 20 répétitions
Criss cross

Puissance et vitesse (15 minutes avec 2 minutes de repos après chaque exercice)

Pour personnes avancées ou déjà entraînées en musculation.
Passez au niveau supérieur avec cet enchaînement de pliométrie.

62 8 à 15 répétitions	**63** 6 à 12 répétitions	**64** 5 à 10 répétitions	**65** 8 à 15 répétitions	**66** 6 à 12 répétitions	**67** 8 à 15 répétitions
Sauts verticaux	Fentes plios	Plio sur banc	Sauts latéraux	Sauts de haies	Fentes/squats

Enchaînement complet course (40 minutes)

Devenez un athlète plus complet.

30 30 secondes	**19** 15 répétitions	**21** 30 secondes	**23** 10 répétitions	**74** 10 répétitions	**34** 1 à 2 minutes
Rebonds	Dos rond/dos creux	Chien agitant la queue	Torsion du dos	Respiration abdominale contre résistance	Équilibre sur planche proprioceptive

+ Flex course 2 (page 262)

+ Force course 2 (page 263)

Échauffement rapide (3 minutes)

Mieux préparé pour courir, en moins de temps qu'il n'en faut pour le dire !

86 30 secondes	**87** 30 secondes	**31** 15 secondes	**40** 15 répétitions	**41** 15 répétitions	**73** 3 répétitions	**79** 30 secondes
Grattage des articulations	Tapotage des os	Rebonds sur une jambe	Balancement latéral de la jambe	Balancement avant-arrière de la jambe	Expiration profonde	Pas chassés-croisés

Échauffement complet (7 minutes)

Préparez votre corps à l'effort.

86 — 30 secondes
Grattage des articulations

87 — 30 secondes
Tapotage des os

30 — 30 secondes
Rebonds

31 — 15 secondes
Rebonds sur une jambe

40 — 15 répétitions
Balancement latéral de la jambe

41 — 15 répétitions
Balancement avant-arrière de la jambe

20 — 10 répétitions
Dos rond/dos creux, debout

22 — 20 secondes
Inclinaison du dos, debout

24 — 30 secondes
Torsion du dos, debout

26 — 15 répétitions
Rotation alternative des épaules

75 — 15 secondes
Respiration haletante

76 — 15 secondes
Genoux hauts

77 — 15 secondes
Talons-fesses

78 — 15 secondes
Pas chassés

79 — 15 secondes
Pas chassés-croisés

80 — 15 secondes
Pas ultra-rapides

Auto-entretien des jambes (15 minutes)
Dorlotez vos jambes, elles le méritent bien !

29   30 secondes
Essuie-glaces

90   10 répétitions
Automassage avec rouleau-mousse

88   30 secondes
Relâchement des fessiers profonds avec balle

84   1 minute
Relâchement profond du pied

83   2 minutes
Automassage du pied

82   60 secondes
Automassage du pied avec balle

85   10 répétitions
Drainage veineux des membres inférieurs

29   30 secondes
Essuie-glaces

8

GUIDE DES BLESSURES DU COUREUR

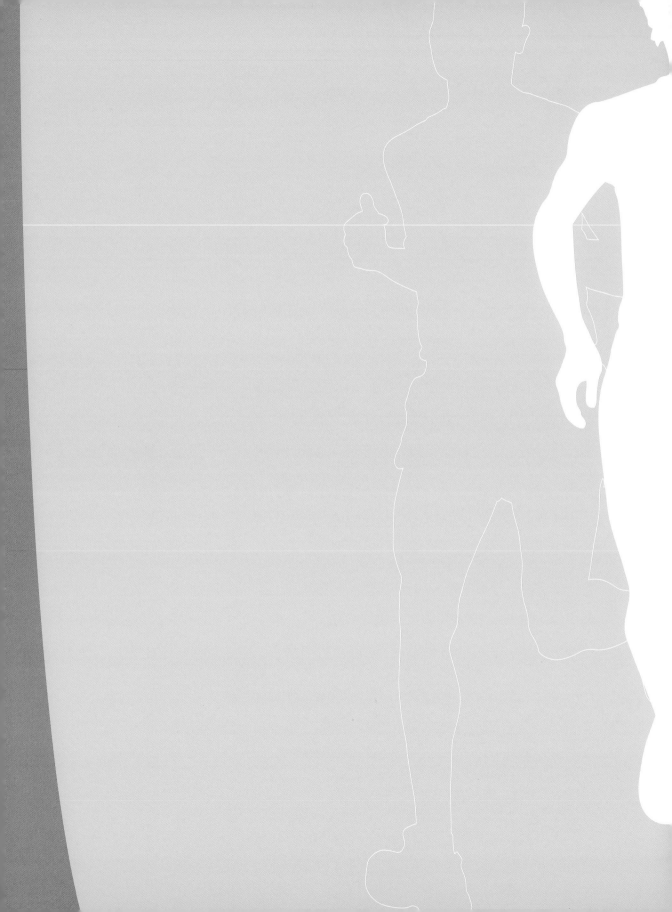

CES FAMEUSES BLESSURES !

Selon diverses études, entre 40 et 80% des coureurs sont touchés par une blessure liée à la course chaque année. Et très rares sont les coureurs qui y échappent pendant une période de 5 ans. La grande majorité des blessures proviennent des impacts répétés associés à la course. L'augmentation trop rapide du volume ou de l'intensité de l'entraînement est souvent en cause. Il est ainsi primordial de bien doser son entraînement. Plusieurs coureurs passent d'une blessure à une autre. Certains endurent des blessures (qu'ils considèrent souvent comme des inconforts normaux) pendant des mois, voire des années, chronicisant ainsi leur problème. Une blessure dite chronique, laquelle perdure plus de 3 à 6 mois, met plus de temps à guérir, en plus de favoriser une faiblesse à long terme dans la zone touchée.

Si vous appliquez les principes contenus dans ce livre, vous ne devriez pas avoir à consulter cette section, sauf à titre préventif ou afin de mieux comprendre la cause de certains inconforts. Mais la vie étant ce qu'elle est, tout athlète peut expérimenter un jour ou l'autre différents maux. Ce guide a été conçu pour que vous puissiez avoir une meilleure idée du problème en fonction de la zone douloureuse. Vous y trouverez aussi les causes les plus fréquentes pour chacun des problèmes, ainsi que des conseils pour favoriser votre rétablissement. Les inconforts et blessures sont ici traités de façon spécifique au coureur.

Cette section ne remplace en aucun cas l'avis d'un professionnel de la santé, ni ne constitue un outil de diagnostic. En cas de douleur vive ou persistante, vous devriez toujours consulter un professionnel de la santé qui pourra établir un diagnostic clair, recommander des examens plus approfondis au besoin et proposer un traitement approprié.

COMMENT SAVOIR
SI L'ON EST BLESSÉ ?

La douleur est le principal signal indiquant qu'il se passe quelque chose d'anormal dans votre corps. Ce signal est malheureusement trop souvent interprété comme un simple inconfort. Trop de coureurs endurent des sensations douloureuses sans prendre les mesures nécessaires pour régler le problème. Au lieu de devoir simplement ralentir l'entraînement pendant quelques jours, le coureur se voit alors obligé de cesser de courir pendant une période prolongée.

Je constate cette situation bien trop souvent dans mon cabinet. N'ayez pas peur de consulter pour rien. Si votre inconfort s'avère bénin, vous préviendrez plutôt que d'avoir à traiter.

Voici comment écouter les signes et éviter d'aggraver une blessure.

- **Courbatures :** Il est normal d'éprouver des sensations inconfortables après un entraînement, surtout quand celui-ci est intense ou long. Les courbatures atteignent leur pic de 24 à 48 heures après un entraînement. Il est cependant anormal que ces sensations durent plus de 72 heures. Si c'est le cas, cela constitue un signal d'alarme.
- **Chaleur, rougeur et enflure :** Une blessure est normalement associée à un phénomène d'inflammation. Plus ces symptômes sont prononcés, plus la réaction inflammatoire est élevée et la blessure, grave.
- **Sensibilité à la pression :** Si la douleur est reproduite ou augmente lorsque vous appuyez sur la zone en question, c'est signe de blessure.
- **Douleur pendant la course :** Si vous ressentez une douleur tout au long de la course, vous devez vous y attarder, car il est fort possible que cette sensation soit associée à une blessure. Si la douleur est ressentie en début de course mais disparaît après quelques minutes, il ne faut pas la prendre à la légère. Certaines blessures de course présentent cette symptomatologie. Une tendinopathie du tendon d'Achille dans sa première phase en est un bon exemple.
- **Douleur après la course :** Certaines blessures sont sourdes pendant la course mais se font entendre après. Si vous avez de la difficulté à marcher normalement ou à mettre du poids sur une jambe, vous devez interpréter cela comme un signal d'alarme.
- **Douleur vive :** Si vous avez une douleur vive (d'intensité élevée) pendant ou après une course, le signal d'alarme est déclenché, même si la sensation disparaît par la suite. Une douleur vive qui disparaît ne doit pas être prise à la légère, car un problème sous-jacent, dans ce cas, est bien souvent présent.
- **Douleur persistante :** Si la douleur ne diminue pas après un arrêt de cinq jours de course à pied, et si elle n'est pas soulagée par l'application de glace, la prise de médicaments anti-inflammatoires, les exercices de flexibilité ou les techniques d'auto-entretien, il est nécessaire de consulter un thérapeute.

QUAND CONSULTER UN MÉDECIN ?

Le médecin est le premier professionnel de la santé à consulter si vous avez besoin d'un diagnostic et d'examens précisant la nature de votre blessure. Le rôle du médecin est ensuite d'orienter le traitement. Dans certains cas, des médicaments anti-inflammatoires sont prescrits. L'objectif est alors bien sûr de diminuer l'inflammation, mais aussi de briser la boucle nociceptive (douleur). La chirurgie est rarement la solution pour les blessures liées à la course, mais elle peut faire une différence dans certains cas (hallux valgus, déchirure de ménisque…). En règle générale, il vaut mieux consulter à l'apparition des symptômes suivants, afin de régler le problème rapidement :

• douleur présente la nuit et accompagnée de fièvre : il est impératif de consulter un médecin le plus vite possible ;
• douleur d'intensité élevée qui dure plus de 72 heures ;
• blessure qui vous empêche de marcher normalement ;
• blessure accompagnée d'une fatigue persistante (plus de deux semaines).

FACE À LA BLESSURE
Afin de bien guérir une blessure, il est de première importance de prendre toutes les mesures nécessaires.

• **Soyez à l'écoute des signes et symptômes :** Plus la blessure est prise en charge tôt dans son évolution, plus le rétablissement sera rapide.
• **Choisissez toujours l'approche conservatrice :** Face à des inconforts qui vous placent dans le doute, au lieu de courir normalement en les tolérant, diminuez l'intensité de l'entraînement, ou remplacez la course par une autre activité aérobique qui ne réveille pas ces mêmes inconforts.
• **Consultez :** Il existe des mesures spécifiques pour chaque blessure. Ne vous improvisez pas thérapeute en soignant une blessure comme vous pensez qu'il faille le faire. Le guide des blessures présenté aux pages suivantes pourra vous aider dans la compréhension de votre problème, mais

rien ne remplace un bon thérapeute. Tout coureur devrait avoir son équipe de thérapeutes, qui connaissent bien les exigences de la course à pied et peuvent le conseiller spécifiquement : un médecin généraliste, un ostéopathe, un physiothérapeute (en Amérique) ou kinésithérapeute (en Europe), un massothérapeute, un acupuncteur, un chiropraticien, à vous de trouver votre équipe de soutien. Je vous conseille de consulter un bon thérapeute en prévention et de faire un suivi périodiquement. Ce n'est pas lorsque vous êtes blessé qu'il est temps de chercher un bon thérapeute.

• **Appliquez la règle du GREC (glace, repos, élévation, compression) :** Connue aussi sous l'acronyme RICE an anglais, cette règle s'applique pour la majorité des blessures associées à une inflammation. Un problème affectant un nerf ou lié à un manque de circulation ne sera pas résolu par l'application de glace, et peut même être aggravé. En règle générale, <u>quand c'est rouge, chaud et enflé, la règle du GREC s'applique.</u> Sinon, le mieux est de consulter un thérapeute.

• **Continuez à bouger même blessé :** Il n'y a pas que la course dans la vie. Voyez la blessure comme une occasion de vous entraîner différemment. Tant que la zone touchée n'est pas sollicitée, vous pouvez par exemple en profiter pour améliorer votre flexibilité et vos abdominaux profonds. Vous pouvez aussi faire de l'entraînement croisé (vélo, natation, elliptique…) en vous assurant de ne pas irriter la zone blessée. Le repos de la course, conjugué avec une meilleure condition physique générale, permet parfois de passer à un autre niveau. Et il a été démontré que la récupération d'une blessure est plus rapide si l'on est actif le plus tôt possible.

COMMENT REVENIR D'UNE BLESSURE

Une blessure est synonyme de diminution de l'entraînement, de perte de forme et de performance, ainsi que de retard dans le programme d'entraînement. Plusieurs coureurs tentent de rattraper le temps perdu en mettant les bouchées doubles, ce qui résulte habituellement en une perte de temps supplémentaire et un retour plus ardu à l'entraînement. Voici quelques conseils afin de favoriser un retour en douceur.

Conditions initiales pour le retour

- *Planifiez :* Discutez avec votre thérapeute ou votre entraîneur afin de bien planifier votre retour à l'entraînement.
- *Évaluez :* L'intensité de la douleur devrait être nulle ou légère au moment de recommencer à courir. Il ne devrait pas y avoir de douleur durant la marche. Gardez à l'esprit que la course est beaucoup plus exigeante que la marche.
- *Ressentez :* La technique de course ne devrait pas avoir à être modifiée au moment du retour. Cela est un signe de compensation qui vous indique que votre corps ne peut pas encore bouger librement. Un coureur qui compense pour se protéger peut développer des problèmes ailleurs. On déplace alors le problème et tout est à recommencer.

Le retour

- *Commencez en douceur :* Pour votre première course, optez pour une très courte séance (10 à 20 minutes) à faible intensité. Il vaut mieux être trop conservateur que pas assez.
- *Misez sur la fréquence :* Visez à retrouver une bonne fréquence pour vos entraînements (3 à 5 fois par semaine) avant d'augmenter l'intensité ou la durée de ceux-ci. Augmentez ensuite graduellement la durée de vos entraînements, avant d'augmenter l'intensité. Soyez patient et pensez à long terme. Vouloir retrouver la forme en une semaine après une blessure est irréaliste.
- *Assurez un suivi :* Il est suggéré de planifier une consultation de suivi avec un thérapeute deux semaines environ après le retour à l'entraînement, afin de vous assurer que votre corps réagit bien et que la blessure ne refait pas surface.
- *Résistez à la tentation :* Participer à une compétition peu de temps après une blessure **est fortement déconseillé.** À moins que vous ne gagniez votre vie en courant… Vous risqueriez ainsi de faire ressurgir une blessure ou de l'aggraver.

COMMENT UTILISER CE GUIDE

Ce guide aborde une à une chaque région du corps, partant des pieds pour monter jusqu'à la tête. Les blessures liées à la course les plus communes y sont présentées. Les principaux conseils de traitement et de prévention sont répertoriés, ainsi que les exercices spécifiques à chacune des blessures. Afin de simplifier la lecture, vous trouverez des icônes pratiques. Voici comment les interpréter :

→ **R** : Repos complet de course.

→ **GREC** : Glace, repos, élévation, compression. Appliquez de la glace sur la zone douloureuse pendant 15 minutes, avec le membre élevé au moins 10 cm au-dessus du cœur, le tout supporté par un bandage qui compresse légèrement la région. Gardez la zone douloureuse au repos.

→ ❄ : Appliquez de la glace sur la zone douloureuse pendant 15 minutes, une à quatre fois par jour, aux heures, jusqu'à une semaine, ou plus selon les recommandations d'un thérapeute qui vous aura examiné.

→ 🔥 : Appliquez de la chaleur sur la zone douloureuse pendant 15 minutes.

→ 🏃 : Améliorez votre technique de course.

→ 👟 : Assurez-vous que vos chaussures soient bien adaptées.

→ 📈 : Augmentez l'entraînement graduellement, ou selon les paramètres indiqués.

→ **X-T** : Privilégiez l'entraînement croisé.

→ 💧 : Assurez-vous de bien vous hydrater.

PIED ET CHEVILLE

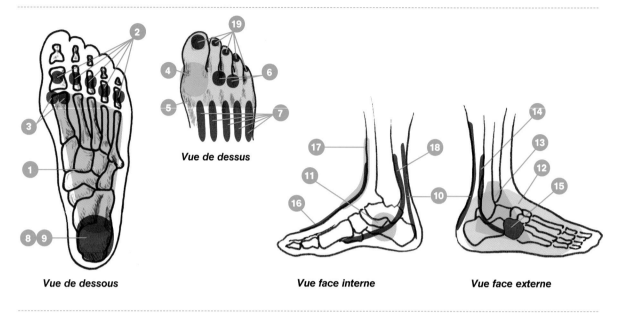

Vue de dessus

Vue de dessous

Vue face interne

Vue face externe

❶ FASCIAPATHIE PLANTAIRE

L'aponévrose plantaire, composée d'une bande fibreuse de fascias, a pour rôle principal de favoriser un bon maintien de la voûte plantaire. Lorsqu'elle est douloureuse, on parle alors de fasciapathie plantaire (aussi nommée fasciite ou aponévrosite plantaire). C'est l'une des blessures les plus fréquentes chez le coureur. Elle se manifeste par des douleurs sous le pied, dans la zone située du devant du talon à la base des orteils. La douleur peut irradier sur les côtés du pied, et va parfois jusque sous le talon. La douleur est présente aux premiers pas le matin, avec une raideur importante qui s'estompe normalement après quelques minutes. En stade plus avancé, la douleur est présente au début de la course, puis diminue lorsque les tissus sont échauffés. Le stade final est associé à une douleur constante durant la course ou au repos, allant même parfois jusqu'à une déchirure du fascia. Dans près de la moitié des cas, une excroissance osseuse peut se former à l'attache du fascia sur l'os du talon. Il s'agit alors d'une épine de Lenoir, laquelle est souvent la conséquence d'un excès de tension et d'inflammation prolongées dans le fascia plantaire.

Causes
→ augmentation trop rapide de l'intensité ou de la fréquence de l'entraînement ;
→ mauvaise technique, particulièrement un appui mi-pied ou sur l'avant-pied mal maîtrisé ;
→ changement trop rapide de chaussures, particulièrement vers les chaussures minimalistes qui sollicitent davantage le fascia plantaire ;
→ semelle trop souple ;
→ trop grande tension dans les muscles fléchisseurs des pieds et de la cheville ;
→ surcharge pondérale ;
→ pieds plats ou creux peu mobiles ;
→ faiblesse des muscles qui soutiennent la voûte plantaire.

Traiter

→ R Jusqu'à 8 semaines. Des chaussures avec un bon soutien et un talon légèrement surélevé doivent être portées. Évitez de marcher pieds nus jusqu'à disparition des douleurs.

→ ❄ Si la zone est enflée et chaude.

→ 🔥 Si la zone est froide.

→ Dans les cas plus graves, votre médecin pourrait vous recommander des médicaments anti-inflammatoires ou même une injection de cortisone.

→ Une attelle de nuit pour fasciite plantaire, qui permet de garder le tendon d'Achille et le fascia plantaire légèrement étirés, est parfois recommandée par les médecins dans les cas graves.

→ Le port d'orthèse peut diminuer la tension dans le fascia plantaire.

→ 🏃 Lorsque vous pouvez marcher sans douleur.

Prévenir

→ 🏃

→ 👟 Avec une élévation suffisante.

→

Exercices recommandés

1-5, 82-84, 90

---

② AMPOULES

La majorité des coureurs ont vécu la douloureuse expérience de marcher sur une ou des ampoules, et de devoir s'abstenir de courir pendant plusieurs jours. Les ampoules sont le résultat d'une friction trop élevée et prolongée, et peuvent toucher à peu près toutes les parties du pied.

Causes

→ excès de friction ;

→ changement rapide de chaussures ;

→ course avec chaussures minimalistes ou pieds nus ;

→ chaussures trop larges ou étroites ;

→ lacets lacés trop serré ;

→ humidité dans la chaussure ;

→ chaussettes trop grandes qui font des plis.

Traiter

→ Appliquer un pansement hydrocolloïde (seconde peau).

→ Désinfecter avec une solution antiseptique, percer l'ampoule à deux endroits avec une aiguille stérile (voir pharmacien) et désinfecter de nouveau, puis appliquer un pansement hydrocolloïde.

→ Consultez un médecin ou un podologue si l'ampoule est étendue ou infectée.

→ R

→ 🏃

Prévenir

→ X-T

→ 👟 De bonnes largeur et grandeur. Bien aérées.

→ Portez deux couches de chaussettes minces, afin de redistribuer une partie de la friction entre ces deux couches.

→ Crèmes antifrottement.

→ Pansements aux endroits fragiles.

→ Frictionner la plante des pieds avec du jus de citron tous les matins, puis appliquer une crème qui augmente la résistance de la peau.

---

③ SÉSAMOÏDITE

Inflammation des os sésamoïdes (qui ressemblent à deux graines de sésame) situés à la base du gros orteil, la sésamoïdite entraîne une douleur locale qui peut parfois être très intense. La douleur est normalement ressentie lors de l'appui sur le gros orteil. Dans certains cas, le coureur doit modifier sa technique afin d'éviter cet appui, créant ainsi un déséquilibre qui peut avoir des répercussions ailleurs. Parfois, la zone douloureuse est enflammée et rigide. Il faut alors s'assurer qu'il ne s'agit pas d'une fracture.

Causes

→ appui trop important sur le gros orteil, souvent associé à une hyperpronation ;

→ manque de mobilité du gros orteil ou du pied ;

→ chaussures pas assez coussinées sous l'avant-pied ;

→ mauvais dosage de l'entraînement.

Traiter

→ R Si douleur vive.

→ ❄

→ ⌐ᴵ

Prévenir

→ 👟 Assez coussinées à l'avant.

→ 🏃 Éviter un appui exagéré sur le gros orteil.

→ **X-T**

Exercices recommandés

1-4, 82-84

---

④ HALLUX RIGIDUS OU VALGUS

La mobilité de l'hallux (gros orteil) est parfois réduite au point où il devient rigide (d'où le terme hallux rigidus). L'hallux peut alors, lorsque sollicité en course, devenir douloureux. Une irritation prolongée tend à le rendre encore moins mobile. Chez certaines personnes, l'hallux est dévié vers le deuxième orteil. Cette condition (hallux valgus) est communément appelée oignon. Parfois, la déviation est si importante que l'hallux passe littéralement sous le deuxième orteil. L'hallux valgus affecte plus souvent les femmes. Paula Radcliffe, détentrice du record mondial du marathon, a dû subir une opération pour redresser ses orteils en 2008. Avant l'opération, elle disait ne plus être capable de marcher après ses entraînements.

Causes

→ origine génétique (en grande partie) ;

→ appui trop important sur l'hallux, souvent associé à une hyperpronation ;

→ chaussures trop étroites amenant une pression sur le gros orteil.

Traiter

→ R Si douleur vive.

→ ❄ Si douleur.

→ ⌐ᴵ

→ Dans certains cas graves, une opération peut être pratiquée afin de mieux aligner les segments de l'orteil.

Prévenir

→ 🏃 En particulier l'appui sur le pied et l'alignement de la jambe.

→ **X-T**

→ Mobilisez doucement l'hallux avant chaque course et chaque jour afin d'améliorer sa mobilité.

→ 👟 Pour l'hallux valgus accompagné d'un pied large (ce n'est pas toujours le cas) et d'une proéminence sur le rebord du gros orteil, portez des chaussures assez larges qui évitent une compression sur le gros orteil.

Exercices recommandés

1, 2, 82-84

---

⑤ SYNDROME DE RAYNAUD

Problème d'origine principalement génétique, ce syndrome affecte le bon fonctionnement des vaisseaux sanguins. Les pieds et les mains (surtout orteils et doigts) sont la plupart du temps touchés. Cela amène une sensation douloureuse, en plus d'affecter la peau qui est alors plus sensible à la friction. Le Raynaud est augmenté dans les températures froides ou chaudes, et touche beaucoup plus souvent les femmes que les hommes. Les coureurs peuvent être incommodés au niveau des orteils, surtout quand il fait froid. Dans certains cas, la peau peut être gravement endommagée avec la course, produisant même des plaies ouvertes.

Causes

→ origine génétique ;

→ autres causes inconnues, à l'exception de possibles liens avec d'autres maladies (arthrite, entre autres) ou avec le stress ;

→ certains médicaments peuvent aggraver le problème.

Traiter

→ R Si douleur vive.

Prévenir

→ Gardez les pieds le plus possible au chaud l'hiver et au frais l'été. Par temps froid, des chaussures adaptées aux températures froides et des chaussettes plus chaudes et coussinées sont à considérer.

→ 👟 Assez larges et coussinées.

→ Continuez de courir pour favoriser une meilleure circulation sanguine.

→ Évitez les substances stimulantes comme la caféine ou le tabac.

Exercices recommandés

1, 3, 5, 82, 83, 85

---

6 NÉVROME DE MORTON

Chacun de vos orteils est innervé par un nerf qui passe entre les métatarses, puis se sépare en deux à la base des orteils. Lorsqu'il est irrité, ce nerf peut devenir plus volumineux, formant alors un névrome. Plus fréquemment observé entre le troisième et le quatrième orteils, parfois entre le deuxième et le troisième, le névrome de Morton (Morton est le nom du médecin qui l'a découvert) peut être très douloureux. Le coureur affecté par ce problème ressent une douleur profonde (de type brûlure) lorsque le névrome est comprimé, ce qui peut arriver ou non durant la course. Parfois, un orteil est engourdi. Le Morton peut être confondu avec une métatarsalgie ou une fracture de stress.

Causes

→ chaussures trop étroites, qui peuvent amener une compression d'un nerf dans l'avant-pied;

→ irritation des tissus qui créent du tissu cicatriciel autour des nerfs;

→ mauvaise technique de course entraînant beaucoup de contraintes au niveau des orteils.

Traiter

→ R 2 à 4 semaines.

→ ❄ Peut aider dans certains cas, mais les résultats sont variables.

→ Un médecin peut recommander des médicaments anti-inflammatoires pour soulager la douleur. Si le problème persiste, on peut avoir recours à une injection de cortisone.

→

Prévenir

→ 👟 Plus larges dans tout sport. Un laçage différent, en laissant de côté les trous du bas, peut diminuer la pression au niveau des orteils.

→ Une orthèse modifiant la pression induite sur les orteils peut aider.

→ **X-T**

→ 🏃

Exercices recommandés

1, 82-84

---

7 MÉTATARSALGIE

Les cinq métatarses, os longs de votre pied, peuvent être le siège de douleurs. On parle alors de métatarsalgie. La douleur est située en profondeur et traverse parfois du dessous au dessus du pied. Elle touche normalement plusieurs métatarses. Elle peut être ressentie pendant la course (souvent elle persiste durant celle-ci) ou le matin au réveil, donnant l'impression d'un pied rigide.

Causes

→ augmentation trop rapide de distance ou d'intensité;

→ mauvaise technique de course, en particulier un appui sur le mi-pied ou l'avant-pied mal maîtrisé;

→ changement de chaussures, avec une stabilité ou une absorption différente;

→ chaussures trop étroites.

Traiter

→ R Si douleur vive. Sinon, diminuez temporairement l'entraînement, pour une à deux semaines.

→ ❄

Prévenir

→ 🏃 En visant un atterrissage fluide.

→ 👟

→ **X-T**

Exercices recommandés

1-4, 82-84

- -

⑧ BURSITE SOUS-CALCANÉENNE

Sous le talon (l'os est appelé calcanéum), une bourse a pour fonction d'absorber une partie des impacts et de permettre un bon glissement entre les tissus. Chez certains coureurs, la bourse peut s'enflammer (bursite) et devenir douloureuse. La douleur est augmentée par l'appui sur le talon et peut persister au repos.

Causes

→ impacts trop élevés ou répétés sur le talon ;

→ mauvaise technique de course, avec un appui du pied sur le talon, et le pied devant le genou ;

→ chaussures pas assez coussinées sous le talon, conjuguée à une mauvaise technique.

Traiter

→ **R** Si douleur vive.

→ **GREC**

→ Un médecin peut recommander des médicaments anti-inflammatoires pour soulager la douleur.

→ 👟 Coussinage suffisant sous le talon.

→ Une orthèse peut diminuer la pression sur le talon.

→ 🪜

Prévenir

→ **X-T**

→ 🏃 Appui au sol sur le mi-pied idéalement.

Exercices recommandés

3, 4

- -

⑨ TALONNADE

Un coussin graisseux appelé capiton plantaire se trouve sous le talon. Son rôle est d'amortir les chocs. À la suite d'impacts répétés ou plus rarement d'un seul impact brusque, il peut devenir irrité et s'enflammer. On peut parfois observer de petites taches rouges, signe de micro-hémorragie. Le talon est douloureux dès qu'on appuie dessus, que ce soit au lever, en marchant ou en courant.

Causes

→ technique de course avec l'appui sur le talon, particulièrement avec le pied devant le genou et le genou en extension ;

→ chaussures trop larges au niveau du talon qui permettent des mouvements latéraux de ce dernier, avec un plus grand cisaillement des tissus sous le talon ;

→ augmentation trop rapide de la distance ou de l'intensité.

Traiter

→ **R** Si douleur vive.

→ ❄️

→ Un médecin peut recommander des médicaments anti-inflammatoires pour soulager la douleur.

→ Une orthèse peut diminuer la pression sur le talon.

→ 🪜

Prévenir

→ **X-T**

→ 👟 Assez coussinées sous le talon, avec le talon bien stable.

→ 🏃 En ciblant l'appui du pied.

Exercices recommandés

3, 4

- -

⑩ TENDINOPATHIE DU TENDON D'ACHILLE

Une des blessures les plus fréquentes chez le coureur, la tendinopathie est l'ensemble des problèmes affectant le tendon d'Achille (aussi appelé tendon calcanéen). Ce tendon est le plus résistant de tout le corps. Il est d'une importance capitale pour la course, particulièrement lorsqu'une bonne technique est présente. Il peut alors être utilisé comme un véritable élastique. En cas de surutilisation ou de mauvaise utilisation, il peut devenir irrité. Différents scénarios sont possibles : la tendinite touche le tendon lui-même ; la ténosynovite touche la gaine qui enveloppe le tendon ; celui-ci peut être affecté à son attache sur le talon ou dans sa partie longue. Parfois, une seule partie du tendon est affectée. Il peut aussi subir des déchirures partielles. La déchirure complète est très rarement liée à la course et est observée surtout dans des sports plus explosifs (sports de raquette, football…).

Au début d'une tendinopathie, la douleur est présente seulement le matin au réveil ou en début d'entraînement. Une raideur est ressentie, et des crépitements peuvent être entendus. Si la blessure s'aggrave, elle dure plus longtemps en début de course ou persiste pendant et même après. À la longue, le tendon peut subir des déformations et devenir moins efficace. Parfois, la tendinopathie est accompagnée d'une irritation d'une bourse (bursite) qui avoisine le tendon d'Achille. Si la blessure n'est pas soignée à temps, il peut s'ensuivre des adhérences et une diminution de la fonction du tendon d'Achille, ce qui nuit sérieusement à l'efficacité de la course.

Causes
→ changement de technique trop rapide, particulièrement un appui sur le mi-pied ou l'avant-pied mal maîtrisé ;
→ posture de course trop penchée vers l'avant ;
→ changement de chaussures trop brusque, particulièrement vers les chaussures minimalistes ou le mode pieds nus. À cause d'un mauvais alignement des membres inférieurs, l'alignement du tendon d'Achille est affecté, ce qui modifie la transmission de forces dans celui-ci ;
→ bracelet du talon (partie retenant le haut du talon à l'arrière) trop rigide ou qui amène une friction sur le tendon ;
→ semelle trop rigide ;
→ faible mobilité de la cheville ou faible souplesse des mollets et du tendon d'Achille.

Traiter
→ R Si douleur vive.
→
→ Évitez d'étirer les mollets et le tendon d'Achille en cas de douleur vive.
→ Un médecin peut recommander des médicaments anti-inflammatoires pour soulager la douleur.
→ Une fois les douleurs diminuées, commencez à étirer doucement et graduellement, en étant toujours bien échauffé.
→ Le port d'orthèse peut diminuer la tension dans le tendon d'Achille.
→

Prévenir
→ X-T Vélo, natation ou elliptique.
→ 👟 Avec une élévation adéquate, afin de ne pas trop allonger le tendon en courant.
→ 🏃 Spécialement l'appui sur le pied.
→ 💧

Exercices recommandés
1, 3, 4, 17, 82-84, 90

---

⑪ SYNDROME DU TUNNEL TARSIEN
Aussi appelé *jogger's foot,* le syndrome du tunnel tarsien est une irritation du nerf tibial et de ses branches à la face interne du pied. Une douleur est perçue entre le talon et la malléole (bosse osseuse) médiale, irradiant parfois sous le pied. Ce problème peut également être associé à une tendinite du muscle tibial postérieur (situé en profondeur dans votre mollet), lequel passe directement en face du tunnel tarsien (tunnel entre deux os).

Causes
→ hyperpronation ou, plus rarement, écrasement interne de l'arrière-pied ;
→ chaussures pas assez stables latéralement ;
→ technique de course mal maîtrisée ;
→ passage trop rapide aux chaussures minimalistes ou au mode pieds nus ;

→ pieds plats.

Traiter

→ R Si douleur vive. Diminuez l'entraînement pendant une à trois semaines.

→ ❄

→ Un médecin peut recommander des médicaments anti-inflammatoires pour soulager la douleur.

→ ⬜

Prévenir

→ **X-T**

→ 👞 Qui préviennent une pronation excessive.

→ 🏃 Afin d'améliorer l'alignement des genoux et la stabilité des chevilles et des pieds.

Exercices recommandés

3, 4, 11, 82, 84

---

12 FRACTURE DE FATIGUE DU PIED

Blessure très incapacitante, la fracture de fatigue (aussi appelée fracture de stress) est la conséquence d'impacts répétés qui dépassent la capacité de récupération de l'os, au point de créer une fracture. Cette blessure survient principalement chez les coureurs qui font beaucoup de kilométrage. L'os le plus souvent touché est le deuxième métatarse. La majorité des os du pied peuvent être touchés, selon les forces transmises et la résistance de chaque os. Certains coureurs courent sur une fracture de fatigue sans le savoir. Sans repos, la fracture s'aggrave, ainsi que la douleur. Celle-ci peut être ressentie également pendant la marche. Elle peut être reproduite en appuyant directement sur la zone osseuse douloureuse. On peut aussi observer une douleur de type «éclair». Parfois, on remarque un petit renflement sur le site de la fracture. On ne doit pas prendre cette blessure à la légère, car si elle n'est pas traitée à temps (et c'est souvent le cas), la récupération peut nécessiter jusqu'à une année complète.

Causes

→ augmentation trop rapide de la distance ou de l'intensité ;

→ mauvaise mobilité du pied ;

→ mauvaise technique qui induit des forces d'impact trop élevées dans le pied ;

→ changement de chaussures trop rapide ;

→ passage trop rapide aux chaussures minimalistes ou au mode pieds nus ;

→ problème de densité osseuse (ostéoporose ou ostéopénie).

Traiter

→ R Au moins 8 semaines pour permettre la guérison complète. On ne guérit pas une fracture en continuant à courir.

→ ❄ Durant la première semaine.

→ Assurez-vous d'avoir un bon apport de calcium et de vitamine D.

→ **X-T**

→ 👞 Stables. Évitez la marche pieds nus dans les deux premières semaines.

→ ⬜ Très graduellement, s'il n'y a pas de douleur à la marche. Au début, il est normal de ressentir quelques inconforts. Une douleur élevée ne doit en aucun cas être tolérée.

Prévenir

→ 🏃

Exercices recommandés

3, 4

---

13 ENTORSE DE LA CHEVILLE

Une entorse est une élongation ou une rupture partielle ou totale d'un ou plusieurs ligaments. Dans la cheville, les ligaments latéraux sont le plus souvent touchés. Le mécanisme classique du pied qui se renverse brusquement (avec le dessous du pied qui regarde vers l'intérieur) étire les ligaments latéraux de façon excessive. Beaucoup plus rarement, l'entorse touche les ligaments de la face interne du pied. L'entorse, contrairement à la majorité des blessures liées à la course, est attribuable à un traumatisme et non à des microtraumatismes répétés. Les coureurs sont beaucoup moins touchés par les entorses que les joueurs de football, basketball, rugby ou tennis, car les mouvements latéraux rapides et imprévus sont plus fréquents dans ces sports. Les ligaments, une fois guéris, restent instables et favorisent des entorses à répétition si rien n'est fait pour stabiliser la cheville. Les entorses à répétition entraînent à la longue des problèmes mécaniques de la cheville. Parfois, une entorse en inversion (mécanisme classique) provoque une fracture par arrachement de l'extrémité du cinquième métatarse (os long sur le côté du pied). Cette blessure est plus longue à guérir.

Causes

→ renversement brusque de la cheville, souvent à cause d'une irrégularité sur le terrain ;
→ faiblesse des muscles stabilisateurs de la cheville (fibulaires, entre autres) ;
→ excès de tension dans les mollets ;
→ problème au bas du dos, qui nuit à la réponse nerveuse nécessaire à une bonne stabilisation de la cheville ;
→ mauvaise technique de course, principalement un appui sur le mi-pied ou l'avant-pied mal accompli ;
→ chaussures non adaptées à un terrain accidenté.

Traiter

→ **GREC** Le plus tôt possible.
→ **R** De 2 jours à 6 semaines, selon la gravité de l'entorse.
→ Pour une entorse grave, utilisez des béquilles jusqu'à ce que vous puissiez marcher de nouveau sans grande boiterie.
→ Évitez d'appliquer de la chaleur et de masser la région douloureuse.
→ Consultez un thérapeute afin de déterminer la gravité de votre blessure. La période de repos diffère selon le niveau d'inflammation. S'il n'y a pas de déchirure, il est préférable d'observer un arrêt de course durant une semaine complète, puis de recommencer très graduellement. En cas de rupture partielle ou importante (la cheville est alors gonflée et colorée vu l'épanchement de sang), un repos de 2 à 6 semaines est nécessaire.
→ Dès que la mise en charge sur le pied est possible, commencez les exercices de proprioception.
→ **X-T**
→ 🏃

Prévenir

→ 🏃 Afin d'avoir un appui du pied fluide et stable.

Exercices recommandés

3, 4, 17, 28, 33, 34, 50, 57
Favorisez les exercices de mobilité du bas du dos si cette zone est tendue.

---

14 TÉNOSYNOVITE DES FIBULAIRES

Les muscles fibulaires (anciennement appelés péroniers latéraux) se trouvent sur la face latérale de la jambe. Leur rôle est de permettre l'éversion du pied (dessous du pied qui regarde vers l'extérieur) et de le stabiliser pendant la course. Lorsque mal utilisés ou surutilisés, leur tendon ou plus fréquemment la gaine entourant ces tendons peuvent s'enflammer. On parle alors de tendinite ou de ténosynovite.

Causes

→ manque de stabilité du bassin, de la jambe ou du pied ;
→ mauvaise technique de course, affectant l'appui du pied ;
→ courir toujours sur le même côté de la route ;
→ beaucoup d'entraînement sur piste, toujours dans le même sens ;
→ changement de chaussures trop rapide.

Traiter

→ **R** Si douleur vive, de une à deux semaines.
→ ❄
→ 🏃

Prévenir

→ **X-T** Vélo ou natation.

→ 👟 Sans trop de correction antipronatrice.

→ 🏃

→ 💧

Exercices recommandés

3, 4, 33, 50, 58, 82-84

Faites des exercices de stabilisation du bassin et des jambes.

- -

⓯ SYNDROME DU CUBOÏDE

Le cuboïde est un os situé sur la face latérale du pied, devant le calcanéus (os du talon). Il est la clé de voûte de l'arche externe du pied. Les coureurs ont parfois des douleurs au cuboïde, lesquelles peuvent aller de l'inconfort à l'incapacité de courir, avec sensation de brûlure. La cause principale de ces douleurs est une dislocation du cuboïde (autre nom du syndrome), c'est-à-dire qu'il n'est plus articulé correctement avec le calcanéus ou avec le cinquième métatarse (os long du pied). Sa position anormale tend excessivement les ligaments, et les muscles se contractent de façon réflexe afin de protéger la zone. Une autre possibilité est un cuboïde bien positionné entre ses os voisins, mais bloqué. Les forces sont alors transmises d'une mauvaise façon.

Causes

→ manque de mobilité du pied, ou mauvais positionnement des os ;

→ mauvaise technique, avec excès de supination ou de pronation, appui du pied inadéquat et mauvais alignement de la jambe ;

→ chaussures inadaptées, trop larges ou manquant de soutien ;

→ faiblesse des muscles stabilisateurs du pied ;

→ passage trop rapide aux chaussures minimalistes ou au mode pieds nus ;

→ augmentation trop rapide de l'intensité ou de la fréquence de l'entraînement.

Traiter

→ R Si douleur vive, de 1 à 4 semaines.

→ ❄

→ Il est primordial de consulter un professionnel de la santé (ostéo, physio, kiné) qui pourra remettre en mouvement votre cuboïde, ou encore le stabiliser.

→ **X-T**

→ 🪜

Prévenir

→ 🏃

→ 👟 Avec plus de stabilité, au moins de façon temporaire.

Exercices recommandés

2-4, 33, 82-84

- -

⓰ TENDINITE DES EXTENSEURS DES ORTEILS

Les muscles qui soulèvent vos orteils, appelés extenseurs des orteils, ont de longs tendons qui passent sur le dessus de votre cheville et de votre pied. Ces tendons peuvent être enflammés, ce qui provoque une sensation douloureuse sur le dessus du pied et pouvant irradier jusqu'aux orteils. Si la douleur est intense et localisée, il ne s'agit habituellement pas de cette blessure. La douleur augmente durant la course et diminue au repos.

Causes

→ mauvaise technique de course, avec appui sur le talon, le pied loin devant le genou et les orteils trop relevés ;

→ foulées trop longues ;

→ chaussures ou lacets qui compriment trop le dessus du pied ;

→ mollets raides, nuisant à l'action des extenseurs des orteils ;

→ excès de pronation ou de supination, qui amène une sollicitation anormale des muscles extenseurs ;

→ augmentation trop rapide de la distance ou de l'intensité ;

→ trop d'entraînement en montées ;

→ parfois, des pieds plats ou creux.

Traiter

→ R Si douleur vive.

→ ❄️

→ X-T

→ 🪜

Prévenir

→ 👟 Qui ne compriment pas le dessus du pied, en évitant un laçage trop serré.

→ 🏃 Principalement l'appui du pied au sol.

→ 💧

Exercices recommandés

1-4, 42-43, 82-84

Étirez les mollets.

---

⑰ TENDINOPATHIE DU TIBIAL ANTÉRIEUR

Le muscle tibial antérieur (anciennement appelé jambier antérieur), situé devant la jambe, est parfois enflammé ou endommagé à sa partie tendineuse (tendinite) ou encore à l'enveloppe du tendon (téno-synovite). La douleur se situe sur le dessus du pied et sur la face avant de la jambe. Cette blessure est plus fréquente chez les coureurs débutants ou chez ceux dont la technique de course est déficiente.

Causes

→ mauvaise technique de course, avec appui sur le talon, le pied loin devant le genou et les orteils trop relevés ;

→ foulées trop longues ;

→ chaussures ou lacets qui compriment trop le dessus du pied ;

→ mollets raides, en particulier le tibia postérieur ;

→ excès de pronation ou de supination ;

→ augmentation trop rapide de la distance ou de l'intensité ;

→ mauvais échauffement.

Traiter

→ R Si douleur vive.

→ ❄️

→ 🪜

Prévenir

→ 👟 Qui ne compriment pas le dessus du pied, en évitant un laçage trop serré.

→ 🏃 Principalement l'appui du pied au sol, sous le genou.

→ 💧

Exercices recommandés

1-4, 42, 43, 82-84

Étirez les mollets.

---

⑱ TENDINOPATHIE DU TIBIAL POSTÉRIEUR

Le tibial postérieur, muscle peu connu, est très important. Il est l'un des muscles les plus souvent blessés chez le coureur. Son rôle est de faire l'inversion du pied (plante qui regarde vers l'intérieur). Il permet, entre autres, d'éviter une pronation excessive. Lorsqu'il est mal utilisé ou surutilisé, son tendon peut s'enflammer ou s'endommager. Cela amène des douleurs à la face interne du pied, quelques centimètres sous la malléole. La douleur peut irradier sous la face interne du pied, et parfois même plus haut, en profondeur dans le mollet.

Causes

→ mauvaise technique de course, conjuguée à une faiblesse des muscles stabilisateurs du pied et de la cheville ;

→ chaussures qui manquent de stabilité et permettent une pronation trop prononcée ;

→ manque de flexibilité des mollets, et en particulier du muscle tibial postérieur ;

→ augmentation trop rapide de l'intensité ou de la fréquence de l'entraînement.

→ Les pieds plats sont un facteur prédisposant.

Traiter

→ **R** Si douleur vive.

→ ❄

→ **X-T**

→ ⟋

Prévenir

→ 👟 Parfois, une orthèse peut être de mise pour les pieds plats sévères.

→ 🏃 Principalement l'appui du pied au sol, l'alignement du genou et la stabilité du bassin.

→ Assurez-vous de ne pas souffrir d'un excès de pronation.

→ 💧

Exercices recommandés

1-4, 42, 43, 82-84

Étirez les mollets doucement.

 HÉMATOME SOUS-UNGUÉAL

Peut-être avez-vous déjà eu un ongle noirci après une course particulièrement longue et accidentée, ou à la suite d'un impact brutal sur une pierre ? Cette couleur anormale vient du fait qu'un hématome (amas de sang) se forme sous l'ongle, à la suite d'une lésion des tissus. Le plus souvent, l'attache de l'ongle est concernée. L'élément étonnant de cette blessure est l'apparition d'un nouvel ongle quelques semaines ou quelques mois plus tard. L'ongle lésé laisse alors sa place à son remplaçant.

Causes

→ course sur des terrains accidentés, avec beaucoup de descentes ;

→ chaussures trop serrées avec espace insuffisant pour les orteils ;

→ traumatisme direct d'un orteil ;

→ augmentation trop rapide de la distance.

Traiter

→ **R** Si douleur vive.

→ **X-T**

→ Attendez que l'ongle tombe de lui-même pour faire place au nouvel ongle.

Prévenir

→ 👟 De la bonne longueur et largeur, qui ne compriment pas les orteils.

→ Gardez vos ongles d'orteils bien coupés.

JAMBE

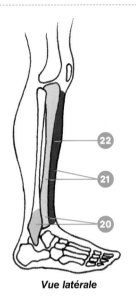

Vue latérale

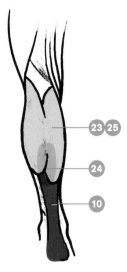

Vue postérieure

⓴ FRACTURE DE FATIGUE DU TIBIA

Le tibia est l'os qui soutient le poids du corps, contrairement à son os parallèle, la fibula, qui agit plus en tant qu'équilibreur de tensions. Quand les forces sont transmises d'une mauvaise façon, ou encore en excès, le tibia peut être le siège d'une fracture de fatigue (ou de stress). Cette fracture peut survenir dans la partie basse (entre autres, la malléole) ou encore dans la partie longue de l'os. À l'examen, on observe alors une fine fissure. La douleur peut être reproduite à la palpation directe de la zone. Elle peut limiter significativement la capacité de courir et de marcher. Une fracture de fatigue au fémur (os long de la cuisse), ou même à la fibula, bien que rare, est néanmoins possible.

Causes
→ augmentation trop rapide de la distance ou de l'intensité ;
→ mauvaise technique, particulièrement avec appui fort sur le talon, le pied devant le genou ;
→ mauvaise mobilité de la cheville ou du genou ;
→ passage trop rapide aux chaussures minimalistes ou au mode pieds nus, sans maîtriser une bonne technique ;
→ manque de force musculaire du mollet ;
→ problème de densité osseuse (ostéoporose ou ostéopénie).

Traiter
→ R Au moins 8 semaines, pour permettre la guérison complète.
→ ❄ Dans la première semaine.
→ X-T
→ Assurez-vous d'avoir un bon apport de calcium et de vitamine D.
→ 👟 Marchez avec des chaussures bien coussinées, en faisant le moins de bruit possible, sans frapper le talon.

→ Très graduellement, lorsqu'il n'y a plus de douleur à la marche. Au début, il est normal de ressentir quelques inconforts. Une douleur élevée ne doit en aucun cas être tolérée.

Prévenir
→ 🏃

Exercices recommandés
3-5

---

21 PÉRIOSTITE

Une des blessures les plus courantes chez le coureur, principalement chez celui qui débute, la périostite (*shin splints*) est une inflammation de l'enveloppe (périoste) du tibia. La douleur est située sur le tibia, principalement à son rebord à l'avant de la jambe.

Causes
→ mauvaise mobilité de la cheville ou du genou ;
→ mauvaise technique, particulièrement avec un appui fort sur le talon, le pied devant le genou ;
→ augmentation trop rapide de la distance ou de l'intensité ;
→ passage trop rapide aux chaussures minimalistes ou au mode pieds nus, sans maîtriser une bonne technique ;
→ problème de densité osseuse (ostéoporose ou ostéopénie).

Traiter
→ R Si douleur vive.
→ ❄
→ **X-T**
→ 🪜

Prévenir
→ Assurez-vous de bien vous échauffer avant de courir.
→ 🏃 Favorisez un bon appui sur le pied, en évitant à tout prix l'appui sur la pointe du talon.

Exercices recommandés
1, 3, 4, 7, 28, 82
Étirez les mollets.

22 SYNDROME DE LA LOGE ANTÉRIEURE

Semblable à la périostite en termes de sensations, le syndrome de la loge antérieure est associé à une augmentation de pression dans la loge musculaire située devant la jambe. Le tibia antérieur et les muscles extenseurs des orteils sont impliqués. Cet excès de pression met en alerte les nocicepteurs (récepteurs de la douleur). La douleur est perceptible durant la course, mais aussi au début de la marche après une pause. Pour un diagnostic fiable, une mesure de la pression interne de la loge doit être effectuée par un professionnel de la santé.

Causes
→ mauvaise mobilité de la cheville ou du genou ;
→ mauvaise technique, particulièrement avec appui sur le talon, le pied devant le genou et les orteils relevés ;
→ augmentation trop rapide de la distance ou de l'intensité ;
→ changement trop rapide de chaussures.

Traiter
→ R Si douleur vive, pendant deux semaines, ou tant que la douleur persiste.
→ ❄
→ Évitez, pour un certain temps, de passer de longues périodes en position debout.
→ **X-T**
→ 🪜
→ Rarement, dans les cas les plus graves, une intervention chirurgicale est pratiquée. Une incision dans le fascia enveloppant la loge permet de diminuer la pression interne dans la loge.

Prévenir
→ Assurez-vous de bien vous échauffer avant de courir.
→ 🏃

Exercices recommandés
1, 3, 7, 28, 82
Étirez les mollets.

---

23 CONTRACTURE DU MOLLET

La contracture est une modification du tonus musculaire normal qui se traduit par une raideur. Chez le coureur, les contractures sont fréquentes aux mollets et se traduisent par une douleur à l'effort qui peut persister pendant plusieurs jours. La contracture peut parfois constituer un phénomène de protection à la suite d'une lésion musculaire plus importante.

Causes
→ mauvaise technique de course, avec appui sur le mi-pied ou l'avant-pied, particulièrement avec le pied devant le genou ;
→ changement trop rapide vers les chaussures minimalistes ou le mode pieds nus, sans modifier convenablement la technique ;
→ augmentation trop rapide de la fréquence ou de l'intensité de l'entraînement en montées, en escaliers ou en vitesse ;
→ manque de mobilité de la cheville ;
→ posture trop penchée vers l'avant ;
→ manque de mobilité des vertèbres lombaires, zone d'où provient l'innervation des mollets.

Traiter
→ R Le temps que les douleurs disparaissent en grande partie.
→ 🔥
→ Un massage léger de la zone peut accélérer la récupération.
→ Au début, il est préférable de raccourcir le muscle (pendant deux minutes) plutôt que de l'étirer.
→ Diminuez l'entraînement en intensité, en côtes ou en escaliers.
→ X-T Pendant 1 à 2 semaines.

Prévenir
→ 🏃 En cherchant un appui du pied fluide avec le mollet détendu.

Exercices recommandés
1, 3, 4, 61, 82

24 MYOTENDINITE DU MOLLET

Moins connue que la tendinite du tendon d'Achille, la myotendinite concerne la jonction entre ce dernier tendon et la partie charnue musculaire. La douleur est ressentie au milieu du mollet et peut irradier dans le reste du mollet.

Causes
→ mauvaise technique, ou changement trop rapide de technique, en particulier avec appui sur le mi-pied ou l'avant-pied ;
→ augmentation trop rapide de l'entraînement en vitesse, en montées ou en escaliers, ainsi que de la distance globale ;
→ changement de chaussures avec une diminution trop rapide de leur élévation ;
→ manque de mobilité de la cheville ;
→ manque de souplesse des mollets.

Traiter
→ R
→ ❄ Durant les 3 premiers jours.
→ 🔥 Par la suite.
→ X-T
→ 🏔 Éviter principalement les côtes et escaliers.

Prévenir
→ 🏃 Afin de permettre un meilleur relâchement du mollet.
→ 💧

Exercices recommandés
1, 3, 4, 82

25 CRAMPE DU MOLLET, DES ISCHIO-JAMBIERS OU DES QUADRICEPS

Le coureur est parfois touché par des crampes durant une course, durant un effort ou au repos. Ces crampes touchent, entre autres, les mollets, les ischio-jambiers, les quadriceps ou même les muscles fléchisseurs des orteils (sous le pied). Une crampe intense peut occasionner une vive douleur qui peut durer quelques jours. La plupart du temps, les crampes durent quelques secondes avant de disparaître sans entraîner de sensation particulière.

Causes

→ déséquilibre des minéraux (sodium, calcium, potassium, magnésium…) dans l'organisme ;
→ fatigue musculaire ;
→ déshydratation ;
→ augmentation trop rapide de la fréquence, de la durée ou de l'intensité de l'entraînement ;
→ problème d'approvisionnement sanguin (ischémie) dans la zone touchée ;
→ déséquilibre du système nerveux en relation avec la zone touchée ;
→ prise de médicaments (statines, neuroleptiques, diurétiques, corticoïdes).

Traiter

→ R Une journée suffit normalement.
→ 🔥
→ Diminuez pendant une période les entraînements de haute intensité.
→ Si vous prenez des médicaments, mentionnez ces crampes à votre médecin.

Prévenir

→ Assurez-vous d'avoir une source de minéraux riche et diversifiée dans votre alimentation.
→ Échauffez-vous bien avant l'effort.
→ 💧

Exercices recommandés

3-5, 7, 28, 54
Faites régulièrement des exercices de flexibilité.

GENOU

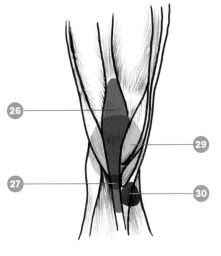

Genou vue de face

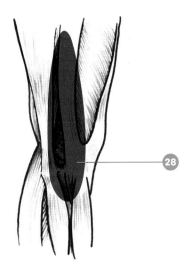

Genou vue de côté

26 TENDINITE DU TENDON PATELLAIRE

Le tendon patellaire (anciennement appelé tendon rotulien) relie la patella (rotule) et l'ensemble des quadriceps à une tubérosité osseuse située environ deux doigts sous la rotule. Il est soumis à des forces considérables durant la course. Lorsque mal utilisé ou surutilisé, il peut s'enflammer, entraînant ainsi des douleurs sur l'attache du tendon, sur le tendon lui-même ou sur la patella. Ces douleurs sont percep-tibles pendant la course, mais aussi au moment de se relever ou de s'asseoir, de monter ou de des-cendre les escaliers. Un genou valgum ou varum augmente le risque de tendinite du tendon patellaire.

Causes

→ mauvais alignement du genou amenant une déviation du tendon patellaire ;
→ manque de mobilité de la hanche ou de la cheville ;
→ augmentation trop rapide de la fréquence ou de l'intensité de l'entraînement ;
→ augmentation trop rapide de la fréquence ou de l'intensité de l'entraînement en montées ou en descentes.

Traiter

→ R Si douleur vive.
→ ❄
→ Un médecin peut recommander des médicaments anti-inflammatoires pour soulager la douleur.
→ 🏠 En étant particulièrement prudent face aux entraînements à haute intensité.

Prévenir

→ 🏃 Afin d'avoir un meilleur alignement du genou.
→ 💧

Exercices recommandés

5, 7, 11, 33, 50, 55-57, 89, 90
Concentrez-vous davantage sur les exercices de flexibilité des ischio-jambiers dès le début. Une fois la douleur diminuée significativement, ajoutez les étirements des quadriceps.

27 OSTÉOCHONDROSE TIBIALE ANTÉRIEURE (OSGOOD-SCHLATTER)

Ces termes complexes désignent une affection de l'attache des quadriceps sur le tibia (appelée tubérosité tibiale antérieure). La maladie d'Osgood-Schlatter touche le jeune sportif, dont le coureur, principalement s'il s'entraîne pour des épreuves de courte distance à vitesse élevée. La tubérosité, subissant des stress trop importants, présente des microfractures. Avec le temps, elle peut se déformer, devenant parfois pointue et proéminente. Dans des cas plus graves, le cartilage et l'os peuvent subir un arrachement. Les douleurs sont situées sur la tubérosité. La course, les sauts et même les positions agenouillée et accroupie peuvent être problématiques.

Causes

→ augmentation trop rapide de l'entraînement, particulièrement avec sprints et sauts ;
→ mauvais alignement des membres inférieurs ;
→ excès de tension dans les ischio-jambiers.

Traiter

→ R Pendant environ 8 semaines. Dans des cas plus graves, il peut être indiqué de diminuer les activités avec impact jusqu'à la fin de la période de croissance.
→ ❄
→ Assurez-vous d'avoir un bon apport de calcium et de vitamine D.
→ Un médecin peut recommander des médicaments anti-inflammatoires pour soulager la douleur.
→ 🏃 En étant particulièrement prudent face aux entraînements à haute intensité.

Prévenir

→ 🏃 Afin de diminuer ou d'équilibrer les contraintes sur la tubérosité antérieure tibiale.

Exercices recommandés

5, 7, 11, 33, 55, 56, 89, 90

28 SYNDROME DE L'ESSUIE-GLACE (TENDINITE DE LA BANDELETTE ILIO-TIBIALE)

Une des blessures les plus fréquentes chez le coureur, ce syndrome occasionne une douleur à la face latérale du genou. La bandelette ilio-tibiale, qui parcourt le côté de la cuisse, s'attache sur le haut du tibia. Pendant la course, elle fait en quelque sorte un mouvement d'essuie-glace. Si un coureur est atteint de ce syndrome, c'est qu'elle frotte sur la partie latérale du genou et provoque une irritation. Certains spécialistes remettent en doute ce mécanisme et parlent davantage de compression des fascias que de frottement. La douleur survient à la course et augmente progressivement. La palpation de la partie latérale du genou entraîne une douleur vive. Parfois, la bandelette irrite une bourse, engendrant une bursite.

Causes

→ manque de stabilité des membres inférieurs ou du bassin ;
→ mauvaise technique de course ;
→ excès de pronation ;
→ genou varum (ouvert vers l'extérieur) ;
→ augmentation trop rapide de la fréquence ou de l'intensité de l'entraînement ;
→ manque de souplesse des muscles de la jambe ;
→ inégalité de longueur des membres inférieurs ;
→ chaussures inadaptées, en particulier si elles corrigent trop la pronation.

Traiter

→ R Une à deux semaines au minimum.
→ ❄
→ Les activités amenant un mouvement d'essuie-glace doivent être évitées (vélo, elliptique, *squats*, fentes…) jusqu'à récupération.
→ Un médecin peut recommander des médicaments anti-inflammatoires pour soulager la douleur.
→ 🏃

Prévenir

→ 🏃 En favorisant un bon alignement des membres inférieurs et une bonne stabilité du bassin.

→ 👟

Exercices recommandés

5, 8, 10-13, 89, 90

---

29 SYNDROME FÉMORO-PATELLAIRE

Blessure située au sommet du palmarès chez les coureurs, ce syndrome (appelé *runner's knee*) regroupe l'ensemble des douleurs entourant la patella (anciennement appelée rotule). La chondromalacie (usure du cartilage sous la patella) est un des problèmes pouvant causer une douleur dans cette zone. Un examen d'IRM doit être effectué afin de confirmer la diminution d'épaisseur du cartilage. Les douleurs du syndrome fémoro-patellaire sont présentes durant la course, augmentées dans les montées, descentes et escaliers, et reproduites à la palpation de la zone entourant la patella.

Causes

→ mauvaise technique de course, particulièrement avec un mauvais alignement des genoux, un appui sur le talon ou une posture voûtée ou assise ;

→ manque de souplesse des quadriceps, lequel peut contribuer à tracter la patella trop haut (patella alta) ;

→ manque de souplesse des ischio-jambiers ;

→ faiblesse des muscles vastes des quadriceps (plus souvent le vaste interne) ;

→ genoux valgum ou varum ;

→ augmentation trop rapide de l'intensité, de la durée ou de la fréquence d'entraînement.

Traiter

→ R Pendant une semaine (ou plus, si la douleur persiste).

→ GREC

→ 🪜 Sans faire d'entraînements intenses au début.

Prévenir

→ 🏃 De façon à améliorer l'alignement des genoux.

Exercices recommandés

5, 7 ou 8, 89, 90

---

30 TENDINITE DE LA PATTE D'OIE

La patte d'oie est formée par les tendons de trois muscles : le gracile (à l'intérieur de la cuisse), le sartorius (devant la cuisse) et le semi-tendineux (derrière la cuisse). Elle stabilise le genou durant la course, principalement dans les virages, montées et descentes. Les tendons peuvent s'enflammer, provoquant une douleur à la face interne du genou, environ trois doigts sous la patella. La douleur est vive et est reproduite lorsque la zone est palpée. Parfois, la petite bourse située sous la patte d'oie est irritée à son tour, ce qui entraîne une bursite.

Causes

→ mauvaise technique de course, particulièrement avec un mauvais alignement des genoux ;

→ manque de stabilité du bassin et des membres inférieurs ;

→ manque de souplesse des ischio-jambiers ;

→ genoux valgum ;

→ excès de pronation ;

→ chaussures inadaptées.

Traiter

→ R Une semaine (plus si la douleur persiste).

→ ❄

→ Un médecin peut recommander des médicaments anti-inflammatoires pour soulager la douleur.

→ 🪜 Sans faire d'entraînements intenses au début.

Prévenir

→ 🏃 De façon à améliorer l'alignement des genoux.

→ 💧

Exercices recommandés

5, 7 ou 8, 10-12, 89, 90

CUISSE

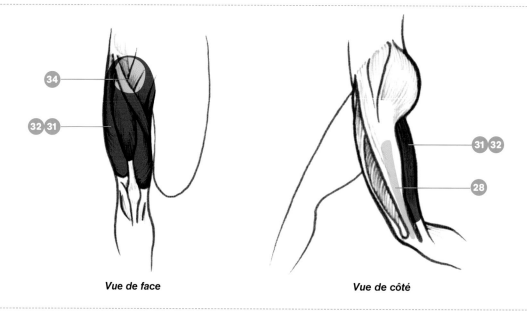

Vue de face   *Vue de côté*

㉛ CONTRACTURES DES QUADRICEPS OU DES ISCHIO-JAMBIERS

Les ischio-jambiers (et plus rarement les quadriceps) peuvent être le siège de contractures. Cela donne une sensation de raideur musculaire et de faiblesse à la fois. La course est alors moins fluide et un inconfort survient, surtout en début de course ou en se mettant en marche (au réveil ou après une position assise prolongée). La montée et la descente d'escaliers peuvent être pénibles.

Causes
→ entraînement excessif en vitesse, les sprints en particulier;
→ exercices pliométriques, sauts et *drills* faits trop intensément;
→ faiblesse des ischio-jambiers ou des quadriceps;
→ mauvaise technique, en particulier lorsque le talon est trop tiré vers le haut (*overpulling*);
→ déshydratation.

Traiter
→ Diminuez l'intensité et la durée de l'entraînement pendant une semaine.
→ **X-T**
Prévenir
→ 🏃 En cherchant un mouvement efficace des jambes, sans effort.
→
Exercices recommandés
5, 7, 89, 90

㉜ CLAQUAGE MUSCULAIRE

Avez-vous déjà vu un sprinter s'effondrer peu de temps après le départ d'une course? Il souffrait probablement d'une déchirure partielle d'un muscle, appelée claquage. Plus la déchirure est importante, plus la douleur est élevée. Vive et brutale, la douleur peut être ressentie comme un coup de poignard. Les coureurs d'endurance subissent très rarement cette blessure, laquelle touche plutôt les sprinters. Toutefois, un coureur d'endurance qui ajoute des sprints à son entraînement afin de gagner de la vitesse sera à risque de claquage s'il ne respecte pas une progression graduelle.

Causes
→ entraînement de vitesse, sprints et mouvements explosifs faits en excès, associés à une mauvaise technique ;
→ échauffement insuffisant avant l'entraînement ;
→ faiblesse musculaire des membres inférieurs ;
→ manque de mobilité articulaire ou manque de souplesse peuvent augmenter les risques.

Traiter
→ **R** De 1 à 2 semaines (plus si la douleur persiste).

→ **GREC**
→ Utilisez des béquilles si la marche est difficile.
→ Évitez d'étirer le muscle blessé. Une fois qu'il a récupéré, réintégrer graduellement les exercices de flexibilité.
→ 🔼
→ Une fois le muscle cicatrisé, consultez un thérapeute (ostéo, physio, kiné, chiro) qui pourra redonner de la mobilité dans les tissus cicatriciels et dégager les adhérences normalement présentes après ce type de blessure et susceptibles d'entraîner un déséquilibre musculaire.

Prévenir
→ Échauffez-vous bien avant l'effort.
→ 💧

HANCHE

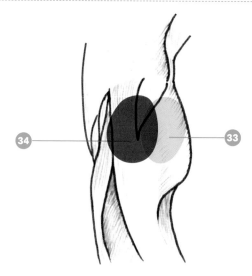

Hanche vue latérale

33 BURSITE TROCHANTÉRIENNE (OU SYNDROME TROCHANTÉRIEN)

Le grand trochanter est la proéminence osseuse que vous pouvez sentir en palpant la face latérale de votre hanche. Plusieurs tendons s'attachent à celui-ci, et des bourses viennent diminuer les frictions dans cette région. Sollicités lors de la course, les tendons des muscles de la hanche peuvent s'enflammer (tendinite) et les bourses à leur tour (bursite). Cela occasionne une douleur sur la face latérale de la hanche, autour du grand trochanter. Le muscle fessier moyen étant particulièrement sollicité durant la course afin de stabiliser le bassin latéralement, une tendinite à ce muscle peut également être à l'origine d'une douleur à son attache sur le grand trochanter. Autant en cas de bursite trochantérienne que de tendinite du moyen fessier, la douleur est particulièrement importante lorsqu'on cherche à ouvrir la jambe (abduction). Une blessure à la hanche mal guérie peut résulter en un excès de tension dans les muscles qui maintiennent l'articulation en place (le psoas et le piriforme, entre autres) et dans la capsule de la hanche (manchon fibreux qui la stabilise). La capsule peut même se rétracter (capsulite rétractile) et limiter la capacité de courir.

Causes

→ faiblesse des muscles fessiers superficiels ou manque de souplesse des muscles fessiers profonds et ischio-jambiers ;

→ mauvaise technique, avec un manque de stabilisation du bassin et un alignement déficient du genou ;

→ chaussures inadaptées ou excès de pronation ;

→ augmentation trop rapide de la fréquence et de l'intensité de l'entraînement ;

→ course sur piste, en courant toujours dans le même sens, ou sur trottoir, en courant toujours du même côté.

Traiter

→ **R** De 1 à 2 semaines au minimum.

→ ❄

→ **X-T**

→ 🪜

Prévenir

→ 🏃 En favorisant un bon alignement des membres inférieurs et une bonne stabilité du bassin.

→ 👟 Avec le juste dosage de pronation et supination.

Exercices recommandés

5, 7, 9-13, 44, 50, 89, 90

㉞ FRACTURE DE FATIGUE DE LA HANCHE

Entre la partie longue du fémur et sa tête (en forme de demi-sphère) se trouve le col du fémur. Cette zone est associée à près de 15 % des fractures de fatigue du coureur. Une douleur lancinante logée dans l'aine et irradiant dans le haut de la cuisse est ressentie durant la course, et peu au repos. Cette blessure très sérieuse a affecté la carrière de certains coureurs élites.

Causes

→ tout ce qui gêne la bonne transmission des forces dans l'os : manque de mobilité du bassin, mais aussi des membres inférieurs, manque de stabilité du bassin, mauvaise technique de course et mauvais alignement du genou ;

→ augmentation élevée de l'entraînement ;

→ problème de densité osseuse.

Traiter

→ **R** Au moins 8 semaines pour permettre la guérison complète.

→ ❄ Dans la première semaine.

→ 👟 Marchez avec des chaussures bien coussinées, en faisant le moins de bruit possible, sans frapper le talon.

→ **X-T** Recommencez graduellement l'entraînement cardio avec des activités qui ne sollicitent pas trop la hanche (natation, doucement).

→ Assurez-vous d'avoir un bon apport de calcium et de vitamine D.

→ 🪜 Très graduellement, lorsqu'il n'y a pas de douleur à la marche. Au début, il est normal de ressentir quelques inconforts. Une douleur élevée ne doit en aucun cas être tolérée.

Prévenir

→ 🏃

Exercices recommandés

5, 7, 9-13, 44, 58

Après une semaine de repos complet, privilégiez les exercices de flexibilité, de posture et de respiration.

BASSIN ET BAS DU DOS

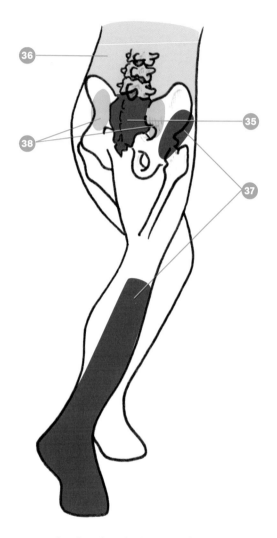

Bassin et bas du dos vue latérale

③⑤ FRACTURE DE FATIGUE DU SACRUM

Le sacrum (os situé à la base de votre colonne) absorbe une partie des forces transmises durant la course. Dans de rares cas, il peut subir une ou plusieurs fractures de fatigue, habituellement près de l'articulation avec l'os iliaque (sacro-iliaque). Il s'agit d'une blessure grave qui nécessite une longue période de récupération. La douleur est ressentie à l'arrière du bassin et peut irradier dans le bas du dos ou dans les fesses. Les séquelles d'une chute peuvent favoriser ce type de fracture de fatigue.

Causes

→ tout ce qui gêne la bonne transmission des forces dans l'os : manque de mobilité du bassin, mais aussi des membres inférieurs, manque de stabilité du bassin, mauvaise technique de course ;

→ augmentation élevée de l'entraînement ;

→ problème de densité osseuse.

Traiter

→ **R** Au moins 8 semaines pour permettre la guérison complète.

→ ❄ Dans la première semaine.

→ Assurez-vous d'avoir un bon apport de calcium et de vitamine D.

→ 👞 Marchez avec des chaussures bien coussinées, en faisant le moins de bruit possible, sans frapper le talon.

→ Assurez-vous de maintenir une bonne posture assise et debout.

→ **X-T** Recommencez graduellement l'entraînement cardio avec des activités qui ne sollicitent pas trop le sacrum (vélo et natation, doucement)

→ 🏃 Très graduellement, lorsqu'il n'y a pas de douleur à la marche. Au début, il est normal de ressentir quelques inconforts. Une douleur élevée ne doit en aucun cas être tolérée.

Prévenir

→

Exercices recommandés

17, 19

Exercices recommandés

17, 19, 21, 23, 27, 48, 50, 72

Consultez mon ouvrage *L'entraînement spinal* pour plus de détails.

---

36 LOMBALGIE

Certains coureurs sont embêtés par des douleurs dans le bas du dos (lombalgies) en courant. La douleur peut survenir pendant la course, ou simplement durant les heures qui suivent. Elle peut être sous forme de barre, couvrant tout le bas du dos, ou ressentie comme un point, d'un côté seulement. En tout temps, cet inconfort doit être pris au sérieux, car la colonne lombaire est responsable de la bonne innervation des membres inférieurs, en plus d'être d'une importance capitale pour la posture et pour le maintien d'une bonne unité centrale.

Causes

→ manque de mobilité des vertèbres lombaires (trop de mobilité dans certains cas), du bassin ou du reste de la colonne vertébrale ;

→ excès de tension dans les muscles du bas du dos (spinaux, carré des lombes…) ;

→ faiblesse des muscles de l'unité centrale ;

→ douleurs référées par un organe (utérus, prostate, vessie, intestins…) ;

→ déséquilibre postural ;

→ mauvaise technique de course, avec des forces d'impact trop importantes.

Traiter

→ R Si douleur vive.

→ Si les douleurs sont élevées ou persistent, consultez un médecin.

→ Consultez un thérapeute (ostéo, physio, kiné, chiro) qui pourra déterminer si des mesures thérapeutiques doivent être prises.

→

Prévenir

→ En vous concentrant sur une bonne posture et sur un atterrissage en douceur.

37 NÉVRALGIE SCIATIQUE

Aussi appelée sciatique ou sciatalgie, la névralgie sciatique est une sensation douloureuse affectant le trajet du nerf sciatique. Le plus souvent, la douleur concerne la jambe sous le genou, sur le côté et à l'arrière. Elle peut aller jusqu'aux orteils et entraîner également des symptômes douloureux dans la fesse, en profondeur, et dans le bas du dos. La névralgie sciatique se présente le plus souvent dans une seule jambe. Cela dépend du côté où le nerf sciatique est irrité. L'origine de l'irritation se trouve la plupart du temps dans le bas du dos, au niveau des dernières vertèbres lombaires et du sacrum. Elle peut aussi être attribuable à une tension dans les muscles fessiers profonds, particulièrement au niveau du muscle piriforme (le nerf sciatique passe juste dessous et, chez certaines personnes, au travers du muscle piriforme). Chez le coureur, cette tension est souvent présente. Les symptômes, sous forme de douleur lancinante, d'engourdissement ou de faiblesse dans le membre inférieur touché, peuvent être augmentés par la course.

Causes

→ manque de mobilité des vertèbres lombaires ou du bassin ;

→ tension excessive dans le muscle piriforme ;

→ manque de stabilité du bassin ;

→ mauvaise posture ;

→ mauvaise technique de course, avec un alignement inadéquat des jambes ;

→ augmentation trop rapide de l'intensité, de la durée ou de la fréquence d'entraînement ;

→ chaussures qui corrigent trop la pronation ;

→ position assise de façon prolongée et répétée.

Traiter

→ **R** Si douleur vive, diminuez l'entraînement, ou prenez un repos complet si la douleur persiste.

→ Consultez un professionnel de la santé pour cibler l'origine de votre problème.

→

Prévenir

→ Faites un bon échauffement avant de courir, en vous concentrant sur la mobilité du dos et des hanches.

→ 🏃

→ 👟

Exercices recommandés

11, 13, 17, 19, 21, 27, 48-51

Une fois la douleur diminuée significativement, prenez soin de faire des exercices pour votre dos (consultez mon ouvrage *L'entraînement spinal* pour plus de détails).

------

38 SACRO-ILIITE

Les articulations sacro-iliaques (situées entre le sacrum et les deux iliaques) reçoivent les forces transmises durant la course. Une articulation (rarement les deux) peut s'irriter lorsque mal utilisée ou surutilisée. On parle alors de sacro-iliite. La douleur est perçue dans le bas du dos, entre les fesses. Les sacro-iliaques sont des articulations emboîtées et très peu mobiles. Leurs micromouvements

sont toutefois importants et nécessaires à une bonne transmission des forces. La sacro-iliite ne doit pas être confondue avec la fessalgie (douleur à la fesse).

Causes

→ manque ou excès de mobilité dans l'articulation sacro-iliaque ;

→ manque de stabilité du bassin ;

→ mauvaise technique de course ;

→ déséquilibre postural.

Traiter

→ **R** De 1 à 3 semaines.

→ ❄

→ Il est primordial de consulter un professionnel de la santé qui pourra remettre le bassin en mouvement et dans la bonne position.

→ **X-T** Compensez avec du vélo, puisque les sacro-iliaques n'y sont pas mobilisées.

→ 🏃

Prévenir

→ 🏃 De façon que les forces soient mieux transmises dans votre bassin.

→ Évitez de courir toujours du même côté sur une piste ou un trottoir.

Exercices recommandés

14, 15, 21, 23, 25, 71, 74, 75

Concentrez-vous sur les exercices de stabilisation du bassin.

THORAX

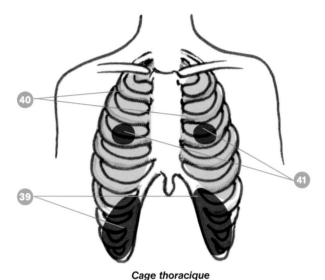

Cage thoracique

39 POINT DE CÔTÉ

Quel coureur n'a jamais expérimenté cette désagréable sensation de crampe localisée sur la partie basse du thorax ? Encore mal expliqué, le point de côté est associé à une hypoxie (manque d'oxygène) touchant le muscle diaphragme et ses environs. Certains spécialistes parlent plutôt d'un frottement entre les couches de fascias. À droite, on pense au foie. À gauche, on pense à la rate, à l'estomac ou aux intestins. Le point survient souvent lorsqu'on court peu de temps après avoir mangé ou bu. Mais parfois, il apparaît sans aucune raison apparente.

Causes

→ quasi systématiquement, manque de mobilité dans les côtes ou vertèbres moyennes ou inférieures, ou encore dans les vertèbres cervicales (C3 à C5). De ces zones partent les nerfs qui s'occupent du diaphragme, le muscle de la respiration, alors souvent tendu ou mal vascularisé ;

→ période trop courte entre la dernière ingestion d'aliments et la course ;
→ mauvaise posture et technique de course (dos voûté, incliné, introverti…) ;
→ échauffement insuffisant ;
→ mauvaise respiration.

Traiter

→ Lorsque pris d'un point en courant, quatre trucs sont particulièrement efficaces :
  • Inspirez profondément en gonflant le ventre, expirez en rentrant le nombril vers le dos.
  • Respirez de façon haletante (comme un petit chien).
  • Appuyez avec vos doigts sur la zone douloureuse, avec une pression moyenne, et respirez profondément.
  • Arrêtez de courir et faites des respirations abdominales.
→ Il est suggéré de consulter un professionnel de la santé qui pourra évaluer et traiter si nécessaire le

mouvement de vos vertèbres, de vos côtes et de votre diaphragme.

Prévenir

→ Améliorez votre posture, votre technique de course et votre respiration.

Exercices recommandés

14, 15, 21, 23, 25, 71, 74, 75

----

40 DOULEUR INTERCOSTALE

Habituellement perçue comme un serrement profond, la douleur intercostale est en réalité un spasme des muscles intercostaux (situés entre les côtes). La douleur est la plupart du temps localisée dans une zone précise, et plus souvent présente à l'avant qu'à l'arrière du thorax. Elle peut entraver la respiration et être assez vive pour nécessiter l'arrêt de la course. Elle diminue normalement lorsque l'effort cesse. Certains coureurs ressentent une douleur au thorax à gauche et croient à tort avoir affaire à un problème cardiaque. *Les signes d'un infarctus sont plutôt centraux, situés derrière le sternum, et peuvent irradier dans la gorge, la mâchoire et les bras (surtout le gauche).*

Causes

→ manque de mobilité d'une partie du thorax (vertèbres ou côtes, parfois même sternum) ;
→ excès de tension des muscles du dos ;
→ mauvaise posture ou respiration durant la course.

Traiter

→ Consultez un professionnel de la santé (ostéo, chiro, physio, kiné) qui pourra évaluer et traiter si nécessaire votre thorax ou votre colonne vertébrale.

Prévenir

→ 🏃 Concentrez-vous sur la posture de course et la respiration.

----

41 IRRITATION DES MAMELONS

Plusieurs coureurs ont des souvenirs douloureux d'une certaine compétition, à laquelle ils ont participé avec sur le dos un chandail de tissu synthétique, sous une pluie fine. Ils se souviennent encore des douleurs vives résultant de la friction du chandail sur leurs mamelons. Il n'est pas rare de voir un marathonien arborant des taches de sang au niveau des mamelons, stigmates d'une souffrance souvent encore plus grande que l'effort même de courir.

Causes

→ friction, friction, friction.
→ chandails en tissus synthétique, ou mouillés (par la pluie ou la sueur), parce que plus abrasifs ;
→ entraînements sur de longues distances, favorisant une friction répétée.

Traiter

→ S'il y a saignement, traiter la zone comme une plaie ouverte, en y appliquant une crème antibiotique. Demandez conseil à un pharmacien.

Prévenir

→ Tout faire pour éliminer le risque de friction.
→ Appliquer sur le mamelon sec une couche de pâte à eau (utilisée pour les fesses des bébés). La vaseline ou une crème utilisée pour les chamois de cuissards de cyclistes sont aussi une option.
→ On peut appliquer à sec un pansement tel qu'utilisé pour les cors au pied (avec un trou au milieu) autour du mamelon, en rasant préalablement la zone.
→ Pour les femmes, le port d'un soutien-gorge de sport règle une partie du problème. Les mesures précédentes apportent une aide supplémentaire pour régler le problème.

COU

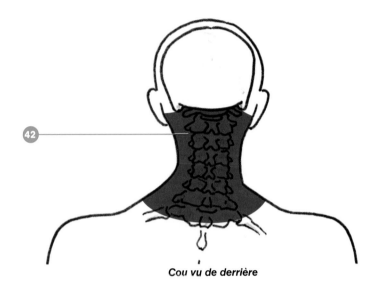

Cou vu de derrière

42 CERVICALGIE

Les impacts avec le sol sont amortis par les membres inférieurs et le dos. Le cou, tout en haut, reçoit donc de faibles impacts. Cela n'empêche pas certains coureurs d'avoir des douleurs au cou (cervicalgie) en courant. La plupart du temps, elles sont tolérables. Mais pourquoi tolérer des inconforts quand on peut s'en passer ?

Causes

→ mauvaise posture et technique de course affectant la zone cervicale (coureur à épaulettes, torse bombé, menton, dos voûté, coureur incliné, Atlas…) ;
→ manque de mobilité des vertèbres cervicales ou excès de tension des muscles du cou (spinaux, trapèze supérieur, élévateur de la scapula…) ;
→ arthrose cervicale.

Traiter

→ R Si douleur vive.
→ ❄ Si la zone est chaude et enflée.
→ 🔥 Si la zone est froide.
→ Si la douleur persiste, consultez un professionnel de la santé.

Prévenir

→ 🏃 Concentrez-vous sur la posture et la détente.
→ Prenez le temps de bien échauffer votre cou avant de courir, en faisant des exercices de mobilité.

Exercices recommandés

18, 19, 22, 23, 25, 26

ÉPILOGUE :
LE PLAISIR
DE COURIR

I l y a mille façons d'aborder le sujet du plaisir de courir. Au cours de l'écriture de ce livre, un moment en particulier m'a procuré un plaisir intense. Sur le tapis moelleux de la forêt d'Iten, à 2400 mètres d'altitude, avec un groupe de coureurs kényans concentrés sur leur effort, j'ai eu l'impression de sortir de mon corps, de m'oublier ; respiration et foulée en harmonie, tous les sens en éveil, vision parfaitement claire, effort intense en même temps que délicieux. J'ai vécu ce que Mihaly Csikszentmihalyi, sommité mondiale de la psychologie, qualifie d'expérience optimale. C'est ce que certains appellent «être dans la zone», ou *flow* en anglais. Ce chercheur a effectué, pendant des décennies, des études scientifiques sur le bonheur. À la lumière de ses travaux, il s'avère que pour arriver à vivre des expériences optimales, certaines caractéristiques doivent être présentes. Appliquer celles-ci à la course à pied fait ressortir plusieurs éléments intéressants.

L'ACTIVITÉ EST RÉALISABLE MAIS REPRÉSENTE UN DÉFI ET DEMANDE UN EFFORT

L'effort est ici associé au plaisir. Pas surprenant que nombre de coureurs retirent du plaisir de compétitions ou d'entraînements exigeants. Toutefois, assurez-vous de choisir des défis réalistes, sinon vous risquez d'avoir tout sauf du plaisir.

UNE BONNE CONCENTRATION EST NÉCESSAIRE, SANS DISTRACTION

Plusieurs pensées nous viennent à l'esprit en courant. Nombre de personnes arrivent à trouver la solution à des problèmes ou à penser de façon créative durant une course. Même si ce phénomène présente un intérêt certain, il ressort que c'est lorsque le coureur est concentré sur son action qu'il s'approche le plus de l'expérience optimale. Lorsque vous êtes engagé profondément dans ce que vous faites, à l'abri de toute distraction, vous pouvez profiter au maximum de la course. Également, il faut savoir que les préoccupations qui nuisent à la concentration empêchent le coureur de profiter de son expérience, en l'amenant à gaspiller son énergie psychique. Le stress nuit donc à l'atteinte du plaisir. Pensons par exemple à un coureur qui traîne le poids de sa journée de travail avec lui…

LA CIBLE VISÉE EST CLAIRE ET UNE RÉTROACTION IMMÉDIATE EST PRÉSENTE

Courir sans montre et sans trajet prévu peut être amusant. Mais en appliquant une durée, une vitesse et des objectifs précis, l'esprit peut ainsi mieux se laisser aller vers une expérience optimale. Cela permet au coureur d'avoir une rétroaction pendant la course, de savoir où il en est exactement. Pour arriver à atteindre cet état, un programme d'entraînement bien encadré est d'une aide précieuse.

LES ACTIONS SONT CONTRÔLÉES

La sensation de contrôle influe sur le plaisir ressenti. Bien maîtriser sa technique de course, sa posture et sa respiration peut devenir à la longue grisant. Avoir la sensation de bien contrôler son programme d'entraînement, d'effectuer les bons exercices, de bien récupérer et de bien planifier ses compétitions, tout cela participe à l'expérience optimale du coureur. Une blessure, à l'opposé, entraîne normalement une perte de contrôle importante.

UNE PERTE DE CONSCIENCE DE SOI EST OBSERVÉE

À certaines occasions durant une course, la préoccupation de soi disparaît, comme si toutes les articulations et muscles du corps étaient mis en mouvement de façon autonome. Dans le jargon de course, on dit : « J'avançais tout seul, sans avoir à y penser. » Cela implique d'arrêter de décortiquer tous ses faits et gestes. Une fois la technique de course maîtrisée, il est donc conseillé de laisser le corps aller tout seul, naturellement. Courir en groupe, de par les interactions avec les autres, peut aussi permettre d'atteindre cette perte de conscience de soi.

Courir en étant engagé dans une action précise et contrôlée, avec des rétroactions immédiates, une absence de distraction et de stress, une bonne concentration et une perte de préoccupation de soi, le tout dans un défi à votre mesure et dans un corps sain, semble être la meilleure façon d'atteindre une expérience optimale de course. Les informations contenues dans ce livre vont dans ce sens. J'espère de tout cœur que cette lecture vous permettra d'atteindre plus facilement des moments de plaisir intense et de vivre des courses mémorables.

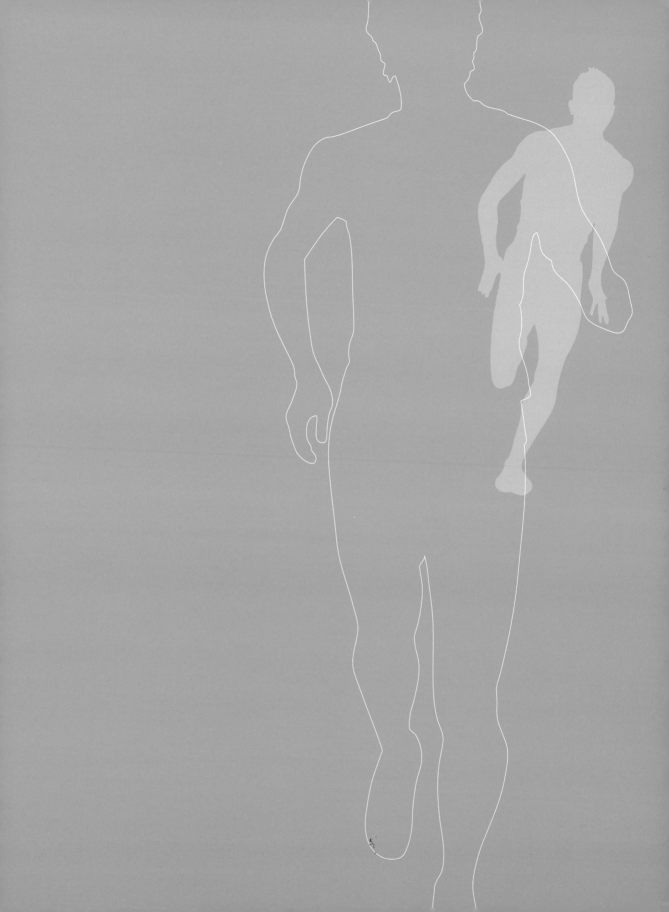

L'auteur, alors âgé de 11 ans, à l'arrivée du championnat régional de cross-country.

REMERCIEMENTS

Tout d'abord, le premier des mercis à mon père Serge, qui m'a transmis sa passion de la course et de l'entraînement bien fait. Ce livre est ma façon de partager cette même passion. Merci à ma mère Hélène et à mon frère Thomas, ex-aequo pour le rôle de plus grands supporteurs.

Durant la course folle qu'a représentée la réalisation de ce livre, Élizabeth Paré, éditrice, a toujours couru à mes côtés. Un immense merci, pour tout ce que tu as fait pour moi. Tu pourrais écrire à coup sûr le livre *Éditer mieux.*

Je remercie toute l'équipe des Éditions de l'Homme, qui croit en mes projets de livres, même s'ils sont loin d'être simples à réaliser. Vous m'avez aidé à arriver au final avec un livre encore plus beau que celui que j'avais en tête.

Chantale Boulianne a réussi à illustrer tout ce livre, avec son coup de crayon unique. Merci d'avoir une fois de plus compris si justement mes attentes, et les dépasser.

Merci à Pierre Lavoie, pour avoir réussi à s'inventer du temps et m'offrir cette belle préface.

Merci à Mathieu Dupuis pour avoir trouvé le ton juste avec sa caméra. Plusieurs modèles se sont prêtés au jeu. Merci à Emily Honegger, Marianne Gignac-Girard, Geneviève Paré, Laurence Hurtel, Annie Montcalm-Cardinal, Alexandra Viau, Frédéric Guay, Sylvain Lavoie, Marc-Antoine Pelege, Ricardo Murat et Mathieu Plante. Merci à Julia Marois, photographe, pour avoir su capter ma vraie personne pour la photo d'auteur.

Merci à Jean-Christophe Gay, orthésiste et podologue (et très bientôt ostéopathe), pour les conseils sur la section orthèses. À Simon Alarie (très bientôt ostéopathe lui aussi) pour son aide dans la section de la récupération. Et à Dominique Tardif, kinésiologue et précieux ami, pour les discussions concernant la section des programmes.

Le voyage en Afrique réalisé dans le cadre de la préparation ce livre n'aurait pas été possible sans l'aide de plusieurs personnes, à commencer par Nafeesa, Pharina et Azeem Ismail pour leur grande hospitalité et générosité. Merci à Günter Lange, expert en développement du sport du Comité olympique ougandais, et à Dominic Otuchet, président de la Fédération d'athlétisme d'Ouganda, qui ont cru en mon projet et m'ont donné un accès privilégié aux meilleurs athlètes de leur pays. Que serais-je devenu sur place sans Namayo Mawerere, Peter Kibet et Simon Ayeko, qui m'ont tour à tour guidé et accompagné ? Merci à tous les coureurs qui se sont prêtés aux évaluations et m'ont accueilli avec grande bonté. Merci aussi à Renato Canova, sommité mondiale de l'entraînement, pour son partage de connaissances des plus enrichissants.

Merci à Josée Prévost et à La Maison de la course, pour avoir fourni les vêtements sur les photos d'exercices. Et à la boutique Courir, pour avoir fait de même pour les photos à l'extérieur.

Finalement, merci à Jessica pour ton soutien, tes conseils judicieux et tout ton amour.

BIBLIOGRAPHIE ET RÉFÉRENCES SCIENTIFIQUES

Ce livre est basé sur plusieurs centaines d'articles scientifiques, en plus de nombreuses observations cliniques et sur le terrain. Par souci de transparence et afin de favoriser pour le lecteur leur consultation, les références de cette édition parue en mars 2013 se trouvent sur le site suivant :

 http://editions-homme.com/fichiers/references-courir-mieux.pdf

Jean-François Harvey, D.O.

Site du livre : www.courirmieux.com

Cliniques, formations, conférences, analyses : www.spinalmouvement.com

Suivez-nous sur le Web

Consultez nos sites Internet et inscrivez-vous à l'infolettre pour rester informé en tout temps de nos publications et de nos concours en ligne. Et croisez aussi vos auteurs préférés et notre équipe sur nos blogues !

EDITIONS-HOMME.COM
EDITIONS-JOUR.COM
EDITIONS-PETITHOMME.COM
EDITIONS-LAGRIFFE.COM

Achevé d'imprimer au Canada